DENEGACIÓN DE LA EFICACIA DE SENTENCIAS EUROPEAS POR INDEFENSIÓN DEL DEMANDADO

M.ª ÁNGELES RODRÍGUEZ VÁZQUEZ

DENEGACIÓN DE LA EFICACIA DE SENTENCIAS EUROPEAS POR INDEFENSIÓN DEL DEMANDADO

Prólogo
Mariano Aguilar Benítez de Lugo
Catedrático de Derecho internacional privado de la Universidad de Sevilla

J. M. BOSCH EDITOR

UNIVERSIDAD EXTERNADO
DE COLOMBIA

La Universidad Externado de Colombia ha colaborado en la publicación de esta obra.

I.S.B.N.: 84-7698-651-3

Depósito Legal: B. 46.428-2001

Printed in Spain – Impreso en España

COCHS Indústria Gràfica, S.L.-Maria Victòria,7-08014Barcelona

A Antonio

ABREVIATURAS

A.C.	Actualidad Civil
Ac.Dr.	Actualités du Droit
A.J.C.L.	American Journal of Comparative Law
A.D.C.	Anuario de Derecho Civil
A.D.I.	Anuario de Derecho Internacional
A.D.L.	Annales de Droit de Louvain (Revue trimestrelle de droit belge)
A.F.D.I.	Annuaire Français de Droit International
A.S.D.I.	Annuaire Suisse de Droit International
Ann.dr.int.	Annuario di diritto internazionale
Ass.Eur.	Assuntus Europeos
B.I.M.J.	Boletín de Información del Ministerio de Justicia
B.O.E.	Boletín Oficial del Estado
BFD UNED	Boletín de la Facultad de Derecho UNED
B.Y.B.I.L.	British Year Book of International Law
C.D.E.	Cahiers de droit européen
C.E.D.H.	Convenio Europeo de Derechos Humanos
Civ.J.Q.	Civil Justice Quartely
C.c.	Código Civil
C.E.	Constitución española
Col.Leg.Jurisp.Civ	Colección Legislativa de España Jurisprudencia Civil
C.L.Rev.	Columbia Law Review
C.M.L.R.	Common Market Law Review
C.P.C.	Codice di procedura civile
D.G.R.N.	Dirección General de los Registros y del Notariado
Dir.com.degli scambi int.	Diritto comunitario e degli escambi internazionale
Dir.com.int.	Diritto comunitario internazionale
Dir.mar.	Diritto maritimo
D.O.C.E.	Diario Oficial de las Comunidades Europeas

Doc.Giust.	Documenti Giustizia
Enc.Dalloz dr.int.	Encyclopédie Juridique Dalloz, Répertoire de droit international
E.J.B.	Enciclopedia Jurídica Básica
E.C.L.	European Current Law
E.L.Rev.	European Law Review
Foro It.	Il Foro Italiano
Foro Pad.	Il Foro Padano
G.Jca CEE.	Gaceta Jurídica de la CEE
Gaz.Pal.	La Gazette du Palais
Giur.it.	Giurisprudenza Italiana
Giust.Civ.	Giustizia Civile
Harv.Law.Rev.	Harvard Law Review
I.C.L.Q.	International and Comparative Law Quartely
IDI.	Institut de Droit International
Int.L.	International Lawyer
I.L.Mat.	International Legal Materials
I.L.Pr.	International Litigation Procedure
IPRax.	Praxis des Internationalen Privat- und Verfahrensrechts
Irish.law.T.	Irish law time and solicitors journal
J. des T.	Journal des Tribunaux
Journ.Bus.Law.	The Journal of Bussines Law
Journ.dr.int.	Journal de droit international
J.O.C.E.	Journal Officiel des Communautés Européennes
J-Cl.dr.int.	Jurisclasseur de droit international
Legal Iss.	Legal Issues of European Integration
La Ley/C.E.	La Ley (Comunidades Europeas)
La Ley/U.E.	La Ley (Unión Europea)
L.E.C.	Ley de Enjuiciamiento Civil
L.O.P.J.	Ley Orgánica del Poder Judicial
L.Q.Rev.	The Law Quartely Review
L.M.C.L.Q.	Lloyd's Maritime and Comercial Law Quartely
N.I.L.R.	Netherlands International Law Review
N.J.W.	Neue Juristiche Wochenschrift
North.journ.int.law.	Northwestern journal of international law and businnes
Not. CEE	Noticias CEE
Not. UE.	Noticias de la Unión Europea
P.J.	Poder Judicial
RabelsZ.	Zeitschrift für ausländisches und internationalen privatrecht
R.A.J.	Repertorio Aranzadi Jurisprudencia
R.C.E.A.	Revista de la Corte española de Arbitraje

Rec. D.S.	Recueil Dalloz Sirey
Rec. des C.	Recueil des Cours de l'Académie de droit international de La Haye
Rép.Série D.	Répertoire de jurisprudence de droit communautaire, Série D, Convention du 27 septembre 1968
Rev.dr.com.eur.	Revista de derecho comunitario europeo
R.D.P.	Revista de Derecho Privado
R.D.Proc.	Revista de Derecho Procesal
R.E.D.I.	Revista española de Derecho internacional
R.G.D.	Revista General del Derecho
R.G.L.J.	Revista General de Legislación y Jurisprudencia
R.I.E.	Revista de Instituciones Europeas
R.J.C.	Revista Jurídica de Cataluña
Rev.aff.eur.	Revue des affaires européens
Rev.belge dr.int.	Revue belge de droit international
Rev.crit.dr.int.pr.	Revue critique de droit international privé
Rev.crit.jur.belge	Revue critique de jurisprudence belge
Rev.dr.int.dr.comp.	Revue de droit international et droit comparé
Rev.dr.int. sciences dipl.et pol.	Revue de droit international sciences diplomatique et politique
Rev.dr.unif.	Revue de droit uniforme
Rev.hell.dr.int.	Revue hellénique de droit international
Rev.huiss.justice	Revue des huissiers de justice
R.M.C.	Revue du Marché Commun
R.S.D.I.E.	Revue suisse droit international et droit européen
Rev.trim.dr.civ.	Revue trimestrelle droit civil
Rev.trim.dr.eur.	Revue trimestrelle droit européen
Rev.trim.dr.homme	Revue trimestrelles des droits de l'homme
Riv.dir.civ.	Rivista di diritto civile
Riv.dir.comm.	Rivista di diritto commerciale
Riv.dir.eur.	Rivista di diritto europeo
Riv.dir.ind.	Rivista di diritto industriale
Riv.dir.int.	Rivista di diritto internazionale
Riv.dir.int.pr.proc.	Rivista di diritto internazionale privato e processuale
Riv.dir.pr.	Rivista di diritto privato
Riv.dir.proc.	Rivista di diritto processuale
Riv.trim.dir.proc.civ.	Rivista trimestrale di diritto e procedura civile
Sem.Jur.	La Semaine Juridique
S.Y.I.L.	Spanish Year Book of International Law
Scots L.T.	Scots Law Time
Trav.Com.fr.dr.int.pr.	Travaux du Comité français de droit international privé
TC.	Tribunal Constitucional

TJCE. Tribunal de Justicia de las Comunidades Europeas
TS. Tribunal Supremo
TUE. Tratado de la Unión Europea
V.J.I.L. Virginia Journal of International Law
Y.E.L. Yearbook European Law
ZPO. ZivilprozeBordnung

PRÓLOGO

El interés del grupo de profesores de Derecho Internacional Privado de la Universidad Hispalense por el Derecho procesal civil internacional, y más concretamente por la competencia judicial internacional y el reconocimiento y ejecución de resoluciones extranjeras, se ha traducido en la elaboración, en un muy corto período de tiempo, de tres tesis doctorales sobre diversos aspectos del Convenio de Bruselas de 27 de septiembre de 1968, al que España se adhirió por el Convenio de San Sebastián de 26 de mayo de 1989. Inició el camino Andrés Rodríguez Benot con una extraordinaria y definitiva tesis sobre los acuerdos atributivos de competencia judicial internacional en Derecho comunitario europeo (art. 17 del Convenio). Tomó el relevo a continuación Elena Cano Bazaga con una muy valiosa y sugestiva tesis sobre la litispendencia comunitaria (art. 21 del Convenio). Ahora termina el recorrido Angeles Rodríguez Vázquez, la más joven del grupo, con otra magnífica tesis sobre la lesión de los derechos de defensa del demandado como motivo de denegación de la eficacia de resoluciones extranjeras en el espacio judicial europeo (art. 27.2º del Convenio). A diferencia de las tesis anteriores, relacionadas con el Título II del Convenio («Competencia judicial»), ésta se sitúa en el marco del Título III («Reconocimiento y ejecución»).

Las tres mencionadas tesis doctorales no aparecen aisladas o desconectadas entre sí, no responden a un impulso súbito y coyuntural, sino que presentan una esencial homogeneidad y coherencia, responden a un proyecto unitario, a un programa común, a una estrategia colectiva. Por decirlo con lenguaje del mundo del teatro, estamos ante una obra que se representa en tres actos o, si se prefiere, ante una trilogía. En este marco de solidaridad, en este espacio compartido, los diversos miembros del grupo han colaborado entre sí en todo momento con generosidad, intercambiando información, conocimientos y opiniones, sirviendo el aprendizaje de cada uno a los otros.

La selección de los temas objeto de las referidas tesis doctorales se ha realizado teniendo en cuenta la discusión doctrinal y la riqueza jurisprudencial a que han dado lugar, su dificultad y su importancia para captar las claves del funcionamiento del Convenio, lo que ha tenido su reconocimiento y constatación en los largos debates que ha suscitado la reforma de los correspondientes preceptos en el marco del reciente proceso de revisión del Convenio.

Como la homogeneidad no implica monolitismo, siempre reprobable, ni excluye el necesario y conveniente pluralismo, una línea investigadora alternativa se ha desarrollado dentro del grupo en torno a la problemática del Derecho mercantil internacional, a la obra de la UNCITRAL, que ha cristalizado en una brillante tesis doctoral de Beatriz Campuzano Díaz sobre la repercusión del Convenio de Viena de 11 de abril de 1980 en el ámbito de la compraventa internacional de mercaderías, un Convenio que rivaliza en importancia con el de Bruselas, y que al igual que éste es representativo y paradigmático de la obra de una institución y del estado de la ciencia acerca de una determinada materia.

La tesis doctoral que está en el origen de la presente monografía de Angeles Rodríguez Vázquez constituye un «fin de saga», como dijera, entre escéptico y sarcástico, el menor de los Panero en una lúcida, amarga, desesperanzada y conmovedora película de Jaime Chávarri, «El desencanto», un título que sirvió para definir el estado de espíritu que marcó una generación y una época. Esta disgresión me sirve para señalar que no se vislumbran perspectivas de crecimiento a corto plazo para el área de Derecho Internacional Privado en la Universidad Hispalense, al igual que en otras Universidades, como consecuencia del imperio ciego de la ley de los números a que estamos sometidos. Existe una disfunción entre los criterios que, respectivamente, rigen a efectos de la concesión de becas para la realización de una tesis doctoral y para la permanencia en la Universidad, una vez agotado el período de disfrute de la beca concedida. Si la concesión de la beca, que es el instrumento normal para el inicio de la carrera universitaria, se produce en virtud de criterios estrictamente cualitativos, que básicamente atienden al expediente académico del solicitante, conocimiento de idiomas, e interés y novedad de la memoria presentada, la situación posterior del ex-becario en la Universidad depende de criterios cuantitativos relacionados con el número de grupos en que se imparte la asignatura, lo que no sólo viene condicionado por el número de alumnos, determinado a su vez por el Plan de Estudios de cada Universidad, sino también por el número de aulas, en definitiva, por razones de espacio. Esa distorsión provoca el desaliento de quienes, habiendo sido elegidos por razones de estricta calidad individual, ven frustradas sus legítimas expectativas por razones que nada tienen que ver con su valía. Tal es la situación por la que ha atravesado, entre otros muchos, la autora de la presente monografía.

El problema de la lesión de los derechos de defensa del demandado en el espacio judicial europeo había sido abordado por la doctrina española en el marco de obras de carácter general, de monografías sobre reconocimiento y ejecución de sentencias extranjeras (como la ya clásica de A. Remiro Brotons) o de artículos específicos (A. Borrás Rodríguez, P. Abarca Junco...), pero no había sido objeto hasta la fecha de una monografía al respecto. La presente obra de A. Rodríguez Vázquez viene, pues, a colmar una importante laguna doctrinal.

La interpretación del art. 27.2º del Convenio de Bruselas ha suscitado una amplia y rica jurisprudencia del TJCE (dentro de la que cabe señalar, entre otras, las sentencias de 16 de junio de 1981, *Peter Klomps/Karl Michel;* de 3 de julio de 1990, *Isabelle Lancray SA/Peters und Sichert KG;* de 12 de noviembre de 1992, *Minalmet GmbH/Brandeis Ltd;* y de 10 de octubre de 1996, *Bernardus Hendrikman y Maria Feyen/Magenta Druck & Verlag GmbH*). Dicha jurisprudencia ha sido exhaustivamente analizada por la doctrina, que ha señalado las deficiencias tanto del régimen convencional como de su interpretación por el Tribunal. Esa polémica ha generado la idea de que era necesario y urgente acometer la reforma del correspondiente precepto convencional, convicción que ha alimentado los largos debates registrados sobre el particular en el marco del proceso de revisión del Convenio de Bruselas.

La norma del anterior art. 27.2º fue objeto de dos interpretaciones: una, literal, formalista y extensiva, y otra, teleológica, flexible y restrictiva. Según la interpretación literal, propugnada en diversas ocasiones por el TJCE, se exigía la concurrencia acumulativa de las dos condiciones anteriormente establecidas en la norma, la regularidad formal y la temporalidad (suficiente antelación) de la notificación de la cédula de emplazamiento o documento equivalente, de tal modo que bastaba la ausencia de una de esas dos garantías para denegar el reconocimiento/exequátur de una resolución dictada en rebeldía del demandado. La interpretación teleológica, flexible, restrictiva, sostuvo una relativización, una matización de la exigencia acumulativa de las dos condiciones establecidas en la norma, teniendo en cuenta el objetivo del Convenio de facilitar la eficacia de las resoluciones extranjeras, así como la finalidad de la disposición consistente en poner en conocimiento del demandado que se ha entablado un procedimiento contra él, emplazándole a que comparezca ante un determinado Tribunal. Se valora la actitud del demandado, exigiendo una actitud diligente durante el procedimiento de origen, tratando de evitar la pasividad y la mala fe, los comportamientos fraudulentos, abusivos, atendiendo asimismo a los intereses dignos de protección del demandante de buena fe. Tras la reciente revisión del Convenio de Bruselas, el nuevo art. 27.2º sustituye la anterior referencia a la regularidad de la entrega o notificación («de forma regular») al demandado de la cédula de emplazamiento o documento equivalente por la mención «de forma tal», siendo determinante, cual acontece con el requisito de la temporalidad («con tiempo suficiente»), su idoneidad o aptitud al servicio de un fin, la posible defensa del demandado. La tesis defendida por la doctora Rodríguez Vázquez constituye una brillante anticipación de los criterios que han prevalecido en la revisión del Convenio de Bruselas.

Aun teniendo la presente monografía como objeto central el art. 27.2º del Convenio de Bruselas y la jurisprudencia al respecto del Tribunal de Justicia comunitario, la atención de la autora, lejos de limitarse a ese ámbito, se proyecta, en una visión comparatista, sobre muy diversos ordenamientos jurídicos, especialmente el español, cuya jurisprudencia constitucional merece particular dedicación.

No sería justo terminar estas líneas sin expresar nuestro más sincero agradecimiento a una persona, el profesor Francisco Ramos Méndez, ilustre procesalista cuya sensibilidad por los problemas derivados del tráfico jurídico externo es sobradamente conocida, quien ha hecho posible la publicación de esta monografía en la prestigiosa Editorial Bosch. Cuando son los criterios de rentabilidad económica los que rigen el mercado editorial, el compromiso con los criterios científicos no sólo es merecedor de respeto, sino causa de asombro y admiración.

Mariano AGUILAR BENÍTEZ DE LUGO
Catedrático de Derecho internacional privado
de la Universidad de Sevilla.

INTRODUCCION [1]

El derecho fundamental de toda persona a un proceso justo y a defenderse adquiere, si cabe, una mayor trascendencia en los supuestos en que el demandado no comparece, siendo condenado en rebeldía. La cuestión que de inmediato se plantea es saber si el procedimiento se desarrolló en el respeto de todas las garantías procesales o si, por el contrario, el demandado sufrió una lesión de su derecho de defensa ya que las consecuencias que se derivan de una y otra situación son diferentes. Si la incomparecencia del demandado se debió a su propia voluntad (pasividad, malicia, falta de diligencia procesal) no está justificado que posteriormente se oponga a la efectividad de la resolución invocando indefensión. Ahora bien, el problema se plantea cuando la rebeldía del demandado se debió a una lesión de su derecho de defensa, bien porque no tuvo conocimiento del procedimiento entablado contra él o tuvo un conocimiento defectuoso del mismo o bien porque no tuvo tiempo suficiente para defenderse. En este caso, existe una lesión de los derechos de defensa que hay que sancionar.

Es indudable que existe una innegable interrelación entre la exigencia de un emplazamiento correcto y en tiempo, y el derecho a la tutela judicial efectiva porque si el demandado no tuvo conocimiento del procedimiento entablado contra él no pudo defenderse. Conocida es la jurisprudencia de nuestro Tribunal Constitucional que ha afirmado reiteradamente que sin un debido emplazamiento las partes no pueden comparecer en juicio y que la omisión o los vicios en los actos de comunicación supone una vulneración de los derechos de defensa. El derecho a la tutela judicial efectiva implica, entre sus múltiples manifestaciones, el cumplimiento del principio de contradicción [2].

---

[1] La autora quiere mostrar su agradecimiento al profesor Dr. FRANCISCO RAMOS MENDEZ por el interés y apoyo en la publicación de esta obra.

[2] Vid., entre otras, STC 115/1988, 10 de junio, B.O.E., de 25 de junio; STC 242/1991, 16 de diciembre, B.O.E., de 15 de enero; STC 275/1993, 20 de septiembre, B.O.E., de 26 de octubre; STC 25/1996, 13 de febrero, B.O.E., de 18 de marzo. Vid., con carácter general, F. CHAMORRO BERNAL, *La tutela judicial efectiva,* Bosch, Barcelona, 1994; F. RUBIO LLORENTE,

De modo análogo, en los litigios de tráfico jurídico externo el respeto del principio de audiencia bilateral es una exigencia cuyo incumplimiento se traduce en la denegación de eficacia extraterritorial a la resolución dictada en rebeldía en lesión de los derechos de defensa[3]. Para que la resolución sea reconocida y ejecutada fuera del territorio donde fue dictada es requisito *sine qua non,* exigido tanto por el Derecho autónomo de todos los sistemas como en Derecho convencional, que haya sido dictada en el marco del respeto de los derechos de defensa.

Y en el Derecho convencional ha sido el Convenio de Bruselas de 27 de septiembre de 1968 sobre competencia judicial y ejecución de resoluciones judiciales en materia civil y mercantil[4], el que ha instaurado un rigu-

---

Derechos fundamentales y principios constitucionales (Doctrina jurisprudencial), Ariel, Barcelona, 1995.

[3] En principio, y en virtud de la exclusividad de la soberanía estatal, una resolución sólo produce efectos en el territorio del Estado donde fue dictada. Sin embargo, la exigencia de continuidad de las relaciones jurídicas, así como la coexistencia de diferentes ordenamientos abogan por la necesidad de que dicha resolución no quede circunscrita al Estado donde fue dictada. El principal mecanismo que el Derecho internacional privado conoce para asegurar la eficacia extraterritorial de una resolución extranjera es el reconocimiento, que se configura como la aceptación por el Derecho del foro de que la resolución extranjera puso fin al objeto de controversia y que puede desplegar determinados efectos. Ahora bien, si lo que se quiere es ejecutar dicha resolución será necesario convertirla en título ejecutivo mediante el procedimiento de exequátur.

[4] JOCE núm. L 299, de 31 de diciembre de 1972. El Convenio entró en vigor en España el 1 de febrero de 1991. En virtud del artículo 63 —que obliga a todo Estado que se convierta en miembro de la Comunidad Económica Europea a aceptar que el presente Convenio se tome como base para las negociaciones necesarias con objeto de asegurar la aplicación del artículo 220 en las relaciones entre los Estados contratantes y ese Estado— el Convenio ha sido modificado en cuatro ocasiones. Así, en primer lugar, por el Convenio de Adhesión de Dinamarca, Irlanda y el Reino Unido, hecho en Luxemburgo el 9 de octubre de 1978, JOCE núm. L 304, de 30 de octubre de 1978. Vid., P. SCHLOSSER, Informe sobre el Convenio relativo a la adhesión del Reino de Dinamarca, de Irlanda y del Reino Unido de Gran Bretaña y de Irlanda del Norte al Convenio de Bruselas de 27 septiembre 1968 así como al Protocolo relativo a su interpretación por el Tribunal de Justicia, publicado en el JOCE núm. C 59, de 5 de marzo de 1979 pp. 71 ss (manejamos la versión publicada en DOCE núm. C 189, de 28 de julio de 1990, pp. 189 ss). En segundo lugar, por el Convenio de Adhesión de la República Helénica, hecho en Luxemburgo el 25 de octubre de 1982, JOCE núm. L 388, de 31 de diciembre de 1982, pp. 1 ss. Vid., Informe D. EVRIGENIS y K.D. KERAMEUS relativo a la adhesión de la República Helénica al Convenio de 27 de septiembre de 1968, publicado en el DOCE núm. C 189, de 28 de julio de 1990, pp. 257 ss. En tercer lugar, por el Convenio de Adhesión de España y Portugal hecho en San Sebastián el 26 de mayo de 1989, DOCE núm. L 285, de 3 de octubre de 1989. Vid., Informe de M. ALMEIDA CRUZ, M. DESANTES REAL y P. JENARD, relativo al Convenio de Adhesión del Reino de España y la República de Portugal al Convenio de Bruselas de 27 de septiembre de 1968, publicado en el DOCE núm. C 189, de 28 de julio de 1990, pp. 35 ss. En último lugar, por el Convenio de Adhesión de Austria, Finlandia y Suecia firmado en Bruselas el 29 de noviembre de 1996, DOCE núm. C 15, de 15 de enero de 1997.

Recientemente ha sido publicada una versión consolidada del Convenio de Bruselas que recoge las modificaciones de las sucesivas adhesiones, vid., DOCE núm. C 27, de 26 de enero de 1998, pp. 1 ss.

La disciplina de Bruselas se extiende a los Estados parte de la Asociación Europea de Libre Cambio, como consecuencia de la firma del Convenio de Lugano de 16 de septiembre de 1988, DOCE, núm. L 319, de 25 de noviembre de 1988. Vid., Informe P. JENARD y G. MÖLLER sobre

roso sistema de control de los derechos del demandado en la Unión Europea. La protección de los derechos de defensa inspira el articulado convencional ya que, junto a la obligación que tiene el juez de origen de verificar que el demandado no sufrió indefensión (art. 20), se añade, en fase de reconocimiento, un motivo de denegación de eficacia de la resolución si fue dictada en lesión de los derechos de defensa (art. 27.2). A juicio de los negociadores no era suficiente con que el juez de origen comprobase si el demandado pudo o no defenderse, sino que se consideró necesario que el juez requerido, convirtiéndose en una segunda instancia de control, llevase a cabo un nuevo examen acerca de si la rebeldía del demandado fue por conveniencia o lo fue a la fuerza[5]. El principio de confianza en los jueces comunitarios sufre de este modo una fisura.

El objetivo de la presente monografía es analizar los derechos de defensa del demandado en el espacio judicial europeo al hilo de su regulación en el Convenio de Bruselas (y en su reciente reforma), así como las repercusiones que la integración de la normativa covencional ha tenido en el ordenamiento español. El estudio se enmarca en el sector del reconocimiento y exequátur de resoluciones judiciales extranjeras y, más concretamente, en la denegación de eficacia de dicha resolución cuando es dictada en lesión de los derechos de defensa.

La finalidad del Convenio de Bruselas de facilitar y simplificar el reconocimiento de resoluciones judiciales se manifiesta en dos datos:

— Por un lado, el establecimiento del reconocimiento automático de

---

el Convenio relativo a la competencia judicial y a la ejecución de resoluciones judiciales en materia civil y mercantil celebrado en Lugano el 16 de septiembre de 1988, DOCE, núm. C 189, de 28 de julio de 1990, pp. 77 ss., al que recientemente se ha adherido Polonia. En adelante, y salvo que hagamos las consideraciones oportunas sobre determinadas disposiciones que se apartan de las del Convenio de Bruselas, las afirmaciones que efectuaremos respecto de éste se entenderán extensivas al de Lugano. De modo análogo, la normativa de Bruselas ha sido la que ha inspirado al Convenio de 28 de mayo de 1998, sobre competencia judicial, reconocimiento y ejecución de resoluciones judiciales en materia matrimonial (conocido como Bruselas II), DOCE núm. 221 de 16 de julio de 1998, pp. 1 ss. Vid., Informe A. BORRAS RODRIGUEZ sobre el Convenio celebrado con arreglo al artículo K.3 del Tratado de la Unión Europea, sobre la competencia, el reconocimiento y la ejecución de resoluciones judiciales en materia matrimonial, DOCE núm. C 221, 16 de julio de 1998, pp. 27 ss. Tras la entrada en vigor del Tratado de Amsterdam, dicho Convenio ha sido sustituido por un acto de Derecho derivado, en concreto, Reglamento núm. 1347/2000 del Consejo de 29 de mayo relativo a la competencia, el reconocimiento y la ejecución de resoluciones judiciales en materia matrimonial y de responsabilidad parental sobre los hijos comunes (DOCE núm. 160, de 30 de junio de 2000). Hay que tener en cuenta, no obstante, que Dinamarca no participa en dicho Reglamento, por lo que no le vincula.

[5] Entendemos que podemos aplicar por analogía en el ámbito del Convenio, la terminología empleada en su día, en nuestra doctrina, por A. REMIRO BROTONS, *Ejecución de sentencias extranjeras en España,* Tecnos, Madrid, 1974, pp. 212 ss, de rebeldía por «conveniencia», por «convicción» o a la «fuerza». En los dos primeros casos, el demandado no compareció aunque recibió la notificación de la cédula de emplazamiento de forma regular y con tiempo suficiente. En el tercero de ellos, el demandado no compareció porque no recibió la notificación o la recibió de forma irregular o en tiempo insuficiente. Sólo en este último supuesto el demandado se encuentra en una situación procesal de indefensión.

las resoluciones judiciales dictadas en su ámbito de aplicación por un órgano jurisdiccional de un Estado contratante (art. 26). La resolución es reconocida de pleno derecho sin necesidad de que se desarrolle un procedimiento *ad hoc* en el Estado requerido ni una resolución de sus órganos jurisdiccionales. En un Convenio doble, fundamentado en un espíritu de confianza, no tenía sentido instaurar un sistema de homologación de la resolución[6] ya que se parte de la idea de que si las reglas del Convenio en materia de competencia fueron respetadas —o presumiblemente respetadas— y el juez de origen cumplió con las previsiones del Título II, la resolución se beneficia de una presunción de regularidad.

— De otro lado, la enumeración en los artículos 27 y 28 de un conjunto de motivos por los que se puede denegar dicho reconocimiento[7]. La regla general del reconocimiento automático no significa que la resolución no sea sometida a un control formal en el Estado requerido porque para que despliegue efectos se exige que cumpla con una serie de requisitos que se consideran imprescindibles en todos los Estados parte, es decir, sólo se reconocerán aquellas resoluciones que se consideren regulares[8].

La importancia de dichos motivos se deriva, a nuestro juicio, de una serie de consideraciones: en primer lugar, porque son la excepción a la regla del Convenio, al destruir la presunción general favorable al reconocimiento y, en segundo término, porque su mayor o menor aplicación constituyen un índice de referencia o un test de valoración del buen funcionamiento del Convenio ya que, cuanto menor sea su operatividad la libre circulación de resoluciones será más una realidad.

De ello se deduce que la aplicación de los motivos de denegación debe ser residual y su interpretación restrictiva. Y para asegurarse de que dicha aplicación sea excepcional el Convenio se ha encargado de regular, en el Título II, aquellos aspectos que reducen la aplicabilidad de un motivo de denegación del reconocimiento. Así, por ejemplo y por citar algunos, la delimitación del ámbito material del Convenio recogida en el art. 1, limita la operatividad del primer motivo enunciado en el art. 27 (contrariedad del reconocimiento con el orden público del Estado requerido); la regulación de los mecanismos de litispendencia y conexidad reduce en gran medida que se dicten resoluciones inconciliables y, en consecuencia, la aplicación del motivo recogido en el art. 27.3; la completa regulación de los foros de competencia judicial internacional, así como la previsión del control de ofi-

---

[6] Conforme al sistema de homologación se exige que se desarrolle en el foro un procedimiento específico para que la resolución despliegue efectos. Esta es la solución seguida por la regulación española en materia de reconocimiento y exequátur contenida en los arts. 951 ss LEC.

[7] A ellos tenemos que añadir el motivo recogido en el artículo II del Protocolo y las disposiciones específicas que contiene en la materia el Convenio de Lugano.

[8] No en vano A.L. CALVO CARAVACA y J. CARRASCOSA GONZALEZ, *Introducción al Derecho internacional privado,* Comares, Granada, 1997, pág. 497, han afirmado que «el *noyau dur* del reconocimiento en el Convenio de Bruselas lo constituyen los motivos por los que puede denegarse tal reconocimiento».

cio de dicha competencia hacen innecesario, en sede de reconocimiento el control de la competencia del juez de origen (art. 28),...

Ahora bien, si la regulación del Título II del Convenio se presenta como un mecanismo reductor de la operatividad de los motivos de denegación del reconocimiento, ello no significa que su regulación sea del todo completa y satisfactoria, lo que ha originado una cierta descoordinación entre los Títulos II y III del Convenio y, en consecuencia, una mayor aplicación de los motivos de denegación de la inicialmente prevista.

Y precisamente ha sido el motivo de denegación del reconocimiento previsto en el párrafo 2 del art. 27 (lesión de los derechos de defensa del demandado) el que mayores problemas ha planteado[9], lo que ha originado un doble fenómeno:

— Por una parte, el recurso por parte de las jurisdicciones nacionales al TJCE para solventar los numerosos problemas de interpretación que la norma ha planteado[10]. Fruto de ello han sido las nueve sentencias que el Tribunal ha dictado en interpretación del art. 27.2, jurisprudencia polémica que no ha dejado de suscitar críticas, y a la que no se ha prestado la atención que, desde nuestra óptica, se merece. La labor del TJCE justifica que en nuestro estudio sea una constante el recurso a dicha jurisprudencia ya que el Tribunal ha realizado una verdadera labor constructora en cuanto a la manera de interpretar y aplicar el párrafo 2 del art. 27.

— De otro lado, la reforma de la disposición en el proceso de revisión de los Convenios de Bruselas de 1968 y de Lugano de 1988, recientemente concluido. El resultado al que se ha llegado ya había sido propuesto, en cierta medida, por un importante sector de la doctrina que no compartía la jurisprudencia comunitaria ya que los resultados que se derivaban de la misma eran contrarios al espíritu de Bruselas y provocaban verdaderas situaciones de abuso de los derechos de la defensa.

Los trabajos de revisión de los Convenios de Bruselas y de Lugano tienen su origen en el Convenio de adhesión de 29 de noviembre de 1996 de Austria, Finlandia y Suecia al Convenio de Bruselas donde, por razones de calendario, no pudieron tenerse en cuenta las solicitudes de modificación de fondo de estos países, aceptándose las adaptaciones puramente técnicas, si bien se puso de manifiesto la conveniencia de proceder a una revi-

---

[9] De hecho, A. BORRAS RODRIGUEZ, «Informe explicativo del Convenio...», ob. cit., pág. 51, afirma, «en la letra b) del apartado 1 se incluye como causa de no reconocimiento aquella que ha dado lugar a mayor número de supuestos de no reconocimiento en el Convenio de Bruselas de 1968 (apartado 2 del artículo 27) y, en consecuencia, a mayor número de problemas y de cuestiones al Tribunal de Justicia en relación a las causas de no reconocimiento. Se trata del no reconocimiento en los supuestos de rebeldía del demandado como consecuencia de que no se haya notificado regularmente y en tiempo hábil para defenderse».

[10] Para asegurar la aplicación uniforme del Convenio evitándose divergencias de interpretación se atribuye al Tribunal de Justicia competencia para intepretar las disposiciones de Bruselas, conforme a lo dispuesto en el Protocolo de Luxemburgo de 3 de junio de 1971, DOCE núm. L 204, 2 de agosto de 1975, que prevé dos medios de recurso: el de carácter prejudicial y el recurso en interés de ley.

sión sustancial de los Convenios— base. Para ello, se creó un grupo *ad hoc* de trabajo, en el marco del Título VI del Tratado de la Unión Europea cuyo cometido era la revisión de dichos Convenios[11]. Tras nueve sesiones de trabajo[12], la revisión ha sido concluida, siendo el art. 27.2 una de las disposiciones que más problemas ha planteado[13] (tras la entrada en vigor del Tratado de Amsterdam los trabajos de revisión del Convenio de Lugano quedaron interrumpidos, trabajos que deberán ser retomados en un corto período de tiempo).

A nuestro juicio, y a la vista de los datos apuntados, era necesario realizar una reconstrucción de la materia que llegase a una solución compatible e integrada en el sistema y filosofía del Convenio de Bruselas.

Para ello, en el Capítulo I de esta obra abordamos la justificación del art. 27.2 del Convenio así como su presupuesto de aplicación.

Delimitado el presupuesto de aplicación de la norma, resolución dictada en rebeldía del demandado, es necesario saber si dicha rebeldía se debió a la voluntad del demandado o si verdaderamente éste no compare-

---

[11] Sobre los trabajos de dicha reforma Vid., Doc. 7430/97, Limite, Justciv. 32, Grupo Europeo de Derecho internacional privado, Sugerencias relativas a la revisión de los Convenios de Bruselas y de Lugano; Doc. 12308/97, Limite, Justciv. 86; Nota del Comité de Representantes Permanentes al Consejo sobre la organización de trabajos en vista a la revisión de los Convenios de Bruselas y de Lugano; Doc. 13301/97, Limite, Justciv. 91, Nota de la Secretaría General del Consejo al Grupo revisión de los Convenios de Bruselas y de Lugano sobre los trabajos preparatorios de cara a la revisión; DOCE, núm. C 33, de 31 de enero de 1998, Comunicación de la Comisión al Consejo y al Parlamento Europeo «Hacia una mayor eficacia en la obtención y la ejecución de las resoluciones judiciales en la Unión Europea»; Doc. 13603/97, Limite, Justciv. 94, Nota de la delegación suiza al Grupo europeo de revisión de los Convenios de Bruselas y de Lugano.

[12] Vid., Doc. 12308/97, Justciv. 86, Bruselas 14 de noviembre de 1997; Doc. 8796/98, Justciv. 52, Bruselas 12 de junio de 1998; Doc. 8796/1/98 Rev. 1, Justciv. 52, Bruselas, 11 de noviembre de 1998; Doc. 5202/99, Justciv. 1, Bruselas, 19 de enero de 1999; Doc. 5202/1/99, Rev.1, Justciv. 1, Bruselas 19 de febrero de 1999; Doc. 6293/99, Justciv. 33, Bruselas, 16 de marzo de 1999; Documento de Sesión nº 18, SN 2581/1/99, Rev. 1, Bruselas 26 de abril de 1999. Vid., F. de la MATA VIADER, «Seminario sobre la modificación de los Convenios de Bruselas y de Lugano (Tarragona, 30-31 de mayo de 1997)», R.E.D.I., 1997, núm. 1, pp. 368 ss; A. BORRAS RODRIGUEZ (ed), *La revisión de los Convenios de Bruselas de 1968 y Lugano 1988 sobre competencia judicial y ejecución de resoluciones judiciales: una reflexión preliminar española. Seminario celebrado en Tarragona, 30-31 mayo 1997*, Marcial Pons, Madrid, 1998; R. ARENAS GARCIA y P. JIMENEZ BLANCO, «Nota a la propuesta de la Comisión europea para una reforma de los Convenios de Bruselas y Lugano», La Ley/U.E., 30 de marzo de 1998, núm. 4510, pp. 3 ss; M. AGUILAR BENITEZ DE LUGO y A. RODRIGUEZ BENOT, «Revisión de los Convenios de Bruselas de 1968 y de Lugano de 1988 sobre competencia judicial y ejecución de resoluciones en materia civil y mercantil: una primera lectura», R.E.D.I., 1998, núm. 2, pp. 35 ss.; F. SALERNO, *La Convenzione di Bruxelles e la sua reforma*, Cedam, Padova, 2000.

[13] Junto a la reforma del art. 27.2 cabe destacar entre las mejoras sustanciales las siguientes: la clarificación de las competencias especiales en materia contractual que complementan la competencia general del domicilio del demandado; las nuevas disposiciones incluyen la competencia de los contratos celebrados por los consumidores y una nueva sección sobre contratos individuales de trabajo; la introducción de una nueva regla general que indica en qué momento existe litispendencia; la creación de un procedimiento simplificado y más rápido de reconocimiento y exequátur y el establecimiento de un concepto común de domicilio de las personas jurídicas (art. 53).

ció porque sufrió una lesión de sus derechos de defensa. Se trata, por tanto, de analizar las garantías que la norma contempla así como la naturaleza del control que el juez requerido está obligado a realizar (Capítulos II y III).

Pero el estudio del art. 27.2 exigía que no nos limitásemos al análisis de la letra de dicha norma, sino que diéramos un paso más y nos planteásemos la cuestión de si es posible, en el marco del Convenio, denegar eficacia a una resolución cuando haya existido una lesión de los derechos de defensa del demandado distinta al supuesto expresamente contemplado en la norma.

Aunque el estudio quede centrado en el análisis de la lesión de los derechos de defensa como motivo de denegación de la eficacia de resoluciones extranjeras tal y como se encuentra regulado en el articulado convencional, no significa que se realice al margen de la regulación española en la materia, como si se tratasen de dos estancias separadas. Al contrario, la disposición será estudiada integrándola en nuestro ordenamiento puesto que, de un lado, en muchos casos las cuestiones no resueltas por el Convenio deberán encontrar respuesta en la *lex fori*, y, en segundo término, la consagración constitucional del derecho de defensa (art. 24 CE) y la interpretación que de él ha hecho el Tribunal Constitucional son nuestro punto de referencia para sostener aquellas tesis que consideramos más adecuadas para la correcta aplicación de la norma y refutar aquellas otras que, desde nuestro punto de vista, contradicen nuestros valores constitucionales.

En suma, el objetivo perseguido no es otro que que el de ofrecer una visión actual y completa de las condiciones que justifican, a nuestro juicio, el rechazo de eficacia de una resolución dictada en lesión de los derechos de defensa del demandado. La trascendencia de los derechos en juego obliga a los jueces europeos a velar porque su respeto sea una realidad y a sancionar aquellos comportamientos fraudulentos que no son dignos de amparo.

No quisiéramos terminar estas páginas introductorias sin hacer referencia a una serie de aspectos que consideramos de suma importancia y de gran trascendencia en la materia que estudiamos.

El Derecho internacional privado, como signo inequívoco de latente vida, evoluciona y está sufriendo en estos momentos importantes cambios como consecuencia de la entrada en vigor el 1 de mayo de 1999 del Tratado de Amsterdam [14] que, como se sabe, ha comunitarizado la cooperación en materia de justicia y asuntos de interior (nuevo Título IV del Tratado) [15]. En concreto, el artículo 65 en su letra a) atribuye competencia al Consejo

---

[14] B.O.E., 7 de mayo de 1999; corr. de errores, B.O.E., 7 de agosto de 1999.

[15] Vid., C. KOHLER, «Interrogations sur les sources du Droit international privé européen après le Traité d'Amsterdam», Rev.crit.dr.int.pr., 1999, núm. 1, pp. 1 ss.; A. BORRAS RODRI-GUEZ, «Derecho internacional privado y Tratado de Amsterdam», R.E.D.I., 1999, núm. 2, pp. 383 ss.; J. BASEDOW, «The communitarization of the conflicts of laws under the Treaty of Amsterdam», C.M.L.R., 2000, núm. 3, pp. 687 ss.

para mejorar y simplificar el sistema de notificaciones o traslado transfronterizo de documentos judiciales y extrajudiciales, la cooperación en la obtención de pruebas y el reconocimiento y la ejecución de resoluciones en asuntos civiles y mercantiles, incluidos los extrajudiciales.

El problema que se planteó era hasta qué punto el art. 65 afectaba a los resultados alcanzados sobre la base del art. 220 (actual art. 293, principalmente, y por lo que nos interesa, al Convenio de Bruselas de 1968) o sobre la base del anterior art. K.3 (las dos únicas realizaciones en el ámbito de la cooperación judicial logradas han sido el Convenio de 26 de mayo de 1997 sobre notificación o traslado en los Estados miembros de documentos judiciales y extrajudiciales en materia civil o mercantil y el Convenio de 28 de mayo de 1998 sobre competencia, reconocimiento y ejecución de resoluciones judiciales en materia matrimonial) [16].

Si respecto de estos dos últimos Convenios, no ratificados antes de la entrada en vigor del Tratado de Amsterdam, el Consejo propuso su transformación en instrumentos comunitarios (propuestas que reproducían íntegramente el contenido fundamental de ambos Convenios, con las salvedades que requería el nuevo marco institucional) [17], la polémica y los problemas aparecieron respecto del Convenio de Bruselas [18].

Durante el proceso de revisión del Convenio de Bruselas se abordó, en varias ocasiones, el tema de las consecuencias que la entrada en vigor del Tratado de Amsterdam tendría y a tal efecto se solicitó un dictamen al

---

[16] Publicados, respectivamente, DOCE núm. C 261, de 27 de agosto de 1997, pp. 1 ss; DOCE núm. C 221 de 16 de julio de 1998, pp. 1 ss.

Sobre la cooperación en asuntos de justicia e interior en el Tratado de Maastricht, vid., entre otros, J. de MIGUEL ZARAGOZA y A. BLANCO de CASTRO, «El Título VI del Tratado de la Unión Europea: cooperación en asuntos de justicia e interior», G.J. de la CEE y de la competencia, núm. GJ 115, Serie D, núm. D-18, septiembre de 1992, pp. 173 ss; A. ORTIZ DE LA FUENTE y J. GARCIA LOPEZ, «La cooperación en los ámbitos de la justicia y de los asuntos de interior (El Título VI del Tratado de la Unión Europea): entre la lógica de la integración comunitaria y las pretensiones de los Estados miembros», en *El Tratado de la Unión Europea. Análisis jurídico*, Secretaría General Técnica del Ministerio de Justicia e Interior, Madrid, 1995, pp. 103 ss; *El Tercer Pilar de la Unión Europea (La cooperación en asuntos de justicia e interior)*, Ministerio del Interior, Madrid, 1997.

[17] Vid., Propuesta de Directiva del Consejo relativa a la notificación o traslado en los Estados miembros de documentos judiciales y extrajudiciales en materia civil o mercantil (Doc. COM 1999, 219 final, Bruselas 4 de mayo de 1999) y Propuesta de Reglamento del Consejo relativo a la competencia, el reconocimiento y la ejecución de resoluciones judiciales en materia matrimonial y de responsabilidad parental sobre los hijos comunes (Doc. COM 1999, 220 final, Bruselas 4 de mayo de 1999). Finalmente, dichos Convenios han sido sustituidos por el Reglamento 1347/2000, de 29 de mayo de 2000, relativo a la competencia, el reconocimiento y la ejecución de resoluciones judiciales en materia matrimonial y de responsabilidad parental sobre los hijos comunes, que ha entrado en vigor el 1 de marzo de 2001 (DOCE núm. 160, de 30 de junio de 2000) y Reglamento 1348/2000, de 29 de mayo de 2000, relativo a la notificación y al traslado en los Estados miembros de documentos judiciales y extrajudiciales en materia civil o mercantil, que ha entrado en vigor el 31 de mayo de 2001 (DOCE núm. 160, de 30 de junio de 2000).

[18] Para C. KÖHLER, «Interrogations sur les sources...», ob. cit., pág. 26, un instrumento modificando o revisando un Convenio fundado sobre el art. 220 sólo puede fundamentarse en la misma base jurídica.

Servicio Jurídico del Consejo (de 5 de febrero de 1999)[19] al que le siguió otro de fecha 17 de marzo de 1999[20].

En el primero de ellos se subrayaban, a nuestro juicio, dos datos esenciales: de un lado, que a partir de la entrada en vigor del Tratado de Amsterdam el artículo 220 (actual 293) queda relegado a un segundo plano siendo, en esta materia, la base jurídica correcta el art. 65, correspondiendo al Consejo determinar cuál de los dos intrumentos, una Directiva o un Reglamento, es el más apropiado para la revisión y transformación del Convenio de Bruselas, y de otro lado, la especial posición en la que se encuentran Reino Unido e Irlanda, así como Dinamarca, como consecuencia de su actitud respecto al nuevo Título IV del Tratado[21].

En el segundo dictamen, se insiste sobre los aspectos apuntados, aunque con una menor rigidez, y se hace hincapié sobre todo en las competencias exteriores de la Comunidad[22].

La conversión del Convenio en instrumento comunitario se topaba con dificultades de gran entidad: por una parte, no hay que olvidar que el mandato del art. 220 no ha desaparecido sino que subsiste junto al art. 65, ¿existe entre ambos una relación de igualdad o de jerarquía?[23]; de otro lado, la pluralidad de instrumentos jurídicos que se superpondrían en la materia, con la consiguiente falta de seguridad (piénsese por ejemplo, en un Reglamento para 12 Estados, eventualmente aplicable a 14 en virtud de la cláusula de *opting-in* del Reino Unido e Irlanda, un Convenio con Dinamarca y otro Convenio con los países de la EFTA); por último, tampoco hay que olvidar el límite que para las acciones comunitarias supone el principio de subsidiariedad (art. 5 del Tratado de Amsterdam).

Finalmente, el 22 de diciembre de 2000 se adoptó el Reglamento 44/2001, relativo a la competencia judicial, el reconocimiento y la ejecución de resoluciones judiciales en materia civil y mercantil[24], que recoge básicamente los resultados alcanzados en el marco del proceso de revisión

---

[19] Doc. 5290/99, Jur. 25, Justciv. 3.

[20] Doc. 6683/99, Jur. 99, Justciv. 48.

[21] Respecto a Reino Unido e Irlanda se contemplaba la posibilidad de *opting-in* y de Dinamarca la creación de un Tratado sometido al Derecho internacional público.

[22] Varios problemas se plantean principalmente en esta materia: ¿pueden en lo sucesivo los Estados concluir de forma individual un Convenio sobre reconocimiento y ejecución de resoluciones judiciales extranjeras con un tercer Estado?, ¿cuál es la posición jurídica de los Estados miembros en otras organizaciones internacionales como por ejemplo, la Conferencia de La Haya?, ¿qué curso seguirán las negociaciones en el seno de la Conferencia de La Haya sobre el Convenio mundial en materia de reconocimiento y ejecución de resoluciones judiciales?...

[23] Sobre la relación entre ambas disposiciones vid., J.L. IGLESIAS BUHIGUES, «La cooperación judicial en materia civil (CJC) antes y después del Tratado de Amsterdam (I)», R.G.D., núm. 644, 1998, mayo, pp. 5847 ss; P.A. de MIGUEL ASENSIO, «El Tratado de Amsterdam y el Derecho internacional privado», La Ley/U.E., núm. 4510, 30 de marzo de 1998, pp. 1 ss; *id.,* «La evolución del Derecho internacional privado comunitario en el Tratado de Amsterdam», R.E.D.I., 1998, núm. 1, pp. 373 ss; C. KÖHLER, «Interrogations sur les sources...», ob. cit., pp. 22 ss.

[24] DOCE núm. 12, de 16 de enero de 2001.

del Convenio de Bruselas de 1968. Tras su entrada en vigor (que se producirá el 1 de marzo de 2002), dicho Reglamento sustituirá entre los Estados miembros a las disposiciones del Convenio de Bruselas. Ahora bien, hay que apuntar un dato: si Reino Unido e Irlanda han comunicado su deseo de participar en la adopción y aplicación del Reglamento *(opting-in)*, Dinamarca no participa en la aprobación del Reglamento *(opting-out)* por lo que seguirá aplicándose el Convenio de Bruselas entre Dinamarca y los Estados miembros sujetos al Reglamento [25].

Si con la adopción del Reglamento 44/2001 ha finalizado la primera etapa de la comunitarización del Derecho internacional privado, los trabajos en la materia continuarán con la elaboración de medidas para la aplicación del principio de reconocimiento mutuo de las resoluciones judiciales en materia civil y mercantil para llegar a la supresión del exequátur en Europa [26].

Para concluir nos gustaría afirmar que si las reflexiones que realizamos se enmarcan, básicamente, en la regulación contenida en el Convenio de Bruselas y la jurisprudencia comunitaria dictada hasta la fecha, entendemos que son extensibles a la normativa del Reglamento como haremos constar al hilo del estudio de la materia que abordamos.

---

[25] Convenio de Bruselas que será reformado para aproximarlo al Reglamento. Hasta el momento no está prevista la fecha de inicio de dichas negociaciones.

[26] Vid. Comunicación del Consejo «Proyecto de medidas para la aplicación del principio de reconocimiento mutuo de las resoluciones judiciales en materia civil y mercantil», DOCE núm. 12, de 15 de enero de 2001.

CAPÍTULO I

JUSTIFICACIÓN Y PRESUPUESTO DE APLICACIÓN DEL MOTIVO DE DENEGACIÓN DEL RECONOCIMIENTO DEL ART. 27.2 DEL CONVENIO DE BRUSELAS (ARTÍCULO 34.2 DEL REGLAMENTO)

I. PRINCIPIO INSPIRADOR DEL CONVENIO DE BRUSELAS: LA PROTECCIÓN DE LOS DERECHOS DE DEFENSA DEL DEMANDADO

Una de las características del Convenio de Bruselas es la instauración de un procedimiento rápido y simplificado de eficacia de sentencias extranjeras. Esta simplificación del procedimiento, en el que se establece como regla general el reconocimiento automático de las decisiones procedentes de cualquier Estado contratante, ha sido posible por el acuerdo previo de todos los Estados en materia de criterios de competencia. La unificación de las reglas de competencia se convirtió en piedra angular del sistema de Bruselas con el objetivo de conseguir el fin último del Convenio, facilitar el reconocimiento y la declaración de ejecutividad de las resoluciones dictadas en un Estado contratante, instaurándose la que ha sido denominada quinta libertad comunitaria [27].

---

[27] J.L. IGLESIAS BUHIGUES y M. DESANTES REAL, «La quinta libertad comunitaria: competencia judicial, reconocimiento y ejecución de resoluciones judiciales en la Comunidad Europea», *Tratado de Derecho Comunitario Europeo, Estudio sistemático de Derecho español, III,* Civitas, Madrid, 1986, pág. 711; M. AGUILAR BENITEZ DE LUGO, «La cooperación internacional en Derecho internacional privado», *La cooperación internacional. XIV Jornadas de profesores de Derecho internacional y relaciones internacionales, Vitoria-Gasteiz,* septiembre 1991, Servicio Editorial Universidad del País Vasco, Bilbao, 1993, pp. 221-222. El TJCE en la sentencia de 10 de febrero de 1994, asunto 398/92, Firma Mund & Fester/ Firma Hatrex International

El esquema diseñado en el Título II del Convenio (Capítulo II del Reglamento) favorece y potencia el reconocimiento automático de la resolución extranjera porque, de una parte, se presume que ha sido dictada por un juez competente, con la consecuente supresión del control de dicha competencia como regla general del Convenio y, de otra parte, no se establecen condiciones positivas para el reconocimiento sino que se enumeran una serie de motivos, una lista cerrada, por los que se denegará dicho reconocimiento, prohibiéndose la revisión de fondo de la resolución extranjera. Es ésta una de las originalidades del Convenio en relación con la mayoría de los sistemas de derecho común que rigen actualmente en los Estados parte, que enumeran un conjunto de condiciones positivas que debe cumplir la resolución extranjera para ser reconocida.

Ahora bien, si uno de los objetivos del Convenio es la simplificación del procedimiento de reconocimiento, su consecución no podía realizarse a costa de un sacrificio de los derechos de defensa [28] y de ello ha sido plenamente consciente el Tribunal de Justicia en la Sentencia Debaecker/Bouwman al afirmar que «aunque el objetivo del Convenio es asegurar la simplificación de las formalidades a las cuales están subordinadas el reconocimiento y la ejecución recíprocas de las decisiones judiciales, este objetivo no se alcanzaría debilitando de la forma que sea los derechos de defensa» [29].

La libre circulación de decisiones en el ámbito europeo constituye pues la consecuencia de una disciplina distributiva de la competencia judicial entre los Estados contratantes y sólo será posible si los derechos de defensa han sido efectivamente protegidos, es decir, sólo si en el procedimiento de origen se ha respetado el derecho de defensa del demandado podrá reconocerse la automaticidad de los efectos que de la resolución se deriven.

La tutela de los derechos de defensa asume una importante relevancia en el Convenio, de modo que el reconocimiento automático y el régimen simplificado de exequátur no significan un menoscabo de dichos derechos, posibilitándose al demandado en el procedimiento de origen hacer valer sus

---

Transport, Rec., 1994, pp. 467 ss, afirmó que el Convenio de Bruselas está vinculado a la Comunidad y su objetivo es completar las libertades previstas en el Tratado de Roma de un régimen de circulación de resoluciones judiciales más fluido. El ideal de una libre circulación de resoluciones en el marco de una comunidad internacional fue defendido por T. Asser desde 1869, vid., H. LAUFER, *La libre circulation des jugements dans une union judiciaire. Une idée géniale de T.M.C. Asser, vissionaire de la Convention de Bruxelles,* Université de Lausanne, 1992.

[28] El temor de que el procedimiento simplificado de reconocimiento y exequátur afectase a los derechos de defensa fue manifestado por H. MOTULSKY durante la Sesión del Comité Francés de Derecho Internacional Privado el 9 de mayo de 1969 tras la comunicación presentada por M. WESER, «La libre circulation des jugements dans le Marché Commun», Tr.Com.fr.dr.int.pr. 1966-1969, pp. 369-370.

[29] Sentencia del TJCE de 11 de junio de 1985, Carlos Debaecker/Bouwman, asunto 49/84, Rec. 1985, pp. 1779 ss, concretamente pág. 1796.

medios de defensa y, luego, en fase de reconocimiento, instaurándose como motivo de denegación su lesión[30].

Esta preocupación por el respeto de los derechos de la defensa ha sido puesta de relieve por el TJCE en todos sus pronunciamientos, lo que se pondrá de relieve posteriormente al estudiar la jurisprudencia comunitaria, pero destaquemos en este momento la sentencia 21 de mayo de 1980 en el asunto Denilauler/Couchet, en la que el Tribunal afirmó que sólo se beneficiarán del régimen convencional de reconocimiento y exequátur las resoluciones que en el Estado de origen sean, o hayan sido susceptibles de ser, objeto de una instrucción contradictoria en la que el demandado haya podido defenderse antes que se dicte una resolución en su contra[31].

El Tribunal se pronunció en este sentido a propósito de la cuestión prejudicial que le fue planteada en el caso concreto: si las medidas cautelares dictadas *ex parte* podían beneficiarse del régimen convencional previsto en el Título III[32, 33].

---

[30] Junto a la protección de los derechos de defensa, el Convenio se caracteriza por los siguientes principios: la sustitución del criterio de la nacionalidad por el del domicilio del demandado; la regulación detallada de las reglas de competencia exclusiva; la derogación de los foros de competencia exorbitantes; el establecimiento del mecanismo de la litispendencia y la conexidad; la unificación del procedimiento de exequátur y la reducción de los motivos de denegación del reconocimiento.

[31] Sentencia de 21 de mayo de 1980, Bernard Denilauler/ SNC Couchet Frères, asunto 125/79, Rec. 1980, pp. 1553 ss. Vid., comentarios de T. HARTLEY, E.L.Rev., 1981, pp. 59 ss; R. HAUSMAN, IPRax., 1981, pp. 79 ss; A. HUET, Journ.dr.int., 1980, núm. 4, pp. 939 ss; L. MARI, «Autorizzazione e riconoscimento di provvedimenti cautelari in base alla Convenzione di Bruxelles», Dir. com. e degli scambi int., 1981, núm. 2, pp. 237 ss; N. MARCH HUNNINGS, Journ.Bus.Law., 1981, pp. 243 ss; J. MAURO, Gaz. Pal., 4 nov. 1980, pp. 657 ss; E. MEZGER, Rev.crit.dr.int.pr., 1980, núm. 4, pp. 787 ss; A. PESCE, Foro Pad., 1980, IV, Col. 25 ss; A. VANDENCASTEELE, «La reconnaissance et l'exécution des mesures provisoires et conservatoires dans la Convention sur la compétence judiciare et l'exécution des décisions en matière civile et commerciale du 27 septembre 1968», J. des T. núm. 5149, 20 diciembre 1980, pp. 737 ss; H. VERHEUL, N.I.L.R., 1981, pp. 84 ss.

[32] Recordemos que los hechos que dieron lugar a dicha cuestión prejudicial fueron los siguientes: la sociedad francesa Couchet Frères reclamaba a la alemana Denilauler una determinada cantidad de dinero por la falta de pago de diversos transportes de mercancías. En el transcurso del procedimiento, el Tribunal de Grande Instance de Montbrison (Francia) condena al pago a la sociedad Denilauler y ordena *inaudita altera parte* un embargo cautelar («saisie conservatoire») sobre su haber bancario que poseía en Alemania. Esta decisión es presentada por la sociedad Couchet Frères ante el Landgericht de Weisbanden (Alemania), solicitando la concesión de la fórmula ejecutiva en base al Convenio de Bruselas, así como la emisión de una orden que le permitiera embargar los citados depósitos bancarios. Para este tribunal no constituyó ningún impedimento el carácter unilateral del procedimiento ya que se debía garantizar el efecto sorpresa que se perseguía con la medida solicitada. La sociedad Denilauler recurre esta resolución ante el Oberlandesgericht de Frankfurt, que decidió plantear al Tribunal de Justicia cuatro cuestiones prejudiciales dos de las cuales relativas a saber si las resoluciones dictadas por las autoridades de un Estado contratante autorizando medidas provisionales sin que la parte contra la que son ordenadas haya tenido posibilidad de defenderse, se benefician del régimen de reconocimiento y declaración de ejecutividad previsto en el Convenio.

[33] A diferencia del Derecho común de los Estados miembros y los Convenios bilaterales en los que no era posible el reconocimiento de las medidas provisionales y cautelares, el Convenio

El Tribunal niega la aplicación de dicho régimen y considera que para llegar a esta conclusión no hacía falta una declaración expresa de los negociadores sino que podía deducirse del sistema y objetivos del Convenio en el que un principio general es velar porque la adopción de las resoluciones judiciales se desarrollen respetando los derechos de la defensa. No es el carácter provisional lo que se opone al reconocimiento sino el hecho de que no se haya ofrecido al demandado la posibilidad de defenderse. *A contrario sensu* si las medidas provisionales fueron dictadas en respeto de los derechos de defensa, se beneficiarán del régimen previsto en los arts. 26 y ss del Convenio [34] (arts. 33 y ss. del Reglamento).

---

aporta una nueva solución admitiéndolo. Lo que se discutía era si dicho reconocimiento podía extenderse a las medidas adoptadas *ex parte*. El TJCE ha admitido, como regla general, el reconocimiento de las medidas cautelares en el Convenio de Bruselas vid., en este sentido, Sentencia 27 de marzo 1979, asunto 143/78, De Cavel (I), Rec. 1979, pp. 1055 ss; Sentencia 6 de marzo de 1980, asunto 120/79, De Cavel (II), Rec. 1980, pp. 731 ss; Sentencia 31 de marzo de 1982, asunto 25/81, W/H, Rec. 1982, pp. 1189 ss. Tradicionalmente se ha negado la posibilidad de reconocimiento de estas medidas por la ausencia del carácter definitivo de las mismas ya que, generalmente, se exige como presupuesto del exequátur la fuerza de cosa juzgada. Así en Derecho autónomo español, el reconocimiento/exequátur de una medida cautelar no es posible porque la normativa de la LEC exige la firmeza de la decisión, solución muy criticada por F. J. GARCI-MARTIN ALFEREZ, *El régimen de las medidas cautelares en el comercio internacional*, McGraw-Hill, 1996, pp. 136 ss; íd., «Effects of the Brussels Convention upon the Spanish System: Provisional and Protective Measures», *Europäischer Binnenmarkt IPR und Rechtsangleichung*, Heilderberg, 1994, pp. 129 ss. En el Anteproyecto de Ley de cooperación jurídica internacional en materia civil, se sigue exigiendo la firmeza de la resolución en el Estado de origen (solución que no deja de ser criticable). Respecto a los Convenios bilaterales firmados por España en materia de reconocimiento y ejecución de sentencias extranjeras todos niegan el reconocimiento de las medidas cautelares, salvo el art. 19 del Convenio sobre asistencia judicial y reconocimiento y ejecución de sentencias en materia civil y mercantil hecho entre España e Italia el 22 de mayo de 1973 (B.O.E., núm. 273, de 15 de noviembre de 1977); el art. 3.3 del Convenio sobre reconocimiento y ejecución de resoluciones, transacciones judiciales y documentos públicos con fuerza ejecutiva en materia civil y mercantil, entre España y Austria de 17 de febrero de 1984 (B.O.E., núm. 207, de 29 de agosto de 1985); el art. 23.1 del Convenio sobre asistencia jurídica, reconocimiento y ejecución de sentencias en asuntos civiles, entre España y Checoslovaquia de 4 de mayo de 1987 (B.O.E., núm. 290, de 3 de diciembre de 1988; corr. de errores B.O.E., núm. 22, de 26 de enero de 1989); el art. 17 del Convenio entre España y la Unión de Repúblicas Socialistas Soviéticas sobre asistencia judicial en materia civil, de 26 de octubre de 1990 (B.O.E., núm. 151, de 25 de junio de 1997); el artículo 22.d) del Convenio de cooperación judicial en materia civil, mercantil y administrativa firmado con Marruecos el 30 de mayo de 1997 (B.O.E., núm. 151, de 25 de junio de 1997) excluye con carácter general el reconocimiento de las medidas provisionales, salvo en materia de alimentos; el artículo 2.1 del Convenio de cooperación jurídica entre España y la República Oriental de Uruguay, de 4 de noviembre de 1987 (B.O.E., núm. 103, de 30 de abril de 1998) y, por último, art. 10 del Convenio entre España y Rumanía sobre competencia judicial, reconocimiento y ejecución de decisiones en materia civil y mercantil, de 7 de noviembre de 1997 (B.O.E., núm. 134, de 5 de junio de 1999).

[34] La doctrina se ha mostrado, en general, muy crítica con la decisión del Tribunal. Los principales motivos invocados han sido los siguientes: se ignora el tenor literal del art. 25, en el que se contiene una noción amplia de resolución, no excluyéndose las dictadas *inaudita altera parte;* se reduce el ámbito de aplicación del Título III; se desconoce la naturaleza de las medidas provisionales; desnaturalización del art. 24; el hecho de adoptar medidas provisionales no implica necesariamente una violación de los derechos de la defensa porque el demandado tiene posibili-

Preocupado esencialmente por conciliar el funcionamiento del sistema del Convenio con el respeto de las garantías del demandado, el Tribunal ha trazado una distinción entre las medidas dictadas en un procedimiento unilateral y las que lo han sido en un procedimiento contradictorio, en el respeto de los derechos de defensa, declarando la no aplicación del Convenio a las primeras.

La razón principal de que el Convenio se muestre muy liberal en sede de reconocimiento es precisamente porque se asegura previamente, en el procedimiento de origen, los derechos del demandado. El Tribunal Europeo quiere asegurarse de que existe siempre el respeto de unas garantías en el procedimiento de origen aunque ello suponga excluir del ámbito de aplicación del Título III del Convenio toda una categoría de resoluciones. Existe, a su juicio, un principio superior que debe prevalecer frente a cualquier otra argumentación. La libre circulación de resoluciones en el espacio judicial europeo sólo se predica de las que hayan sido adoptadas en un procedimiento en el que se haya dado al demandado la posibilidad de defenderse, de modo que los efectos extraterritoriales de las medidas provisionales y cautelares están subordinados al cumplimiento del respeto del contradictorio [35].

Años más tarde el Tribunal seguirá recordando en las sentencias Klomps/Michel y Minalmet/Brandeis, que la simplificación del reconocimiento y declaración de ejecutividad no puede frustrar la protección de los

---

dades de defenderse posteriormente, práctica que es admitida por el Derecho de todos los Estados del Convenio. Junto a los comentarios de la sentencia citados, vid., A. di BLASE, «Provvedimenti cautelari e Convenzione di Bruxelles», Riv.dir.int., 1987, núm. 1, pp. 5 ss; F. J. GARCI-MARTIN ALFEREZ, *El régimen de las medidas cautelares...,* ob. cit; F. CARRILLO POZO, «Comentario al artículo 24 del Convenio de Bruselas», *Comentario al Convenio de Bruselas relativo a la competencia judicial y a la ejecución de resoluciones judiciales en materia civil y mercantil,* ed., de A.L. Calvo Caravaca, Universidad Carlos III/BOE, Madrid, 1996, pp. 428 ss; V. FAIREN GUILLEN, «El proceso cautelar en la Convención de Bruselas de 27 de septiembre de 1968», La Ley/U.E, 6 mayo 1996, núm. 4029, pp. 1 ss; V. FUENTES CAMACHO, *Las medidas provisionales y cautelares en el espacio judicial europeo,* Eurolex, Madrid, 1996; F. GASCON INCHAUSTI, *Medidas cautelares del proceso civil extranjero,* Comares, Granada, 1998; O. MERKT, *Les mesures provisoires en droit international privé,* Etudes suisses de droit international, vol. 86, Zürich, 1993; L. COLLINS, «Provisional Measures, the Conflit of Law and the Brussels Convention», Y.E.L., 1981, pp. 249 ss; *íd., Provisional and Protective Measures in International Litigation,* Rec. des C. 1992, II, tomo 232, pp. 9 ss; G. UBERTAZZI, «L'esecuzione all'stero di provvedimenti cautelari secondo la Convenzione di Bruxelles», Riv.dir.ind., 1985, núm. 1, pp. 185 ss.

De hecho, el artículo 24 ha sido uno de los más debatidos durante los trabajos de reforma del Convenio, habiéndose discutido ampliamente la posibilidad de introducir una regla que dejara clara la territorialidad de las medidas. Sin embargo, la opción final ha sido la de no modificar la disposición (vid. artículo 31 del Reglamento).

[35] La jurisprudencia nacional en aplicación del artículo 24 se ha guiado por las consideraciones del Tribunal de Justicia en la Sentencia Denilauler, vid., Cour d'appel de Paris 8 de junio de 1995, Journ.dr.int., 1996, pp. 145 ss; Cour de Cassation 18 de mayo de 1994, Rev.crit.dr.int.pr., 1994, pp. 688 ss, Comentario de B. ANCEL; Tribunal de Luxemburgo 17 de junio de 1981, C.D.E., 1985, pp. 477 ss.

derechos de la defensa al afirmar que «el Convenio contempla esencialmente las decisiones que antes del momento en que su reconocimiento o ejecución es solicitado en otro Estado, han sido o eran susceptibles de ser, en el Estado de origen, objeto de una instrucción contradictoria» [36].

Como ha afirmado M. DESANTES REAL, «la quinta libertad comunitaria, para ser tal, debe rodearse de unas garantías previas, la principal de las cuales es el respeto de los derechos de defensa: este principio persigue obsesivamente al legislador europeo, que lo ha asegurado principalmente, en los artículos 27.2, 46.2 y 47.1, negando toda posibilidad de ejecución de las decisiones dictadas *inaudita altera parte*» [37].

Aunque el Convenio no lo haya formulado con carácter general [38], el principio de la protección de los derechos de defensa está presente y latente en su articulado, tanto en el procedimiento de origen como en el de reconocimiento de resoluciones extranjeras, y ha guiado la interpretación del Tribunal de Justicia.

En el Título II del Convenio de Bruselas la principal disposición que tiene como objetivo garantizar los derechos de defensa del demandado es el artículo 20 (art. 26 del Reglamento). De hecho, no es de extrañar que haya sido considerado como «uno de los más importantes del Convenio» [39].

En efecto, el artículo 20 protege al demandado rebelde domiciliado en un Estado contratante que es emplazado ante la jurisdicción de otro Estado contratante, con una doble finalidad:

— En primer término, asegurarse de que la resolución ha sido dictada por un tribunal competente [40]. De este modo se evita que posteriormente, en fase de reconocimiento, se plantee el debate de la competencia del juez de origen, prohibiéndose que el juez requerido fiscalice la competencia de aquél.

— En segundo lugar, garantizar que existió un emplazamiento correcto

---

[36] Sentencia 16 de junio de 1981, Peter Klomps/Karl Michel, asunto 166/80, Rec. 1981, pp. 1593 ss; Sentencia 12 de noviembre de 1992, Minalmet GmbH/Brandeis Ltd, asunto 123/91, Rec. 1992, pp. 5661 ss.

[37] M. DESANTES REAL, *La competencia judicial en la Comunidad Europea*, Bosch, Barcelona, 1986, pág. 141.

[38] Una formulación general se encuentra en el art. 6 del Convenio Europeo para la protección de los Derechos Humanos y Libertades Fundamentales de 1950 y en el artículo 6.2 del Tratado de Amsterdam de 2 de octubre de 1997, DOCE núm. C 340, de 10 de noviembre de 1997, pp. 1 ss.

[39] Informe JENARD, ob. cit., pág. 156. El artículo 20 constituye una excepción a la regla general de que el Convenio no unifica las reglas que regulan el procedimiento (que se rigen por la tradicional regla *lex fori regit processum*). En determinados aspectos era necesario incluir ciertas reglas procesales para garantizar la eficacia real del Convenio ya que, de confiarlos a las legislaciones estatales, se habría comprometido su imperatividad. Vid., en este sentido, J. CARRAS-COSA GONZALEZ, «Comentario al artículo 20 del Convenio de Bruselas», *Comentario al Convenio...*, ob. cit., pág. 391.

[40] Para un estudio detallado del control de oficio de la competencia judicial internacional previsto en el párrafo 1 del art. 20, vid., R. ARENAS GARCIA, *El control de oficio de la competencia judicial internacional*, Eurolex, Madrid, 1996.

al demandado y, de este modo, reducir el ámbito de operatividad del motivo de denegación previsto en el artículo 27.2 (art. 34.2 del Reglamento). Como ha indicado el Informe JENARD «de la regla establecida en el segundo párrafo del artículo 20, que impone al juez del Estado de origen la obligación de suspender el procedimiento si la cédula de emplazamiento no ha sido notificada con tiempo suficiente al demandado, se podría deducir que el punto 2 del artículo 27 sólo sería aplicable en casos excepcionales» [41].

A priori, y sin perjuicio de que posteriormente hagamos las oportunas matizaciones, si el tribunal de origen cumplió con el mandato del art. 20, existen las garantías suficientes de que el demandado tuvo la oportunidad de defenderse ya que se le ofreció la posibilidad de participar en el proceso. El derecho a ser oído queda garantizado con la oportuna notificación y es el demandado el que debe cargar con las consecuencias derivadas de su actitud. Si fue rebelde por conveniencia en el procedimiento de origen no es digno de protección en fase de reconocimiento y exequátur.

Este afán de proteger los derechos de defensa se encuentra de nuevo en el Título III del Convenio ya que el artículo 27.2 establece como motivo de denegación del reconocimiento la lesión de los derechos de defensa del demandado [42].

La finalidad de la norma es denegar eficacia a aquella resolución dictada en circunstancias de indefensión del demandado, indefensión que la norma entiende se produce en el supuesto de falta de notificación o notificación defectuosa (el demandado no tuvo conocimiento del procedimiento incoado contra él por lo que no tuvo posibilidad de defenderse o bien, aún teniendo conocimiento del procedimiento, no tuvo tiempo suficiente para defenderse).

Como regla general puede afirmarse que el Convenio no se opone a que se reconozcan decisiones dictadas en rebeldía del demandado. Lo que le interesa y preocupa es que dicha resolución haya sido dictada velando por las garantías de los derechos de defensa.

De las afirmaciones realizadas hasta el momento se puede concluir que el denominador común de ambas disposiciones es la protección de los derechos de defensa del demandado que no comparece. Nos encontramos pues ante un sistema que no se ha contentado con un único control ya que al operado por el juez en el procedimiento de origen se seguirá el del juez requerido en sede de reconocimiento [43]. Este doble control muestra la pre-

---

[41] Informe JENARD, ob. cit., pág. 161.

[42] El artículo 34 del Convenio extiende por analogía al exequátur los motivos de denegación establecidos en los artículos 27 y 28, por lo que también en dicha fase se vela por el respeto de los derechos de defensa del demandado. No obstante, el art. 34 ha sido modificado en el proceso de revisión del Convenio en el sentido de que el exequátur se otorgará inmediatamente, sin proceder a ningún examen de los previstos en los arts. 27 y 28 (vid. arts. 41 y 45 del Reglamento).

[43] En palabras de L. DANIELE, «La notificazione della domanda giudiziale come presupposto per il riconoscimento delle decisioni nella Convenzione di Bruxelles del 1968», Riv.dir.int.pr.proc., 1983, núm.3, pág. 489. «il requisito della notifica regolare e tempestiva della

ocupación del legislador de proteger, en la mayor medida de lo posible, el derecho del demandado (concretamente del demandado ausente).

La aplicación del Convenio y el «excesivo» recurso a la lesión de los derechos de defensa para oponerse al reconocimiento ha originado numerosos conflictos y problemas relativos al significado y alcance de estas disposiciones, lo que explica que los tribunales nacionales se hayan dirigido al TJCE para solventar estos problemas. En todos los pronunciamientos del Tribunal está presente la protección del demandado como principio de un juicio equitativo, haciendo hincapié en el hecho de que el procedimiento de reconocimiento y exequátur no puede frustrar la protección de los derechos de defensa. El recurso a esta jurisprudencia se hace imprescindible para comprender la disposición en cuestión porque el Tribunal de Justicia ha construido toda una teoría en la manera de interpretarla.

II. JUSTIFICACIÓN DE LA NORMA

Si una de las finalidades del art. 20 (art. 26 del Reglamento) es reducir la operatividad del art. 27.2 (art. 34.2 del Reglamento) la cuestión que de inmmediato surge es la relativa a la justificación de esta disposición, o, en otros términos, ¿realmente era necesario incluirla en el catálogo de motivos de denegación del reconocimiento?

Se podría haber optado, de modo análogo a como se ha hecho en materia de competencia judicial internacional, por confiar el control del respeto de los derechos procesales del demandado sólo al juez de origen, de modo que ya no tendría sentido prever como motivo de denegación la lesión de aquellos derechos que fueron real y efectivamente protegidos en el procedimiento de origen.

Sin embargo, esta opción que proponemos no es posible en el marco del Convenio porque no existe entre las dos normas una total correspondencia. Si ambas tienen como denominador común el velar por la protección de los derechos de defensa, existen entre ellas un notable número de diferencias que justifican que en el art. 27, figure como motivo de denegación del reconocimiento la lesión de los derechos de defensa del demandado.

1. Descoordinación del ámbito de aplicación de los artículos 20 y 27.2 (arts. 26 y 34.2 del Reglamento)

El mandato del artículo 20.2 (sustituido por el art. 15 del Convenio de La Haya) [44] obliga al juez de origen a suspender el procedimiento sólo en

---

domanda giudiziale è dunque da considerarsi come la chiave di volta dell'intero edificio della Convenzione».

[44] Conforme a la nueva redacción que ha recibido el artículo 20 párrafo 3 tras la reforma, el párrafo 2 de dicho artículo se sustituirá por el art. 19 del Reglamento 1348/2000 del Consejo

el supuesto de demandado domiciliado en un Estado contratante que es emplazado por el tribunal de otro Estado contratante y no comparece. *A contrario sensu,* en los supuestos de demandado domiciliado en el Estado del foro y demandado domiciliado en un Estado no contratatante, el juez de origen no está obligado a suspender el procedimiento en caso de incomparecencia del demandado.

Si el artículo 20 se hubiese concebido para proteger a todos los demandados (domiciliados o no en un Estado parte), es evidente que no se habría podido establecer como motivo de denegación del reconocimiento la lesión de los derechos de defensa. Pero esto no es así ya que dicha disposición delimita clara y expresamente su ámbito de aplicación: sólo se aplicará al demandado domiciliado en un Estado contratante emplazado ante los tribunales de otro Estado contratante y no comparece [45].

En los dos supuestos restantes, demandado domiciliado en el foro (art. 2) y demandado domiciliado en un tercer Estado (art. 4), no se ha otorgado al demandado en el procedimiento de origen la protección ofrecida por el art. 20, al ser de aplicación el derecho interno, y es evidente, que las garantías que éste ofrece pueden divergir de las establecidas en aquél [46]. Existen, por tanto, supuestos en los que los derechos de defensa no son controlados en el procedimiento de origen del mismo modo como lo exige el Convenio.

Ahora bien, el hecho de que la resolución se haya dictado contra un demandado domiciliado en el foro o en un Estado no contratante no excluye la aplicación del Título III en cuanto al reconocimiento y la declaración de ejecutividad. En fase de reconocimiento, el domicilio del demandado deja de tener relevancia para asumir todo el protagonismo la «nacionalidad» de la resolución. El Título III se aplicará siempre que la misma haya sido dictada por un órgano jurisdiccional de un Estado contratante en su ámbito de aplicación material y para que el reconocimiento y declaración de ejecutividad sean otorgados es necesario el respeto de los derechos de defensa del demandado.

Por tanto, era necesario prever garantías en estos supuestos y de ahí la disposición del art. 27.2: al haberse aplicado el derecho interno y no la

---

de 29 de mayo de 2000, relativo a la notificación o traslado en los Estados miembros de la Unión Europea de documentos judiciales y extrajudiciales en materia civil o mercantil si la cédula de emplazamiento o documento equivalente hubieren de ser remitidos al extranjero en cumplimiento del citado Reglamento. Dada la analogía que existe entre el art. 15 del Convenio de La Haya y el 19 del Reglamento, las consideraciones que realizamos sobre aquél pueden ser extensivas a éste.

[45] Téngase en cuenta que el artículo 20 es aplicable cuando el Convenio de Bruselas concurre en su aplicación con otro Convenio sobre una materia particular, conforme a lo dispuesto en el artículo 57.2.a).

[46] M. WESER, *Convention communautaire sur la compétence judiciaire et l'exécution des décisions,* C.I.C.D., Ed. Pedone, Paris, 1975, pág. 332, afirma que «c'est pour les jugements rendus dans ces litiges que le refus de reconnaissance, prévu par l'article 27.2, pourrait trouver application»; en sentido análogo, A. BORRAS RODRIGUEZ, «La sentencia dictada en rebeldía: notificación y exequátur en el Convenio de Bruselas», R.I.E., 1991, núm. 1, pág. 46.

disposición del artículo 20, el juez requerido no tiene garantías suficientes de que se respetaron en el procedimiento de origen los derechos de defensa del demandado y ha de asegurarse de ello.

Si el diferente ámbito de aplicación justifica la disposición del art. 27.2, ésta se aplica, no obstante, con independencia del domicilio del demandado (y no sólo a las dos hipótesis a las que nos hemos referido). Al respecto, el Tribunal de Justicia en la sentencia Debaecker/Bouwman ha manifestado que el artículo 27.2 del Convenio es igualmente aplicable incluso cuando el demandado estaba domiciliado, exclusivamente o no, en la circunscripción o el Estado del juez de origen [47]. El Tribunal basará su argumentación, en primer lugar, en la letra del artículo 27.2, que no establece, en cuanto a su ámbito de aplicación se refiere, ninguna condición relativa al domicilio del demandado y, en segundo lugar, en el principio de la primacía del respeto de los derechos de defensa.

Por tanto, el artículo 27.2 obliga al juez del reconocimiento a velar y asegurarse de la protección de los derechos de defensa del demandado sin hacer referencia al domicilio. Como han afirmado P. GOTHOT y D. HOLLEAUX, «es evidente que el artículo 27.2 debería haber sido redactado de otra manera si hubiese sido concebido dentro de una relación rigurosamente simétrica con el artículo 20, apartado 2º» [48].

La falta de correspondencia entre ambas normas originó que en los trabajos de reforma de los Convenios de Bruselas y de Lugano se propusiera modificar el ámbito de aplicación del art. 20 de modo que el control previsto en dicha norma se extendiese a todos los demandados. Así, la Comisión sugirió que se modificasen, por una parte, el párrafo 2 del art. 20 y ampliar a todo demandado (y no únicamente al «domiciliado en un Estado contratante») la obligación de suspensión del procedimiento y, por otra parte, el art. 27.2 sustituyendo su redacción por la que se diese al art. 20 [49].

Sin embargo, dicha propuesta no ha sido aceptada quedando inalterada en cuanto a su redacción [50], por lo que en fase de reconocimiento el deman-

---

[47] Sentencia de 11 de junio de 1985, Carlos Debaecker et Berthe Plouvier/Cornelis Gerrit Bouwman, asunto 49/84, Rec. 1985, pp. 1779 ss.

[48] P. GOTHOT y D. HOLLEAUX, *La Convención de Bruselas...*, ob. cit., pág. 165. En el mismo sentido, M. WESER, *Convention communautaire...*, ob. cit., pág. 332.

[49] DOCE núm. C 33, de 31 de enero de 1998. En la doctrina, han apostado por dicha modificación, Y. DONZALLAZ, *La Convention de Lugano du 16 septembre 1988 concernant la compétence judiciaire et l'exécution des décisions en matière civile et commerciale,* vol. I, Staempfli, Berna, 1992, pp. 497 ss; M. DESANTES REAL, «Reflexiones con vistas a la modificación de los Convenios de Bruselas y de Lugano. Los artículos 19 a 24», *La revisión de los Convenios...,* ob. cit., pp. 145 ss.

[50] Paradójicamente, en la reforma se ha establecido, en el art. 43, que en el supuesto de incomparecencia de la parte contra la que se solicite la ejecución ante el tribunal que conociere del recurso interpuesto por el solitante, se aplicarán las disposiciones de los párrafos 2 y 4 del artículo 26 aunque dicha parte no estuviera domiciliada en uno de los Estados contratantes. La descoordinación se agrava aún más ya que si en el proceso directo el art. 26 sólo juega cuando el demandado está domiciliado en un Estado miembro, en la fase indirecta, y cuando se inter-

dado domiciliado fuera de la Comunidad está tan protegido como el que lo está dentro; no hay razón alguna para establecer discriminaciones en base al criterio del domicilio.

En consecuencia, el artículo 27.2 no complementa al artículo 20, sino que convierte a los derechos de defensa del demandado en objeto de un doble control. En palabras de P. ABARCA JUNCO, «el artículo 27.2 ni en su redacción ni en su interpretación, se limita a suplementar el artículo 20, sino que duplica las garantías otorgadas por éste, convirtiendo los derechos de defensa en los más protegidos por el Convenio, objeto de un doble control, demostrando así la importancia excepcional que en el ámbito comunitario se otorgan a estos derechos considerados como fundamentales en los países que forman la Comunidad...»[51].

2. Diferencias en la naturaleza del control exigido en ambas normas

La regla provisional del art. 20.2 establece que «este tribunal (el del procedimiento de origen) estará obligado a suspender el procedimiento en tanto no se acreditare que el demandado ha podido recibir la cédula de emplazamiento o documento equivalente con tiempo suficiente para defenderse o que se tomó toda diligencia a tal fin».

En virtud de esta disposición es perfectamente posible que el juez de origen continúe con el curso del procedimiento una vez que se acredite que se realizaron todas las diligencias oportunas para que el demandado tuviese conocimiento del emplazamiento en tiempo suficiente. En estas circunstancias el juez de origen puede dictar su resolución en rebeldía al no exigirse el conocimiento efectivo por parte del demandado del emplazamiento: bastaría que hubiera sido puesto en disposición de recibirlo. De lo contrario, el procedimiento de origen quedaría paralizado sin justificación alguna y es por lo que la disposición, tutelando los derechos del demandante, posibilita al juez de origen continuar con el procedimiento y dictar, una vez cumplidas las previsiones de la norma, resolución en rebeldía.

A resultados análogos llegamos en caso de aplicación del artículo 15 del Convenio de La Haya de 1965 [52] y artículo 19 del Reglamento 1348/2000. El párrafo 1 establece que el juez del Estado requirente aplazará su resolución el tiempo que sea necesario hasta que quede acreditado que el documento ha sido notificado o se ha dado traslado del mismo al

---

ponga recurso contra la concesión del exequátur, el art. 26 se aplica esté domiciliado o no en un Estado miembro.

[51] P. ABARCA JUNCO, «El artículo 27.2 del Convenio de Bruselas y su interpretación por el Tribunal de Justicia de las Comunidades Europeas», BFD UNED, Segunda época, 1993, núm. 4, pág. 10.

[52] Un supuesto de aplicación del artículo 20.2 del Convenio de Bruselas y no del artículo 15 del Convenio de La Haya, sería cuando el domicilio del demandado fuera desconocido, supuesto expresamente excluido del ámbito de aplicación del citado Convenio. En sentido análogo, art. 1 del Reglamento 1348/2000.

demandado según las formas prescritas por la legislación del Estado reque- rido o efectivamente entregado al demandado, con tiempo suficiente para que haya podido defenderse (cosa diferente es que el demandado haya tenido conocimiento o no de dicho emplazamiento).

No obstante, el párrafo 2 de dicha disposición establece que cada Estado contratante tiene la facultad de declarar que sus jueces puedan pro- veer aun cuando no haya quedado acreditada la práctica de la notificación o del traslado, siempre que concurran las siguientes circunstancias: que se haya notificado el documento según alguno de los modos previstos por el Convenio de La Haya; que haya transcurrido desde la fecha de envío del documento un plazo que apreciará el juez en cada caso y que no será infe- rior a seis meses y que, pese a las diligencias oportunas ante las autorida- des competentes del Estado requerido, no se ha podido obtener certifica- ción alguna [53].

La finalidad perseguida con esta Declaración es evitar que el proceso quede paralizado indefinidamente, decantándose en favor de los intereses del demandante y de la continuación del proceso. Aunque el demandado tenga derecho a ser informado de la notificación y a disponer de un plazo suficiente para preparar su defensa, el demandante no debe cargar con las consecuencias de la lentitud de las notificaciones viendo como el proceso queda detenido. Desde este modo, el art. 15 logra instaurar un equilibrio entre los intereses del demadando y los del demandante [54].

De todos modos ello no significa que el demandado quede desprote- gido, porque los requisitos que el juez debe respetar antes de la continua- ción del proceso constituyen una garantía de los derechos de defensa. La falta de respeto de alguno de ellos (por ejemplo, dictar la resolución antes del plazo mínimo de 6 meses) se considerará lesión de los derechos de la defensa y es causa de no reconocimiento de la resolución [55].

En virtud de esta disposición existen supuestos en los que se puede dictar la resolución sin que concurran pruebas acerca de la notificación y

---

[53] España ha hecho uso de dicha facultad ya que al ratificar el Convenio afirmó que «El Estado español declara que sus jueces, no obstante las disposiciones del párrafo 1 del artículo 15, podrán proveer a pesar de no haber recibido notificación alguna acreditativa de la notificación o de la remisión de documentos si se dan los requisitos previstos en el citado artículo 15, párrafo 2». Sobre el mecanismo de dicha disposición vid., las consideraciones de la Sentencia de la Audiencia Provincial de Huesca de 31 de julio de 1996, R.G.D., 1997, núm. 631, pp. 4852 ss, nota de Mª A. RODRIGUEZ VAZQUEZ, R.E.D.I., 1997, núm. 2, pp. 234 ss.

[54] M. AGUILAR BENITEZ DE LUGO, «La notificación de documentos en el extranjero», B.I.M.J., núm. 1829, 15 de septiembre de 1998, pág. 2240.

[55] Este supuesto fue el que se planteó en la sentencia de la Cour de Cassation francesa de 16 de diciembre de 1980, Rev.crit.dr.int.pr., 1981, pp. 708 ss, comentario de G.A.L. DROZ. La sentencia fue dictada en rebeldía antes de la expiración del plazo de seis meses previsto en el art. 15.2 del Convenio de La Haya y el exequátur fue, en consecuencia, denegado. Para un estudio de la aplicación y operatividad de los tres requisitos previstos en el artículo 15.2 del Convenio de La Haya vid., Sentencia de la Cour Supérieure de Luxemburgo de 21 de enero de 1981, Rev.crit.dr.int.pr., 1981, pp. 708 ss, comentario de G.A.L. DROZ.

de si el demandado realmente conoció que se había entablado un procedimiento en su contra.

En contraposición a lo dispuesto en los artículos 20 de Bruselas y 15 de La Haya, el mandato contenido en el artículo 27.2 (tal y como ha sido interpretado hasta el momento por el TJCE) es absolutamente preceptivo ya que el reconocimiento está subordinado al hecho de que al demandado se le haya notificado la cédula de emplazamiento o documento equivalente de forma regular y en tiempo suficiente para defenderse. El TJCE ha considerado que las dos condiciones establecidas en el art. 27.2 son distintas y cumulativas, de modo que faltando una de ellas es legítimo el rechazo del reconocimiento. No obstante, y como posteriormente analizaremos, la rigurosa interpretación del art. 27.2 y las críticas que la doctrina ha realizado han motivado la reforma de la disposición.

El diferente alcance del mandato contenido en las disposiciones estudiadas puede dar lugar a que se planteen conflictos en aquellos supuestos en los que la resolución del juez de origen no sea reconocida a pesar de que éste cumplió con las previsiones del párrafo 2 del art. 15 del Convenio de La Haya. El supuesto que nos planteamos es el siguiente: supongamos que el juez de origen dicta resolución en rebeldía contra un demandado al que se le realizó la notificación de la cédula de emplazamiento en virtud de las disposiciones del Convenio de La Haya y, tras haber respetado el plazo de los seis meses y una vez realizadas todas las diligencias por las autoridades competentes del Estado requerido, no ha podido obtener certificación alguna.

En estos supuestos no existe constancia de que la notificación se realizara, pero en virtud de la Declaración realizada por el Estado de origen el juez puede continuar el procedimiento y dictar la resolución en rebeldía. ¿Se puede rechazar el reconocimiento de dicha resolución en otro Estado contratante?

En principio estimamos que la respuesta debía ser negativa en los Estados que han realizado tal Declaración [56], aunque en el estado actual de las cosas y de la interpretación que del art. 27.2 viene realizando el Tribunal de Justicia el reconocimiento de dicha resolución será denegado, produciéndose una descoordinación entre el mandato del artículo 20 párrafos 2

---

[56] G.A.L. DROZ, comentario a la sentencia de la Cour de Cassation 16 de diciembre de 1980, ob. cit. pp. 719 ss, considera que incluso en los Estados que no han realizado tal Declaración convendría prolongar los efectos del Convenio de La Haya y, en el marco del Título III del Convenio de Bruselas, no rechazar el reconocimiento a pesar de la disposición del art. 27.2, considerando que el demandado al que se le notificó la sentencia en rebeldía pudo interponer en el Estado de origen los recursos pertinentes alegando la falta de conocimiento de la primera fase del procedimiento. Si no lo hizo, debe responder de su inactividad, no pudiendo alegar en fase de reconocimiento dicho desconocimiento. Lo que el autor propone, en definitiva, es que la existencia de recursos en el procedimiento de origen debe tenerse en cuenta a la hora de conceder o no el exequátur. Estas ideas son retomadas por G.A.L. DROZ, «Les droits de la demande dans les relations privées internationales», Trav.Com.fr.dr.int.pr., 1993-1994, pp. 116 ss.

y 3, y el art. 27.2 (arts. 26 y 34.2 del Reglamento). Este motivo de denegación ha perdido la excepcionalidad que de él era predicable, convirtiéndose en una vía fácil para denegar el reconocimiento.

Esperemos que la reciente modificación del precepto sirva para paliar la rigidez con que ha sido interpretado este motivo de denegación y que tenga como fruto soluciones compatibles con la finalidad que inspira la norma.

3. Autonomía del control realizado por el juez requerido

Sin perjuicio de que posteriormente dediquemos parte de nuestro estudio a esta cuestión, demos por adelantado que el juez requerido no se limita a verificar el control realizado en la primera fase. Aun cuando el juez de origen haya velado por el respeto del derecho de defensa del demandado, el juez requerido está obligado a examinar dicho extremo, pudiendo llegar en su examen a diferentes consecuencias, siendo legítimo el rechazo del reconocimiento. Dicho de otro modo, el juez requerido realiza un examen *ex novo* sin estar vinculado por las apreciaciones del juez de origen, instaurándose la denominada «tesis del doble control».

El Tribunal de Justicia ha llegado a esta conclusión en las Sentencias de 15 de julio de 1982 en el asunto Pendy Plastic y de 13 de julio de 1995, en el asunto Hengts Import/Ana Mª Campese, en las que ha afirmado que el juez requerido no está dispensado del control que le impone el art. 27.2 por el hecho de que el juez del Estado de origen ya haya conocido, no estando vinculado por las constataciones y conclusiones a las que haya llegado aquél.

El objetivo del artículo 27 del Convenio exige que el juez requerido proceda al examen prescrito por el párrafo 2 no obstante la decisión dictada por el primer juez, siendo legítimo que pueda rechazar el reconocimiento de la resolución incluso si la jurisdicción del Estado de origen consideró que el demandado que no ha comparecido había tenido la posibilidad de recibir la comunicación de la cédula de emplazamiento y que disfrutó de tiempo suficiente para defenderse.

La protección de los derechos de defensa del demandado asume tal importancia en el Convenio que no ha sido posible confiarlo sólo al juez de origen. Se consideró que era necesario un reforzamiento de dicho examen confiándolo también al juez requerido.

La tesis del doble control plantea la cuestión de la compatibilidad entre esta obligación del juez requerido y la prohibición de revisión de fondo de la resolución extranjera que el Convenio establece.

III. PRESUPUESTO DE APLICACIÓN DEL ART. 27.2: RESOLUCIÓN DICTADA EN REBELDÍA DEL DEMANDADO. LA NOCIÓN AUTÓNOMA DE REBELDÍA

1. La exclusión de la interpretación *legeforista*. Justificación

El artículo 27.2 protege los derechos de defensa en un caso específico y concreto: cuando el demandado no comparece en el procedimiento de origen haciendo valer sus derechos de defensa, participando en la discusión de fondo de la causa. Para que dicho motivo de denegación pueda actuar es necesario que la resolución haya sido dictada en rebeldía. Es entonces cuando el juez requerido debe examinar si la rebeldía del demandado se debió a un defecto en el emplazamiento lo que ocasionó una lesión de sus derechos de defensa o bien si se debió a una actitud pasiva del demandado que, aún sabiendo que se había entablado un procedimiento contra él, decide no comparecer.

En conexión con los efectos derivados de la Sentencia Denilauler, el art. 27.2 sólo se aplica si la resolución ha sido dictada en un procedimiento susceptible de ser contradictorio, en el que se ofreció al demandado la posibilidad de defenderse y éste no compareció; de ahí que el Tribunal no pudo deducir la exclusión de las medidas provisionales dictadas *inaudita altera parte* del ámbito del Título III, por la aplicación del artículo 27.2, ya que esta disposición no está pensada para procedimientos unilaterales.

Ello no quiere decir que a todas las resoluciones dictadas en rebeldía les será denegado el reconocimiento, porque a la rebeldía del demandado hay que añadir los requisitos enumerados en la disposición (notificación en forma y tiempo). Si ambas garantías se han cumplido, el reconocimiento/exequátur de la resolución será acordado [57]. El demandado tiene la carga de estar en el proceso y si no comparece por un motivo que le es imputable debe soportar los efectos que de su incomparecencia se deriven.

El Convenio quiere que si se ha dictado una resolución en rebeldía se hayan respetado una serie de garantías en respeto del derecho de defensa

---

[57] No es discutible que las resoluciones dictadas en rebeldía están incluidas en la noción del art. 25 (art. 32 del Reglamento). Vid., con carácter general, P. BLANCO MORALES, «Comentario al artículo 25 del Convenio de Bruselas», *Comentario al Convenio de Bruselas...*, ob. cit., pp. 451 ss; E. DU RUSQUEC, «Les décisions judiciaires soumises...», ob. cit., pp. 446 ss. La jurisprudencia nacional en aplicación del art. 27.2 ha considerado que desde el momento que la cédula de emplazamiento o documento equivalente ha sido notificada regularmente y en tiempo suficiente al demandado, es legítimo el reconocimiento de la resolución dictada en rebeldía, vid., entre otras, sentencia de la Corte d'apello de Turín de 11 de marzo de 1977, Riv.dir.int.pr.proc., 1979, pág. 84, confirmada posteriormente por la de la Corte di Cassazione 23 noviembre 1979, Foro it., 1980, I, pág. 2249; Corte d'apello de Florencia 1 de septiembre de 1977, Rép. Série D, I-27.2-B 5; Corte d'apello de Milán 27 septiembre 1977, Rép. Série D I-27.2-B 6; Gerechtshof de Bois-le-Duc 4 marzo 1982, Rép. Série D, I-27.2-B 18; Oberlandesgericht de Stuttgart 17 de septiembre de 1984, Rép. Série D, I-27.2-B 23; Oberlandesgericht de Düsseldorf 19 de octubre 1984, Rép. Série D, I-27.2-B 24.

del demandado. Se ofrece al demandado la posibilidad de defenderse, cosa diferente es que él quiera o no hacer valer su derecho procesal de defensa.

Por tanto, de la letra del art. 27.2 (art. 34.2 del Reglamento) se deduce que es condición *sine qua non* para que proceda su aplicación, que la resolución haya sido dictada en el procedimiento de origen en rebeldía del demandado. Por consiguiente, y haciendo una interpretación *a sensu contrario* de la norma, desde el momento que el demandado comparece no se puede aplicar el párrafo 2 del art. 27. El presupuesto de aplicación del artículo 27.2 (art. 34.2 del Reglamento) requiere una actitud procesal negativa por parte del demandado que no comparece ni para impugnar la competencia ni para contestar el fondo del asunto [58].

Ahora bien, el problema que se plantea es saber si el concepto «rebeldía» es un concepto que se define conforme a la *lex fori* del juez que conoce del asunto (a él le correspondería apreciar si conforme a sus reglas procesales el demandado se encuentra en dicha situación, dictando en consecuencia su sentencia) o si, por el contrario, es un concepto que en el ámbito del Convenio tiene un significado propio.

El TJCE ha tenido que dilucidar esta cuestión en dos sentencias. Si en la primera de ellas (Sentencia Volker Sonntag/Waidman), el Tribunal opta por descartar la interpretación *legeforista,* en la segunda (Sentencia Bernardus Hendrikman/Magenta Druck), se decanta por una interpretación autónoma ofreciéndonos una definición comunitaria del concepto rebeldía. Dicho concepto asume en el contexto de Bruselas un significado propio, distinto al que puede tener por remisión al derecho del Estado de origen [59].

---

[58] Por ello, no es rebelde aquel demandado que comparece en el juicio de origen para impugnar la competencia del juez de origen, aunque esto no signifique que exista sumisión tácita, a efectos del artículo 18 del Convenio. La actitud procesal del demandado que determina la sumisión tácita es que el demandado comparece y contesta el fondo del asunto. Vid., P. KAYE, *Civil jurisdiction and Enforcement of Foreign Judgments,* Professional Books Ltd, Abingdon, 1987, pp. 1450 ss.

[59] Ya el Tribunal de Justicia, en el primer asunto que se le planteó (Sentencia de 6 de octubre de 1976, Tessili/Dunlop, asunto 12/76, Rec. 1976, pp. 1473 ss), se encontró con esta dualidad en la manera de interpretar una disposición del Convenio y consideró que «ninguna de estas dos opciones se impone con exclusión de la otra, de manera que sólo puede hacerse una elección adecuada en relación con cada una de las disposiciones del Convenio, pero siempre que se garantice la plena eficacia del Convenio en la perspectiva de los objetivos del artículo 220 del Tratado». Con carácter general el Tribunal de Justicia se ha decantado en favor de una interpretación autónoma basada, de una parte, en los objetivos y sistema del Convenio, y, de otra parte, en los principios generales de los ordenamientos jurídicos nacionales. La ventaja de esta interpretación es favorecer la aplicación uniforme del Convenio en los diferentes Estados miembros al tener los conceptos un significado propio, diferente del contenido en los ordenamientos internos, lo que contribuye a la consolidación del espacio judicial europeo. Por tanto, el principio general es la interpretación autónoma siendo la excepción la remisión a la *lex fori.* Sobre los métodos de interpretación del Tribunal de Justicia, vid., con carácter general, *Competencia judicial y ejecución de sentencias en Europa, Ponencias del coloquio relativo a la interpretación del Tribunal de Justicia en la perspectiva del Espacio Judicial Europeo, Luxemburgo, 11 y 12 de marzo de 1991,* Aranzadi, Pamplona, 1993; M. DESANTES REAL, «El Convenio de Bruselas (Competencia judicial y reconocimiento y ejecución de resoluciones judiciales) y el Tribunal de Justicia de las Comunidades Europeas. Criterios de interpretación y orientaciones metodológicas», La Ley/C.E., 29 de

Decíamos que el Tribunal de Justicia en la Sentencia Volker Sonntag/Waidman descartó la posibilidad de interpretar el concepto rebeldía por remisión a lo dispuesto en la *lex fori* [60, 61]. La peculiaridad de este asunto residía en el hecho de que era la primera vez que el Tribunal de Justicia se enfrentaba a un supuesto de interpretación del artículo 27.2 cuando el demandado compareció en el procedimiento de origen. Esta disposición nunca se había invocado en favor de un demandado que no lo fuera en rebeldía.

El Tribunal responde a la cuestión planteada partiendo de la finalidad que inspira la norma que suscitaba problemas de interpretación. El núm. 2 del art. 27 protege los derechos de defensa y garantiza que una resolución no sea reconocida o declarada ejecutiva conforme al Convenio, si el demandado no ha tenido la posibilidad de defenderse ante el juez de origen [62]. De ello deduce que «sólo se puede denegar el reconocimiento de la resolución judicial por los motivos indicados en el número 2 del artículo 27 cuando el demandado no haya comparecido en el procedimiento de origen y que,

---

abril de 1988, núm. 34, pp. 1 ss; P. BIAVATI, «La funzione unificatrice della Corte di giustizia delle Communità Europee», Riv.trim.dir.proc.civ., 1995, núm. 1, pp. 273 ss.

[60] Sentencia del TJCE de 21 de abril de 1993, Volker Sonntag/Waidman, asunto 172/91, Rec. 1993, pp. 1963 ss. Esta sentencia ha sido comentada por J.M. BISCHOFF, Journ.dr.int., 1994, núm. 2, pp. 528 ss; A. BORRAS RODRIGUEZ, R.J.C., 1994, núm. 1, pp. 244 ss; H. GAUDEMET-TALLON, Rev.crit.dr.int.pr., 1994, núm. 1, pp. 96 ss; T. HARTLEY, E.L.Rev., 1994, pp. 539 ss; H. TAGARAS, C.D.E., 1995, núm. 1-2, pp. 174 ss; P. VLAS, N.I.L.R., 1994, pp. 333 ss; Rev.dr.int.dr.comp., 1995, pp. 159 ss; Foro It., 1994-IV, pp. 233 ss.

[61] Brevemente los hechos de la controversia fueron los siguientes: En el transcurso de una excursión por Italia, Thomas Waidman, de 16 años, alumno de una escuela pública del Land de Baden-Württemberg, sufre un accidente mortal. El grupo de estudiantes iba acompañado por el profesor Volker Sonntag, que tenía la condición de funcionario de dicho Land, encontrándose protegido por un régimen de Seguridad social de Derecho público. La República Italiana inicia un proceso penal contra el profesor ante el Tribunal di Bolzano, constituyéndose como parte civil, en el procedimiento penal, los padres de Thomas Waidman y su hermano menor. Del escrito de personación se dio traslado al demandado, que estuvo representado en el juicio oral por un abogado. El Tribunal le condena por un delito de imprudencia con resultado de muerte como consecuencia de una violación culposa e ilegal de sus deberes de vigilancia. En relación a la parte civil, le condena al pago de una indemnización. A instancia de los acreedores, el Landgericht Ellwangen otorgó el exequátur a la resolución dictada por el tribunal italiano por lo que a la parte civil se refiere. Volker Sonntag recurre ante el Oberlandesgericht alegando que le asistía un derecho estatutario a que el Land, del que era funcionario, le liberase de su obligación indemnizatoria. En este momento el Land se personó en el procedimiento como parte coadyuvante del deudor. El recurso fue rechazado.

Contra esta decisión recurren el deudor y el Land ante el Bundesgerichtshof, que decide someter al Tribunal de Justicia la siguiente cuestión prejudicial ¿se considera que el demandado se ha personado en autos cuando, tratándose de una acción de indemnización de daños y perjuicios que se ejercita conjuntamente con una acción penal que se sustancia ante la jurisdicción penal (número 4 del artículo 5 del Convenio de Bruselas), el deudor, representado por un defensor por él designado, haya formulado en el transcurso de un juicio oral sobre el fondo del asunto alegaciones sobre la acción penal, pero no lo haya hecho en relación con las acciones civiles que asimismo fueron objeto de los informes orales a los que dicho defensor asistió?

[62] Estas consideraciones ya habían sido manifestadas por el Tribunal en las Sentencias Klomps/Michel y Minalmet/Brandeis.

por consiguiente, esta disposición no puede ser invocada cuando el demandado compareció».

De esta forma el Tribunal confirma expresamente que el presupuesto de aplicación de dicha norma es que la resolución haya sido dictada en el procedimiento de origen en rebeldía del demandado en lesión de sus derechos de defensa[63]. Desde el momento que el demandado compareció en el procedimiento de origen deja de ser aplicable la disposición porque tuvo la posibilidad de defenderse ante dicho tribunal[64]. De lo contrario, de admitirse otra solución, el juez requerido revisaría la resolución adoptada por el juez de origen y quebraría uno de los principios sobre los que se basa el Convenio, la confianza en los jueces de los diferentes Estados contratantes.

Como en el caso de autos el demandado compareció en el procedimiento de origen y tuvo posibilidad de defenderse, no resultaba aplicable el motivo de denegación previsto en el párrafo 2 del artículo 27[65].

Aunque el Tribunal construya la fundamentación de su decisión en base a su jurisprudencia anterior, lo novedoso del caso es que no se haya remitido a la *lex fori* para saber si el demandado se encontraba en situación procesal de rebeldía[66]. Interpretación *legeforista* que había sido defendida por el Abogado General, M. Darmon, que sostuvo que, «puesto que el concepto de rebeldía depende de la apreciación del Juez de origen mediante la aplicación de su Ley interna, es preciso interpretar este término remitiéndose a esta Ley»[67].

---

[63] Con anterioridad a esta sentencia del Tribunal, la doctrina se había pronunciado unánimemente en este sentido. Vid., *per omnia*, G.A.L. DROZ, *Compétence judiciaire et effets des jugements dans le Marché Commun (Étude de la Convention de Bruxelles du 27 septembre 1968)*, Dalloz, Paris, 1972. Tampoco podemos olvidar que la totalidad de disposiciones del Convenio que tienen como objetivo la salvaguarda de los derechos de la defensa (artículos 20, 27.2 y 46.2) se refieren a demandados que no comparezcan. Del mismo modo, el Informe JENARD, ob. cit. pág. 161, sólo se refiere a tal protección respecto de esta categoría de demandados.

[64] También las jurisdicciones nacionales se han pronunciado en este sentido. Así, por ejemplo, la Corte di Cassazione italiana en la sentencia de 28 de abril de 1990, Riv.dir.int.pr.proc. 1992, pp. 297 ss, ha afirmado que «tale disposizione comporta che il controllo sulla notifica della domanda giudiziale possa essere esercitato, dal giudice dello Stato richiesto, soltanto quando il convenuto sia rimasto contumace nel procedimento innanzi al giudice straniero». En el mismo sentido, Cour de Cassation francesa 6 de marzo de 1996, Sem.jurid., 15 mayo 1996, núm. 20.

[65] Volker Sonntag estuvo representado por un abogado que formuló alegaciones durante el juicio oral sobre los hechos que se le imputaban, con conocimiento de la pretensión de derecho civil formulada contra él en el marco de la acción penal, no oponiéndose, en ningún momento, a dicha acción civil. En base a ello, considera el Tribunal que las alegaciones sobre los hechos que se le imputan en el proceso penal tienen también el valor de comparecencia en la acción civil. En sentido análogo se pronunciaron el Gobierno italiano y la Comisión, así como el Abogado General.

[66] El Tribunal se hace eco, de este modo, de la opinión manifestada por el Abogado General M. VerLoren van Themaat en sus conclusiones a la Sentencia 11 de junio de 1985, asunto Debaecker/Bouwman, Rec. 1985, pp. 1779 ss, favorable a que «el artículo 27.2 debería ser interpretado de modo independiente como una disposición autónoma del Convenio».

[67] En apoyo de su tesis, el Abogado invocó las Sentencias del Tribunal de Justicia Klomps/Michel y Lancray/Peters, así como la opinión doctrinal de A. Huet, comentario a la Sentencia Klomps/Michel, Journ.dr.int., 1981, pág. 897.

El problema al que se enfrentaba el Tribunal era delimitar si el concepto de resolución dictada en rebeldía debía interpretarse autónomamente o por remisión al Derecho interno del Estado de origen.

El Tribunal se aparta de la opinión del Abogado General no haciendo en ningún momento referencia al derecho del Estado de origen, y, aunque no dé una noción autónoma *stricto sensu* de la noción, se limita a decir que el demandado compareció y que, por tanto, no existía el presupuesto de aplicación del art. 27.2.

Siendo de elogiar la postura adoptada por el Tribunal [68], tenemos que lamentar que haya desaprovechado la ocasión de establecer una noción autónoma de comparecencia y, *a contrario sensu,* de rebeldía, aplicable a todos los supuestos en que se plantee la operatividad del artículo 27.2 [69].

Entendemos, no obstante, que una noción autónoma del concepto puede deducirse del objetivo de la disposición y de la interpretación que de ella ha realizado el Tribunal de Luxemburgo. En efecto, el Tribunal ha afirmado en varias ocasiones que el artículo 27.2 tiene como finalidad evitar que una resolución sea reconocida si el demandado no ha tenido posibilidad de defenderse ante el juez de origen, es decir, el artículo 27.2 vela por el derecho del demandado a ser oído durante el procedimiento de origen (respeto del principio contradictorio) [70].

Pues bien, a nuestro juicio, la comparecencia se entenderá como aquel acto del demandado ante el juez de origen, imprescindible para evitar una resolución en rebeldía, mediante el cual se propone defenderse de los cargos que le son imputados, es decir, el demandado toma posición respecto de los elementos del proceso y de las pretensiones del demandante [71].

De dicha noción se deduce que el artículo 27.2 (art. 34.2 del Reglamento) es aplicable cuando el demandado recurrió contra la resolución dictada en rebeldía y el tribunal del Estado de origen declaró inadmisible dicho recurso por el motivo de que el plazo para recurrir había expirado. El demandado no ha podido defenderse sobre el fondo de la cuestión ante el juez de origen y, por tanto, la resolución debe ser calificada como decisión dictada en rebeldía *ex* art. 27.2 [72].

---

[68] La doctrina ha aprobado unánimemente la postura del Tribunal, vid., J.M. BISCHOFF, comentario a la sentencia, ob. cit., pág. 534, H. GAUDEMET TALLON, comentario a la sentencia, ob. cit., pág. 113.

[69] H. GAUDEMET-TALLON, en el comentario a la Sentencia, ob. cit., pág. 114, critica la respuesta del Tribunal ya que, según ella, se podía haber dado un paso más y haber dado una noción comunitaria de comparecencia en el sentido del art. 27.2.

[70] La situación de rebeldía está en íntima conexión con el principio de audiencia, en virtud del cual nadie puede ser condenado sin haber tenido la posibilidad de ser oído y defenderse. Es indiferente, pues, que haga uso o no de la oportunidad que se le concede.

[71] La jurisprudencia nacional ya había avanzado la noción autónoma de comparecencia en el sentido que proponemos, vid., Oberlandesgericht de Colonia 8 de diciembre de 1989, Rép. Série D, I-27.2-B 29.

[72] En este sentido se pronunció el Tribunal de Justicia en el asunto Klomps/Michel, sentencia 16 de junio de 1981, Rec. 1981, pp. 1591 ss.

Aunque es cierto que tradicionalmente las cuestiones procesales son regidas por la *lex fori,* tenemos que tener en cuenta que en anteriores ocasiones el Tribunal de Justicia, en el marco del artículo 27.2, ya había definido autónomamente cuestiones procesales tales como los conceptos de «cédula de emplazamiento» y «tiempo útil para defenderse». De este modo, se evitan las peculiaridades y divergencias de las normativas nacionales que pueden inducir a equívocos[73], favoreciéndose la interpretación y aplicación uniforme del Convenio y la armonización de los diferentes sistemas procesales en *pro* del espacio judicial europeo[74].

La exclusión de la interpretación *legeforista* queda justificada, pues, en la necesidad de garantizar la solución uniforme de todos los Estados miembros y la igualdad en el trato de los sujetos por las distintas jurisdicciones nacionales.

Si en el asunto Volker Sonntag el Tribunal realiza una primera aproximación a la noción autónoma de rebeldía esta interpretación se verá confirmada en la sentencia de 10 de octubre de 1996.

2. La noción autónoma de rebeldía: imposibilidad de defensa ante el tribunal de origen

Las consideraciones del Tribunal en la sentencia Bernardus Hendrikman y Maria Feyen/Magenta Druck & Verlag GmbH, son de gran trascendencia ya que en ella el Tribunal consagra expresamente una noción autónoma de lo que debe entenderse por resolución dictada en rebeldía del demandado, superándose de este modo, las divergencias nacionales y cualquier posible duda acerca de la interpretación de dicho concepto[75].

La peculiaridad del asunto Hendrikman residía en el hecho de que la resolución del tribunal de origen fue dictada en el marco de un procedimiento contradictorio, es decir, no fue dictada en rebeldía debido a la comparecencia ante el tribunal de origen de un pretendido representante del

---

[73] Así, a modo de ejemplo, en el derecho inglés no existe un verdadero procedimiento en rebeldía; el derecho francés, conoce el denominado «jugement par défaut réputé contradictoire»...

[74] Tras la decisión del Tribunal de Justicia en el asunto Volker Sonntag, el Bundesgerichtshof en la sentencia de 16 de septiembre de 1993, IPRax 1994, pág. 118, nota de J. BASEDOW, rechazó la ejecución de las disposiciones civiles de la sentencia penal italiana por contrariedad al orden público alemán (art. 27.1 del Convenio). El tribunal alemán decidió que el régimen de cobertura de la Seguridad Social, aplicable al caso concreto y del que se benefició la familia Waidman, excluía cualquier posible recurso.

[75] Rec. 1996, pp. 4945 ss. Vid., comentarios de A. BORRAS, R.J.C., 1997, núm. 3, pp. 886 ss; G.A.L. DROZ, Rev.crit.dr.int.pr., 1997, núm. 3, pp. 555 ss; T. HARTLEY, E.L.Rev., 1997, pp. 364 ss; A. HUET, Journ.dr.int., 1997, núm. 2, pp. 621 ss; N. MARCHAL ESCALONA, «Calificación autónoma y derechos de defensa», La Ley/U.E, 5 febrero de 1997, pp. 5 ss; G. PALAO MORENO, R.E.D.I., 1997, núm. 1, pp. 229 ss; S. PIERI, «The 1968 Convention on Jurisdiction and the Enforcement of judgments in Civil and Commercial matters: the Evolution of the Case Law of the Court of Justice 1992-1996», C.M.L.R., 1997, pp. 890 ss; T. RAUSCHER, «Neue Frage zu Art. 27 Nr.2 EuGVÜ? (Zu EuGH 10-10-96)», IPRax, 1997, pp. 314 ss; H. TAGARAS, C.D.E., 1999, núm. 1-2, pp. 166 ss.

demandado[76]. Sin embargo, éste invocó lesión de sus derechos de defensa porque no estuvo válidamente representado y no tuvo, en ningún momento, conocimiento del procedimiento entablado contra él. La cuestión que el Tribunal debía dilucidar era si dicha decisión era una «resolución dictada en rebeldía» en el sentido del párrafo 2 del artículo 27, o dicho con otras palabras, ¿se encontraba el demandado en una situación procesal de rebeldía?[77].

Como cabía esperar, el Tribunal consideró que la disposición en cuestión debía ser interpretada en función de su finalidad, evitar que se reconozca o declare ejecutiva una resolución en el espacio judicial europeo si el demandado no tuvo posibilidad de defenderse en el procedimiento de origen. Y, es en función de dicha finalidad, que no importa el dato de que ante el juez de origen compareciera un pretendido representante del demandado porque lo hizo sin su autorización. Por tanto, un demandado que ignora que se ha entablado un procedimiento contra él y por el que comparece un abogado a quien no le ha otorgado poderes, se encuentra en una situación de indefensión porque ha sido privado de su derecho de defensa. Y es precisamente porque se encuentra en situación de indefensión que debe considerársele en rebeldía[78].

---

[76] Como puede apreciarse el tribunal de origen interpretó el concepto rebeldía conforme a la *lex fori*.

[77] Básicamente los hechos que motivaron la resolución son los siguientes: Los esposos Hendrikman con domicilio en La Haya, eran los únicos accionistas de la sociedad neerlandesa Hendrikman BV (disuelta posteriormente) dedicada al comercio mayorista de cosméticos. En 1989, mantuvieron negociaciones con los Sres. Conrad y Ernst, de la firma Partnership Management, en Düsseldorf, con la finalidad de confiarles la comercialización de sus productos en Alemania. Los Sres. Conrad y Ernst cursaron a Magenta, sociedad establecida en Alemania, un pedido de papel de cartas, tarjetas de visita y un sello, todos ellos con la inscripción de la sociedad holandesa. La sociedad Magenta envía la factura del citado pedido a la empresa alemana Partnership Management, que no la paga. Como consecuencia de este hecho, Magenta interpuso demanda contra los esposos Hendrikman ante el Amtsgericht Düsseldorf en 1989. La cédula de emplazamiento fue notificada a la empresa alemana Partnership Management y los Sres. Conrad y Ernst encargaron la defensa de los intereses en litigio a abogados locales sirviéndose del papel de carta antes mencionado. Los esposos Hendrikman afirmaron no tener conocimiento ni de la demanda ni de la contestación a ésta. La acción fue desestimada por motivos aparentemente ignorados por los esposos Hendrikman. En el mes de abril de 1991, el Landgericht Krefeld, pronunciándose en recurso de apelación, revocó esta resolución; el Amtsgericht Nettetal (tribunal al que el Amtsgericht Düsseldorf había remitido el asunto) efectuó una liquidación de costas a cargo de los esposos Hendrikman en el mes de julio de 1991. Dos meses más tarde, se notificó a los esposos Hendrikman, en los Países Bajos, la sentencia del Landgericht y la resolución sobre la liquidación de costas con el apercibimiento de que la falta de pago acarrearía una solicitud de exequátur. En el mes de enero de 1992, el presidente Arrondissementsrechtbank te's-Gravenhage otorgó la concesión de la fórmula ejecutiva a estas resoluciones en los Países Bajos. Los esposos Hendrikman interponen recurso contra dicha autorización invocando los párrafos 1 y 2 del artículo 27 del Convenio de Bruselas ya que, a su juicio, sufrieron una lesión de sus derechos de defensa porque estuvieron representados por personas que carecían de poder para ello y porque nunca recibieron la notificación de la cédula de emplazamiento. El recurso fue desestimado. Interpuesto recurso de casación ante el Hoge Raad, éste decide acudir al Tribunal de Justicia.

[78] El Abogado General Sr. Jacobs, en sus conclusiones, se pronunció en un sentido análogo ya que a su juicio una interpretación demasiado restrictiva del artículo 27.2 comportaría el riesgo

En contra de estas consideraciones se pronunció el Gobierno alemán, en sus observaciones escritas, que estimó que el derecho de defensa se respeta cuando un abogado comparece por los demandados, aunque no haya sido designado por ellos, pues el tribunal debe fiarse de las declaraciones del abogado mientras no se demuestre que carece de poder procesal.

El Tribunal rechazó expresamente esta tesis porque el demandado sufrió lesión de sus derechos de defensa al no haber tenido conocimiento del procedimiento entablado contra él y no haber podido defenderse ante dicho tribunal, y ello con independencia de que el procedimiento de origen hubiese adquirido carácter contradictorio. No obstante, considera el Tribunal que corresponde al juez requerido comprobar si concurren estas circunstancias excepcionales [79].

El Tribunal se aparta de una noción de rebeldía por remisión a la *lex fori* considerando que es rebelde aquel demandado que no tuvo conocimiento del procedimiento entablado contra él y no tuvo posibilidad de defenderse [80]. Si el procedimiento de origen adquirió carácter contradictorio, porque los abogados del demandado comparecieron ante el tribunal de origen, dicha contradicción es simplemente «aparente» y no real porque el supuesto representante carecía de poderes para hacerlo [81, 82].

---

de tener que reconocer en el conjunto de los Estados parte una resolución dictada en un proceso en el que no se hayan respetado las garantías exigidas por el artículo 6 CEDH.

[79] Esta conclusión, afirma el Tribunal, no queda desvirtuada por el hecho de que el apartado 4 del artículo 579 en relación con el artículo 586 ZPO permita a los esposos Hendrikman interponer un recurso de anulación por falta de representación procesal dentro del plazo de un mes a partir del día de la notificación porque el momento pertinente para que el demandado pueda defenderse es el del comienzo del procedimiento (como ya había afirmado en la Sentencia de 12 de noviembre de 1992, Minalmet/Brandeis). Las consecuencias que se derivan de estas afirmaciones serán objeto de un análisis detallado en el capítulo siguiente.

[80] Como han afirmado A.L. CALVO CARAVACA y J. CARRASCOSA GONZALEZ, *Introducción al Derecho internacional...*, ob. cit., pág. 499, el Tribunal «realiza una interpretación sustantiva y no formalista del concepto de rebeldía».

[81] En la jurisprudencia nacional, la sentencia del Tribunal civil de Charleroi de 10 de octubre de 1979 (citada por A. HUET, en el comentario a la Sentencia Hendrikman, Journ.dr.int., 1997, pág. 622) se había pronunciado en este sentido, al considerar sentencia dictada en rebeldía una resolución francesa dictada contra un demandado que no ha comparecido pero «réputé contradictoire» en el sentido del artículo 473 Código procesal civil francés.

[82] Respecto a nuestro sistema autónomo, A. REMIRO BROTONS, *Ejecución de sentencias extranjeras...*, ob. cit., pág. 215, considera que si el TS considera que el demandado no compareció en el procedimiento de origen debidamente representado denegará el exequátur y cita los Autos del TS de 18 de octubre de 1933, de 23 de marzo de 1935 y de 26 de marzo de 1969, que denegaron el exequátur tanto en el supuesto de extralimitación de poderes, como en el caso de ausencia de otorgamiento de poderes al abogado que compareció en el procedimiento de origen. En sentido análogo, J.D. GONZALEZ CAMPOS en J.D. GONZALEZ CAMPOS y D. RECONDO PORRUA, *Lecciones de Derecho procesal civil internacional*, 2ª ed., Publicaciones de la Universidad de Deusto, Bilbao, 1981, pág. 188, afirma que «la representación de una parte en el juicio seguido en el extranjero, se estima que garantiza su derecho de defensa, de cara a la ejecución de la sentencia. Pero en este supuesto ha de estarse al alcance de la representación». El Auto del TS de 7 de marzo de 1981, R.E.D.I., 1984, pp. 656 ss, nota de N. BOUZA VIDAL, consideró, en un supuesto de resolución alemana dictada en rebeldía, que no se produjo indefensión del demandado

Estimamos que, salvando las peculiaridades de los hechos, se puede trazar una cierta analogía entre las sentencias del Tribunal en los asuntos Volker Sonntag y Hendrikman. En la primera de ellas, el Tribunal consideró que el demandado no se encontraba en situación de rebeldía porque aún cuando no compareció personalmente ante el tribunal de origen, sí lo hizo un abogado por él designado que no se opuso en ningún momento a las pretensiones de Derecho civil, por lo que el demandado tuvo posibilidad de defenderse. En este supuesto lo que ocurrió fue precisamente que el abogado no fue designado por los demandados porque éstos no le habían otorgado poderes.

Lo esencial, por tanto, del procedimiento contradictorio es que el demandado, bien personalmente o a través de su letrado, haya tenido la posibilidad de defenderse ante el juez de origen (precisamente, los esposos Hendrikman se quejan de no haber tenido esta posibilidad).

La conclusión inmediata que se deriva de esta Sentencia es que si el demandado invoca ante el juez requerido falta de representación para demostrar que la resolución fue dictada en su rebeldía, el juez requerido deberá examinar si la representación en cuestión fue o no válida (aspecto que se rige por la *lex fori* del Estado donde se desarrolle el procedimiento y que debió ser comprobado por el juez de origen) [83], lo que parece difícilmente compatible, como tendremos ocasión de analizar, con la prohibición de revisión de fondo del art. 29 del Convenio [84]. Pesa, por tanto, sobre el juez requerido la obligación de verificar si concurren circunstancias que le lleven a la conclusión de que a pesar del carácter contradictorio del procedimiento, el demandado sufrió lesión de sus derechos de defensa y, en consecuencia, que se encuentra en situación procesal del rebeldía en el sentido del artículo 27.2 [85] (art. 34.2 del Reglamento).

---

porque estuvo debidamente representado en el pleito por su procurador-abogado sin que constase que le fuese revocado el apoderamiento.

[83] En efecto, la cuestión de la legitimación procesal se rige por la *lex fori* por lo que el juez de origen alemán debía haber comprobado si conforme a dicha ley los abogados disponían del mismo. Sobre todas las cuestiones que plantea el tema de la ley aplicable a la representación vid., Mª.D. ADAM MUÑOZ, *El proceso civil con elemento extranjero y la cooperación judicial internacional,* 2ª ed. Aranzadi, Pamplona, 1997, pp. 45 ss; V. CORTES DOMINGUEZ, *Derecho procesal civil internacional,* Ed. Revista de Derecho Privado, Madrid, 1981, pp. 44 ss.

[84] Este aspecto no ha pasado desapercibido a G.A.L. DROZ, comentario a la sentencia Hendrikman, ob. cit., pp. 560 ss, que vierte su más dura crítica contra las consideraciones del Tribunal. En contra, se pronuncian A. HUET, comentario a la sentencia ob. cit., pág. 624 y el Abogado general.

De hecho, una de las cuestiones prejudiciales que el Hoge Raad planteó al Tribunal de Justicia fue la siguiente, ¿debe interpretarse el artículo 29 del Convenio de Bruselas en el sentido de que el juez del Estado requerido debe abstenerse de examinar si el demandado en el proceso seguido en el Estado de origen ha representado válidamente o no, aunque el juez del Estado de origen no se haya pronunciado sobre este extremo?

[85] H. TAGARAS, comentario a la sentencia, ob. cit., pág. 171, critica la salvedad introducida por el TJCE porque favorece a demandados de mala fe que pueden invocar la existencia de circunstancias excepcionales para oponerse y retardar la eficacia de la resolución. A su juicio,

Lo cierto es que, aunque muchos aspectos de esta decisión sean criticables, queda confirmada una noción autónoma del concepto resolución dictada en rebeldía del demandado que asume en el contexto del Convenio un significado propio (imposibilidad de defenderse ante el juez de origen, lo que origina una violación del principio de contradicción), distinto al que tiene por una remisión a la *lex fori:* si el TJCE hubiese optado por esta segunda posibilidad, en el caso concreto no hubiera sido de aplicación la citada disposición ya que el juez de origen estimó que el demandado había comparecido, no dictando resolución en rebeldía.

La interpretación autónoma del concepto rebeldía es totalmente compatible con la práctica de nuestro ordenamiento ya que en virtud del artículo 24 C.E, forma parte de los derechos de defensa del demandado el estar adecuadamente representado en juicio considerándose su infracción una indefensión del demandado, lo que legitima que nuestros tribunales rechacen la eficacia de una resolución en la que se haya producido una lesión de dicho derecho. El Tribunal Constitucional ha afirmado que «entre el haz de garantías que integran el derecho a un proceso justo se incluye el derecho a la defensa y a la asistencia letrada que el artículo 24.2 de la Constitución consagra de manera singularizada, con proyección especial hacia el proceso penal, pero también de aplicación a los demás procesos, este derecho tiene por finalidad, al igual que todas las demás garantías que conforman el derecho en el que se integran, el de asegurar la efectiva realización de los principios de igualdad de las partes y de contradicción...»[86].

Como ha afirmado N. MARCHAL ESCALONA, la calificación *lege fori* «no sería de recibo en nuestro país, en la medida que ello supondría la contradicción del Convenio de Bruselas con la Constitución española (art. 24) y la doctrina elaborada por el Tribunal Constitucional en torno a este artículo»[87].

Con este pronunciamiento el Tribunal de Justicia soluciona la cuestión de interpretación de un término de vital importancia como es el de resolución dictada en rebeldía del demandado para determinar la aplicabilidad y operatividad de un motivo de denegación del reconocimiento, la lesión de los derechos de la defensa.

Una vez que el juez requerido llega a la conclusión de que el presupuesto de aplicación de la norma se ha producido, no denegará automáticamente el reconocimiento ya que deberá conectar la rebeldía del demandado a las garantías exigidas en la norma.

---

corresponderá a los jueces requeridos realizar una verificación muy rigurosa de las circunstancias excepcionales invocadas en cada caso.

[86] Sentencia TC 47/1987, de 22 de abril, B.O.E., de 5 de mayo. En sentido análogo, Sentencia TC 135/91, de 17 de junio, B.O.E., de 8 de julio. Para un estudio de la jurisprudencia del TC en la materia vid., F. RUBIO LLORENTE, *Derechos fundamentales...,* ob. cit., pp. 310 ss; F. CHAMORRO BERNAL, *La tutela judicial...,* ob. cit, pp. 69 ss.

[87] N. MARCHAL ESCALONA, «Calificación autónoma...», ob. cit., pág. 6.

La rebeldía no puede interpretarse como una simple incomparecencia del demandado en el procedimiento de origen ya que, si fuera de este modo, bastaría con que se produjera un resultado, la ausencia del demandado en el procedimiento de origen, para que existiera un motivo de denegación de eficacia de la resolución, sin tener para nada en cuenta las causas que motivaron dicha ausencia. El demandado pudo no comparecer por diferentes circunstancias: bien porque no tuvo conocimiento del procedimiento entablado contra él (falta de notificación); bien porque tuvo conocimiento del proceso pero se produjo una irregularidad en la notificación o ésta se efectuó sin que tuviera tiempo suficiente para defenderse, y, finalmente, el demandado tuvo conocimiento del proceso, habiendo existido una notificación regular y en tiempo suficiente, pero prefiere no comparecer (ausencia voluntaria en el procedimiento de origen).

Es evidente que en el marco del Convenio de Bruselas no puede entenderse la rebeldía en el último sentido apuntado. Se abriría, de este modo, una vía fácil para el fraude: demandados habilidosos que prefieren no comparecer para luego, en fase de exequátur invocar lesión de sus derechos de defensa y oponerse a la eficacia de la resolución. Por este camino la libre circulación de resoluciones sufriría un bloqueo ya que estaría a expensas de la voluntad de los demandados de comparecer o no. En el Convenio de Bruselas no tienen cabida situaciones parecidas a las que se produjeron, en una época determinada, en el sistema autónomo español en que se interpretó la rebeldía como simple ausencia del demandado en el procedimiento de origen sin atender a las circunstancias concretas que le llevaron a no comparecer. El dato objetivo de la incomparecencia debe conectarse con un elemento subjetivo (la involuntariedad) y con una serie de garantías (emplazamiento en forma y en tiempo) [88]. Como ha puesto de manifiesto J.

---

[88] Dicha interpretación sería posteriormente corregida y matizada, tanto por la jurisprudencia del TC como por la del Supremo, reconduciendo la rebeldía a la falta de emplazamiento regular y en tiempo del demandado. En efecto, el Tribunal Constitucional español ha señalado que sólo el demandado que fue rebelde a la fuerza es digno de protección condenando las situaciones de rebeldía por conveniencia o estratégica (entre otras, STC 43/1986, de 15 de abril, B.O.E., 29 de abril, Nota de M. AMORES CONRADI, R.E.D.I., 1987, núm. 1, pp. 190 ss). Del mismo modo el Tribunal Supremo ha flexibilizado el requisito mencionado considerándose que la rebeldía debe conectarse a la regularidad de la notificación y a la suficiencia del tiempo para la defensa (Así, por ejemplo, en el Auto de 17 de junio de 1983, R.A.J., 1983, núm. 6736, el Tribunal Supremo afirmó que no toda situación de rebeldía provoca o puede ser causa de indefensión; el Auto del TS de 25 de febrero de 1985, R.E.D.I., 1986, pág. 268, comentario de R. VIÑAS FARRE, señaló que «la rebeldía como causa denegatoria del exequátur sólo puede admitirse cuando la parte no haya sido debidamente notificada... o no haya podido hacer valer sus medios de defensa, esto es, en la llamada rebeldía a la fuerza. En sentido análogo, entre otros, Autos TS 7 de marzo de 1981, 11 de febrero de 1981, 29 de marzo de 1985, 16 de abril de 1985, 9 de mayo de 1985, 16 de septiembre de 1986... que coinciden en afirmar que la rebeldía como causa de denegación de la eficacia extraterritorial de una resolución sólo puede admitirse cuando la parte demandada no ha sido debidamente notificada del procedimiento seguido contra ella o no haya podido hacer valer sus derechos de defensa, debiéndose condenar las situaciones de rebeldía por conveniencia). Vid., F. RAMOS MENDEZ, «Adiós a la rebeldía táctica», Justicia, 1987, núm. 1, pp. 103 ss.

CARRASCOSA GONZALEZ, no toda situación de rebeldía significa necesariamente indefensión[89].

El simple hecho de que se presente ante el juez requerido una resolución dictada en rebeldía no implica la denegación del reconocimiento/exequátur ya que es necesario que el demandado no haya tenido posibilidad de defenderse en el procedimiento de origen, es decir, para que se produzca la denegación del reconocimiento de una resolución en rebeldía debe haberse producido indefensión del demandado. Es un derecho fundamental del demandado, contemplado en todas las legislaciones de los Estados miembros y consagrado constitucionalmente (artículo 24 Constitución española), tener información del proceso entablado contra él, ser oído y poder defenderse en igualdad de condiciones frente a las pretensiones del demandante.

Por ello, la comunicación del primer acto procesal al demandado cobra especial importancia porque si éste no tuvo conocimiento del procedimiento entablado contra él, difícilmente pudo defenderse. El defectuoso emplazamiento origina, pues, la lesión del derecho de defensa. Reiterada es la jurisprudencia de nuestro Tribunal Constitucional que afirma que el derecho a la tutela judicial efectiva implica un ajustado sistema de garantías entre las que se encuentra la de audiencia bilateral y por ello, cobra especial importancia el primer acto procesal de comunicación. La omisión o defectuosa realización de los actos de comunicación procesal constituye, en principio, una indefensión contraria al derecho a la tutela judicial efectiva cuando prive al destinatario del conocimiento necesario para que pueda ejercer su derecho de defensa[90].

Por tanto, la rebeldía debe conectarse con las condiciones contempladas en la norma, es decir, la imposibilidad del demandado de defenderse en el procedimiento de origen debe haberse derivado de una notificación irregular o de una ausencia de tiempo para preparar su defensa[91].

---

[89] J. CARRASCOSA GONZALEZ, «Notificación irregular de la demanda y reconocimiento de resoluciones judiciales en la Comunidad Europea (Comentario a la sentencia TJCE de 3 de julio de 1990)», La Ley/C.E, 31 de julio de 1991, núm. 30, pág. 4.

[90] Entre otras vid., STC 242/1991, 16 de diciembre, B.O.E., 15 de enero; STC 275/1993, 20 de septiembre, B.O.E., 26 de octubre; STC 334/1993, 15 de noviembre, B.O.E., 10 de diciembre; STC 25/1996, B.O.E., 13 de febrero, B.O.E., 18 de marzo; STC 64/1996, B.O.E., 13 de abril, B.O.E., 21 de mayo.

[91] En palabras de A. DI BLASE, «Provvedimenti cautelari...», ob. cit., pág. 27, «l'art. 27. 2, deve essere applicato in qualsiasi ipotesi di assenza involontaria del convenuto, riconducibile alla irregolare o alla mancata notificazione in tempo utile».

CAPÍTULO II

GARANTÍAS PREVISTAS EN EL ARTÍCULO 27.2 (ART. 342. REGLAMENTO) (I): LA CONTROVERTIDA EXIGENCIA DE LA REGULARIDAD DE LA NOTIFICACIÓN DE LA CÉDULA DE EMPLAZAMIENTO O DOCUMENTO EQUIVALENTE

I. LA NOCIÓN AUTÓNOMA DE CÉDULA DE EMPLAZAMIENTO O DOCUMENTO EQUIVALENTE

Las garantías que el artículo 27.2 (art. 34.2 del Reglamento) contempla van referidas a la la notificación de la cédula de emplazamiento o documento equivalente [92] no ofreciendo el Convenio, en ningún momento, una definición de estos términos, a diferencia de otros instrumentos multilaterales en materia de reconocimiento y ejecución de decisiones [93].

En principio, y tratándose de una cuestión procesal, podría entenderse que debería interpretarse acudiendo a la *lex fori* de cada Estado contratante

---

[92] La fórmula «documento equivalente» fue introducida en el artículo 13.1 del Convenio de adhesión de 9 de octubre de 1978, para adaptarlo a las particularidades de los países del Common Law ya que en el Reino Unido y en Irlanda, los extranjeros que se encuentran en el extranjero no reciben el original de la cédula de emplazamiento, sino únicamente el aviso de la existencia de la providencia del tribunal relativa a su cédula de emplazamiento. Vid., Informe SCHLOSSER, ob. cit., pág. 233; P. KAYE, *Civil Jurisdiction...,* ob. cit., pp. 1456 ss; P.M. NORTH & J.J. FAWCETT, *Cheshire and North's Private International Law,* 12ª ed., Butterworths, Londres, 1992, pág. 428.

[93] Así, por ejemplo, el artículo 6 del Convenio de La Haya relativo al reconocimiento y a la ejecución de las resoluciones relativas a las obligaciones alimentarias, de 2 de octubre de 1973 (B.O.E., núm. 192, de 12 de agosto de 1987; corr. de errores, B.O.E., núm. 282, de 25 de noviembre), entiende por tal «el escrito que contenga los elementos esenciales de la demanda»; el artículo 9 del Convenio Europeo relativo al reconocimiento y ejecución de decisiones en materia de cus-

ya que la finalidad del Convenio no es unificar las formalidades de aplicación del procedimiento[94].

Sin embargo, el Tribunal de Justicia se ha decantado por una interpretación autónoma que tiene la ventaja de facilitar la aplicación uniforme del Convenio ya que la legislación de los Estados miembros en la materia es divergente y heterogénea[95]. Esta orientación jurisprudencial tuvo su origen en el asunto Klomps/Michel y fue confirmada años más tarde en el asunto Hengs Import BV/Ana Maria Campese. En ambos casos el Tribunal tuvo que enfrentarse a la delimitación de este concepto con ocasión de las particularidades del Derecho procesal de algunos Estados contratantes, que conocen de determinados procedimientos inicialmente unilaterales que se convierten posteriormente en contradictorios[96], por lo que resultaba imprescindible determinar qué documento era cédula de emplazamiento.

---

todia de menores, así como al restablecimiento de dicha custodia, hecho en Luxemburgo el 20 de mayo de 1980 (B.O.E., núm. 210, de 1 de septiembre de 1984), dispone que podrá denegarse el reconocimiento y la ejecución si cuando se trate de una resolución dictada en ausencia del demandado o de su representante legal, el escrito por el que se incoa el procedimiento o cualquier documento equivalente no se hubiera notificado al demandado en debida forma y con el tiempo suficiente para poder defenderse.

[94] El recurso por parte del Tribunal de Justicia a las legislaciones nacionales para la interpretación de los conceptos del Convenio de Bruselas ha sido muy limitado. Vid., por ejemplo, la Sentencia TJCE de 24 de junio de 1981, asunto 150/80, Elefanten Schuh/Jacqmain, Rec. 1981, pp. 1671 ss, para la interpretación del artículo 18, y la Sentencia de 7 de junio de 1984, asunto 129/83, Zelger/Salinitri, Rec. 1984, pp. 2397 ss, para la determinación del orden de conocimiento de los tribunales implicados en una situación de litispendencia (artículo 21 del Convenio). Aún tratándose de cuestiones procesales el Tribunal de Justicia se ha mostrado partidario de una interpretación autónoma.

[95] Un estudio comparativo de las disposiciones de los Estados partes puede consultarse en M. STORME (ed.), *Rapprochement du Droit judiciaire de l'Union Européenne,* Kluwer, Bruxelles, 1994, pp. 75 ss. En el artículo 2 del proyecto de Directiva sobre la unificación del procedimiento civil (dicho proyecto, que tiene como objetivo la elaboración de una disciplina en materia procesal común a todos los países de la Unión Europea, ha sido elaborado por el Grupo de Trabajo sobre la unificación del procedimiento civil), se hace hincapié en la necesidad de una acción comunitaria en esta materia, considerándose que todo acto introductorio del procedimiento debe contener un doble orden de indicaciones: en primer lugar, el respeto de los derechos de defensa (que el adversario sepa qué se quiere, quién lo quiere y por qué, con la finalidad de organizar su defensa), y, en segundo lugar, asegurar la eficacia del sistema procesal (que las posiciones de las partes sean rápidamente definidas con la finalidad de que el debate pueda ser entablado sin retraso). Un análisis de las diferentes legislaciones en la materia muestra como en todos los sistemas se exige que la cédula de emplazamiento, acto introductorio del procedimiento, contenga una serie de menciones esenciales que son, principalmente, la designación de la jurisdicción ante la que es presentada la demanda, la identificación del demandante y del demandado, la indicación del objeto así como los hechos que motivan la pretensión, la indicación de los medios de prueba y, en último lugar, la constitución eventual de abogado.

[96] Es el caso, principalmente, del derecho francés («procédure de injoction de payer»), del derecho alemán («Mahnverfahren»), del derecho italiano («decreto ingiuntivo») y del derecho neerlandés («Summiere rechtspleging om betaling te bekomen»). Sobre la necesidad de armonización y generalización de estos procedimientos vid., M. STORME (ed), *Rapprochement du droit judiciaire...,* ob. cit., pp. 108 ss; G. TARZIA, «Les titres exécutoires et le recouvrement des créances dans l'Union Européenne», Ac.Dr., 1995, núm. 2, pág. 387; *íd.,* «Prospettive di armonizzazione delle norme sull'esecuzione forzata nella Comunità Economica Europea», Riv.dir.proc., 1994, núm. 1, pp. 211 ss.

1. Las peculiaridades del Derecho procesal de algunos Estados miembros: procedimientos inicialmente unilaterales que se convierten en contradictorios

1.1. El proceso conminatorio de pago del Derecho alemán

El procedimiento conminatorio de pago, tal y como estaba previsto en el momento en que el Tribunal de Justicia tuvo que enfrentarse a la delimitación del concepto de cédula de emplazamiento (arts. 688 a 703 ZPO)[97], puede resumirse del siguiente modo:

Este procedimiento, que sólo afecta a determinados tipos de créditos, era introducido por simple demanda que no era comunicada a la parte adversaria. La demanda era examinada por un funcionario del Amtsgericht competente que, tras realizar ciertas verificaciones, libraba una orden conminatoria de pago (Zahlungsbefehl), es decir, la suma de la deuda de la que se prevalecía el acreedor. Dicha orden se notificaba de oficio, y contra ella era posible interponer una réplica (Widerspruch), que transformaba el procedimiento inicialmente unilateral en contradictorio, en el cual la orden conminatoria de pago era considerada como una demanda introductiva de la instancia en virtud del artículo 596 ZPO.

Si el demandado no realizaba ninguna réplica, se dictaba una decisión autorizando la ejecución del pago (mandamiento de ejecución) (Vollstreckungnsbefehl), contra la que era posible interponer oposición (Einspruch). En ausencia de ésta, el mandamiento de ejecución devenía definitivo; si el deudor realizaba oposición, el procedimiento pasaba a ser contradictorio y se consideraba introducido el día de la notificación de la orden conminatoria de pago.

La aplicación práctica de este procedimiento en las relaciones intracomunitarias pronto planteó la duda de qué documento (la orden conminatoria de pago o la decisión autorizando su ejecución) debía ser considerado cédula de emplazamiento en el sentido del número 2 del artículo 27. No es de extrañar que una de las primeras cuestiones prejudiciales sometidas al Tribunal de Justicia sobre la interpretación del art. 27.2 versase sobre el significado del concepto «cédula de emplazamiento» (Sentencia 16 de junio de 1981)[98, 99].

---

[97] Este procedimiento fue modificado por Ley de 3 de diciembre de 1976. Vid., D. CREVECOEUR, «Das Mahnverfahren nach der Vereinfachungsnovelle», N.J.W., 1977, pp. 1320 ss; H. BÜCHEL, «Probleme des neugeregulten Mahnverfah», N.J.W., 1979, pp. 945 ss; C.E. BALBI, «Il procedimento per ingiunzione dopo la Vereinfachugsnovelle della ZPO federale del 3 dicembre 1976», Riv.dir.civ., 1978, pp. 348 ss.

[98] Sentencia del TJCE de 16 de junio de 1981, asunto 166/80, Peter Klomps/Karl Michel, Rec. 1981, pp. 1593 ss. Esta sentencia ha sido comentada por J. AMPHOUX, C.D.E., 1981, pp. 673 ss; A. ANTON, Scots L. T., 1985, part. 7, p. 2; T. HARTLEY, E.L.Rev., 1982, pp. 419 ss; A. HUET, Jour.dr.int., 1982, núm. 4, pp. 893 ss; E. MEZGER, Rev.crit.dr.int.pr., 1981, núm. 4, pp. 734 ss; H. NAGEL, IPRax, 1982, pp. 5 ss; Foro It., 1982, IV, pp. 217 ss.

[99] Básicamente los hechos que motivaron la cuestión prejudicial son los siguientes: El 25 de marzo de 1976, Karl Michel solicita del Amtsgericht de Krefeld, en la República Federal de Ale-

1.2. El «decreto ingiuntivo» del derecho italiano.

Este procedimiento se caracteriza por ser un proceso sumario de cobro que permite al acreedor, sobre la base de un escrito de demanda que inicialmente no es comunicado al adversario, obtener un título ejecutivo (arts. 633-656 CPC). El acreedor solicita del Juez que dicte una orden conminatoria de pago («decreto ingiuntivo») de la cantidad reclamada o de devolver las mercancías en un plazo que, en principio, es de 20 días. El punto de partida del procedimiento se encuentra en la entrega al demandado de la copia de la orden conminatoria y de una copia del escrito de la demanda. A partir de esta doble entrega, el demandado es informado de que se ha entablado un procedimiento contra él pudiendo formular oposición. Tras la expiración del plazo para formar oposición el juez declara ejecutoria la orden conminatoria de pago a instancia del acreedor. Si el demandado se opuso dentro del plazo, se continúa con el procedimiento civil contradictorio de derecho común [100].

Las particularidades del procedimiento italiano suscitaron, de nuevo, dudas acerca de qué documento debía ser considerado cédula de emplazamiento por lo que se sometió al Tribunal de Justicia la cuestión de qué debe entenderse por tal concepto [101, 102].

---

mania, contra P. Klomps, una orden conminatoria de pago, en concepto de comisión por la compra de un terreno en la RFA. Dicha orden fue autorizada por un funcionario del Amtsgericht y el 3 de abril de 1976 fue notificada a Klomps. En ausencia de réplica, fue dictada una decisión autorizando la ejecución del pago (mandamiento de ejecución) (Vollstreckungsbefehl). Habiendo expirado el plazo sin que el demandado se opusiera, la decisión devino definitiva. Posteriormente, Klomps recurre contra la decisión que autoriza la ejecución ante el Amtsgericht de Krefeld, entendiendo que en el momento de las notificaciones él estaba domiciliado en Holanda y no en la República Federal de Alemania. Dicho recurso fue rechazado porque había expirado el plazo para interponerlo. Dos años más tarde, el Presidente del Arrondissementsrechtbank de Roermond (Holanda) declara ejecutoria, conforme a las disposiciones del Convenio de Bruselas, la decisión alemana. Klomps recurre esta sentencia en casación ante el Hoge Raad alegando que en la fecha de la notificación de la cédula de emplazamiento, tenía su domicilio en Holanda y que, en consecuencia, la notificación no había sido realizada ni regularmente ni en tiempo suficiente para defenderse. Existiendo dudas acerca de cual era la cédula de emplazamiento, el Hoge Raad decide someter al Tribunal de Justicia la siguiente cuestión prejudicial (junto a ésta fueron planteadas otras cuatro cuestiones que serán analizadas posteriormente al hilo de los temas objeto de estudio): «¿Una orden conminatoria de pago o una decisión autorizando su ejecución, dictadas conforme a la legislación alemana de 1976, deben ser consideradas como una cédula de emplazamiento en el sentido del artículo 27.2 del Convenio de Bruselas?»

[100] Sobre este procedimiento vid., P. PISANI, «Il procedimento d'ingiunzione», Riv.trim.dir.proc.civ., 1987, pp. 291 ss.

[101] Sentencia del TJCE 13 de julio de 1995, asunto 474/93, Hengst Import BV/Ana Mª Campese, Rec. 1995, pp. 2113 ss. Vid., comentarios de A. BORRAS, R.J.C., 1996, núm. 2, pp. 608 ss; H. GAUDEMET-TALLON, Rev.crit.dr.int.pr., 1996, núm. 1, pp. 152 ss; M. C. GIORGETTI, «Il riconoscimento comunitario del decreto ingiuntivo», Riv.dir.proc., 1996, núm. 2, pp. 592 ss; A. HUET, Jour.dr.int., 1996, núm. 2, pp. 556 ss; P. MAESTRE CASAS, R.E.D.I., 1996, núm. 1, pp. 336 ss; S. PIERI, «The 1968 Convention on Jurisdiction and the Enforcement of Judgments in Civil and Commercial Matters: The evolution of the case law of the Court of Justice 1992-1996», C.M.L.R., 1997, pp. 889 ss; V. SALVATORE, «Circolazione internazionale dei decreti

2. La interpretación autónoma del concepto cédula de emplazamiento o documento equivalente

2.1 El íter argumentativo del Tribunal de Justicia en las sentencias Klomps/Michel y Hengst Import BV/Anna Maria Campese

Como hemos afirmado el Tribunal de Justicia ha tenido que enfrentarse en dos ocasiones a la interpretación del concepto de cédula de emplazamiento o documento equivalente contenido en el artículo 27.2 (art. 34.2 del Reglamento). Y en ambas ocasiones las cuestiones prejudiciales fueron planteadas como consecuencia de las dudas que suscitaban determinados procedimientos nacionales inicialmente unilaterales que se convierten posteriormente en contradictorios.

Aunque el Tribunal en la primera de las sentencias (Klomps/Michel), no dé una noción autónoma *stricto sensu* del concepto de cédula de emplazamiento o documento equivalente sienta las bases de lo que debe entenderse por dicha noción. En efecto, de las consideraciones del Tribunal en dicha sentencia se pueden deducir, a nuestro juicio, los elementos que deben concurrir en un documento para ser considerado «cédula de emplazamiento o documento equivalente», a efectos del Convenio, con independencia de la denominación que reciba en el derecho procesal de cada Estado parte, es decir, aunque el pronunciamiento se realiza en el contexto del procedimiento particular en el que se suscitó el litigio, la decisión se puede extrapolar a todos los procedimientos nacionales.

Lo que queremos resaltar es que el Tribunal, y creemos que no podía haber actuado de otro modo ante la diversidad y peculiaridades de los derechos procesales de los Estados miembros, se limita a establecer los rasgos

---

ingiuntivi: traffico rallentato, notificate con prudenza», Foro It., núm. 9, 1996, IV, pp. 395 ss; H. TAGARAS, C.D.E., 1997, núm. 1-2, pp. 199 ss.

[102] La Sra. Campese, domiciliada en Italia, solicitó al Tribunal de Trani una orden conminatoria de pago (decreto ingiuntivo) contra la sociedad Hengst Import BV, domiciliada en los Países Bajos, como consecuencia del impago de ésta de unas facturas derivadas del suministro de calzado. La orden conminatoria, junto a la copia del escrito de la demanda, fue entregada a Hengst, a través del Ministerio Fiscal, ante el Arrondissementsrechtbank to Zwolle, de conformidad al artículo 15 del Convenio de La Haya de 15 de noviembre de 1965 relativo a la notificación o traslado en el extranjero de documentos judiciales y extrajudiciales en materia civil o comercial. Transcurrido el plazo de 20 días sin que el demandado interpusiera oposición, el Tribunal de Trani otorgó la ejecución a la orden de pago. La Sra Campese solicita el exequátur de dicha decisión en los Países Bajos ante el Presidente del Arrondissementsrechtbank to Zwolle de conformidad con el artículo 32 del Convenio. El citado órgano estima la solicitud, a lo que se opone Hengst, invocando el artículo 27.2 del Convenio de Bruselas, alegando que la entrega de la orden conminatoria de pago acompañada del escrito de la demanda no podía considerarse como «cédula de emplazamiento o documento equivalente» en el sentido de la citada disposición. Dudando sobre la interpretación de la noción el Arrondissementsrechtbank to Zwolle planteó al Tribunal de Justicia la siguiente cuestión prejudicial: «¿el «decreto ingiuntivo» debe ser considerado sólo o acompañado de la demanda introductiva, como una cédula de emplazamiento o documento equivalente, en el sentido de los arts. 27.2, 46.2 ó 20.2 del Convenio relativo a la competencia judicial y ejecución de decisiones en materia civil y mercantil?»

que caracterizan una cédula de emplazamiento, no precisando qué documento concreto lo es, cosa que dependerá de lo establecido en la legislación del Estado de origen [103]. El Tribunal se aparta, de este modo, de una definición del concepto en cuestión por remisión a la *lex fori* entendiendo que en el ámbito del Convenio tiene un contenido propio que lo caracteriza.

Para determinar qué documento debía ser considerado cédula de emplazamiento, el Tribunal basará su argumentación en la *ratio* de la norma, asegurar que una resolución no sea reconocida o declarada ejecutiva si el demandado no ha tenido posibilidades de defenderse en el procedimiento de origen. Por tanto, un acto tal como la orden conminatoria de pago del derecho alemán (Zahlungsbefehl) cuya notificación al demandado permite al demandante en caso de que no se realice ninguna oposición, obtener una decisión ejecutoria según el Convenio, debe ser notificada regularmente y en tiempo suficiente para que el demandado pueda defenderse y, por tanto, tal acto debe ser considerado como cédula de emplazamiento en el sentido del artículo 27.2.

En contraposición, una decisión tal como el mandamiento de ejecución (Vollstreckungsbefehl) que sería ejecutoria conforme al Convenio, no entra en dicho concepto, incluso si la oposición formada contra tal decisión transforma el procedimiento en un proceso contencioso [104].

Razonando de este modo el Tribunal establece por derecho, retomando en este punto la sentencia Denilauler, que la cédula de emplazamiento sólo puede ser un acto que abra un procedimiento contradictorio, al considerar que la cédula de emplazamiento no es la demanda inicial a través de la que se solicita que se dicte una orden conminatoria de pago, ya que dicha demanda no era notificada a la parte adversa sino que era examinada de oficio por un funcionario del Landgericht competente.

La orden de pago satisface la idea de protección que inspira la *ratio* del artículo 27.2 ya que contiene indicaciones sobre la pretensión de la que se prevalece el acreedor y es notificada al demandado ofreciéndole la posibilidad de defenderse elevando una réplica [105]. Si éste opta por no realizar

---

[103] Vid., S. O'MALLEY & A. LAYTON, *European Civil Practice,* Sweet & Maxwell, Londres, 1992, par. 27.28.

[104] En el mismo sentido se pronunció el Gobierno alemán y el Abogado General G. Reischl. En contra, el demandado consideró que debía entenderse que la cédula de emplazamiento era la decisión autorizando la ejecución ya que es sólo tras la expiración del último plazo cuando la decisión adquiere fuerza de cosa juzgada. Frente a estas posturas, la Comisión, partidaria de una remisión a la *lex fori,* estimó que la noción de cédula de emplazamiento comprende a la vez la orden conminatoria de pago y la decisión que autoriza la ejecución ya que ambas son susceptibles, en caso de oposición del demandado, de abrir un procedimiento contencioso.

[105] En este sentido se había pronunciado anteriormente la sentencia de la Cour d'appel de Paris de 16 de marzo de 1979, Rev.crit.dr.int.pr., 1980, pp. 121 ss. El recurso de casación interpuesto contra dicha sentencia fue rechazado, Sentencia de la Cour de Cassation 10 de marzo de 1981, Rev.crit.dr.int.pr., 1981, pp. 553 ss, comentario de E. MEZGER. En el mismo sentido, Arrondissementsrechtbank de Breda 21 septiembre 1979, Rép. Série D-I-47-B 4; Trib. civ. Verviers 26

oposición su situación queda equiparada a un demandado rebelde [106]. Sólo tras esta notificación, el demandante, en caso de rebeldía del demandado, puede obtener una decisión susceptible de ser reconocida y declarada ejecutoria conforme al Convenio.

La decisión que autoriza la ejecución del pago (mandamiento de ejecución) no puede ser considerada cédula de emplazamiento porque es una resolución en el sentido del artículo 25 y así lo confirma expresamente el Informe JENARD [107].

Como podemos comprobar, el Tribunal no se remite al ordenamiento procesal de cada Estado parte para saber qué debe entenderse por cédula de emplazamiento o documento equivalente sino que lo deduce a partir de la finalidad del artículo 27.2. Aunque el Tribunal interprete esta noción en función de las características particulares del derecho alemán que da origen a la controversia, entendemos que de este pronunciamiento se podía deducir un concepto autónomo sin que hubiera resultado necesario someter de nuevo al Tribunal otra cuestión sobre la misma materia [108].

Así, a nuestro juicio, se entenderá por cédula de emplazamiento o documento equivalente aquel documento, introductorio del procedimiento, que debe ser notificado en forma y en tiempo, que pone en conocimiento del demandado que se ha entablado un proceso contra él ofreciéndole la posibilidad de defenderse y que, en el supuesto de que el demandado no comparezca, permita al demandante obtener una resolución susceptible de ser reconocida y declarada ejecutiva conforme a las disposiciones del Convenio.

---

noviembre 1979 y 10 de diciembre de 1979, citadas por M. WESER et P. JENARD, *Droit International privé belge et droit conventionnel international, t. II, Conflits de jurisdiction,* Bruylant, Bruxelles, 1985, pág. 301; Cour de Cassation 19 de julio de 1989, Rev.crit.dr.int.pr., 1990, pág. 820; Cour d'appel de Lyon, 13 de diciembre de 1990, Gaz. Pal., 1992, pág. 522; Cour d'appel de Paris de 23 de febrero de 1990, Rev.crit.dr.int.pr., 1991, pág. 853; Cour de Cassation 11 de junio de 1991, Sem. Jur., 1991, IV, pág. 317.

[106] P. GOTHOT y D. HOLLEAUX, *La Convención de Bruselas...,* ob. cit., pág. 166, consideran que la cédula de emplazamiento o el acto equivalente «deben entenderse referidos evidentemente al acto destinado a llamar al demandado a defenderse»; En opinión de A. HUET, comentario a la sentencia Klomps, ob. cit., pág. 895, la cédula de emplazamiento es el acto por el cual un litigante toma la iniciativa de un proceso (contradictorio en el caso del Convenio de Bruselas) sometiendo al juez sus pretensiones.

[107] El Informe JENARD, ob. cit., pág. 160, afirma que «en virtud del artículo 25, el Convenio se aplica a cualquier resolución sea cual fuere la denominación que se le da. También se aplica a los mandamientos ejecutorios (Vollstreckungsbefehl, artículo 699 del Código de procedimiento civil alemán)...» En el mismo sentido vid., Corte d' appello de Milán 11 de abril 1995, Riv.dir.int.priv.proc., 1996, pp. 299 ss.

[108] En realidad y dada la similitud entre el procedimiento italiano y el alemán era previsible que el Tribunal de Justicia se pronunciase en sentido idéntico a como lo hizo en la sentencia Klomps. Vid., C. CONSOLO, «La tutela sommaria...», ob. cit., pág. 627; M. GIORGETTI, «Il riconoscimento comunitario...», ob. cit., pág. 599; H. GAUDEMET-TALLON, comentario a la sentencia Hengst Import/Ana Mª Campese, ob. cit., pág. 158.

Pero, será en la Sentencia Hengts Import/Ana Mª Campese donde el Tribunal dará una definición autónoma de dicho concepto.

Para llegar a dicha noción el Tribunal se apoyará y sistematizará su jurisprudencia anterior sobre el artículo 27.2 al considerar que el conjunto de las disposiciones del Convenio expresa la intención de velar por que los procedimientos destinados a la adopción de resoluciones, se desarrollen en el respeto de los derechos de la defensa (Sentencia Denilauler/Couchet). Esta exigencia es particularmente importante en el supuesto de rebeldía del demandado ya que el artículo 27.2 tiene la finalidad de que una resolución dictada en rebeldía sólo pueda ser reconocida si el demandado ha tenido la posibilidad de defenderse ante el juez de origen (Sentencias Klomps/Michel y Minalmet/ Brandeis). Por ello, esta disposición exige que la cédula de emplazamiento o documento equivalente haya sido notificado regularmente y en tiempo suficiente para que el demandado pueda defenderse, siendo necesario que dicha notificación sea realizada antes que se dicte una resolución en el Estado de origen.

De todas estas consideraciones el Tribunal deduce el concepto autónomo de cédula de emplazamiento al considerar que «la noción de cédula de emplazamiento o documento equivalente designa el o los actos, cuya notificación al demandado, efectuada regularmente y en tiempo útil, le permite hacer valer sus derechos de defensa antes que una resolución ejecutoria sea dictada en el Estado de origen».

En consecuencia, el «decreto ingiuntivo» acompañado del escrito de la demanda debe considerarse como cédula de emplazamiento o documento equivalente a efectos del núm. 2 del artículo 27 del Convenio [109] ya que tras su notificación se ofrece al demandado un plazo para interponer oposición defendiéndose de las pretensiones del acreedor (la resolución podía haber sido objeto de una instrucción contradictoria si el demandado hubiese interpuesto oposición, si no lo ha hecho esto no debe impedir que la resolución se beneficie del mecanismo convencional) y es sólo tras la expiración de ese plazo cuando el demandante puede obtener una resolución ejecutoria [110, 111].

---

[109] La reunión de la orden conminatoria de pago (decreto ingiuntivo) y la demanda inicial es exigida por las particularidades del derecho italiano ya que el decreto ingiuntivo es un simple formulario que para poder ser comprendido debe ser leído junto con la copia de la demanda (art. 643 CPC).

[110] En el mismo sentido se pronunció en sus conclusiones el Abogado General F.G. Jacobs. En contra, la Comisión, en sus observaciones escritas, consideró que dicho acto no podía considerarse como cédula de emplazamiento porque el artículo 633 CPC establece que la orden conminatoria no podrá dictarse si la notificación al demandado, a que se refiere el artículo 643, debe ser efectuada fuera de Italia o de los territorios sometidos a la soberanía italiana. Esta observación de la Comisión da pie al Tribunal para concretar y delimitar cuáles son los límites de actuación del juez requerido al considerar que la eventual violación por parte del juez de origen del derecho italiano no constituye ni una de las causas de rechazo del reconocimiento prevista en el artículo 27 ni tampoco uno de los supuestos enumerados en el artículo 28.

2.2. La noción autónoma de cédula de emplazamiento o documento equivalente: rasgos característicos

Queda, de este modo, configurada una noción autónoma de cédula de emplazamiento o documento equivalente aplicable a todos los procedimientos que se desarrollen en el marco del Convenio de Bruselas. Dicha noción se caracteriza por una serie de elementos que pueden resumirse del siguiente modo:

a) Ha de tratarse de un documento, cuya concreción se realizará conforme a las disposiciones del Derecho nacional del juez de origen, que debe ser notificado al demandado de forma regular y en tiempo suficiente para poder defenderse.

Por tanto, corresponderá al juez de origen delimitar y apreciar, siguiendo la jurisprudencia del Tribunal, qué documento o escrito será en su ordenamiento jurídico cédula de emplazamiento, en el sentido del artículo 27.2 del Convenio [112] (art. 34.2 del Reglamento).

Así el juez español a la hora de aplicar los Convenios de Bruselas y de Lugano debe entender por cédula de emplazamiento la «demanda» que es el acto introductorio del procedimiento en virtud de lo dispuesto en el artículo 399 LEC. Una vez presentada la demanda se dará traslado de ella

---

Respecto a la disposición del artículo 633 CPC que establece que la orden conminatoria de pago no podrá dictarse si la notificación al demandado debe ser efectuada fuera de Italia, el decreto del Pretore di Torino de 12 de febrero de 1996, Riv.dir.int.pr.proc., 1997, núm. 3, pp. 747 ss, ha señalado que dicha disposición es incompatible con el Derecho comunitario porque, de una parte, origina una discriminación y de otra parte, porque constituye una medida equivalente a una restricción de la exportación de bienes, prohibida por el artículo 34 TUE. Sin embargo, el Tribunal de Justicia en la Sentencia de 22 de junio de 1999, EdSrl/ Italo Fenocchio, asunto 412/97, ha considerado que «el artículo 34 del Tratado CE (actualmente, tras su modificación, artículo 29) no se opone a una legislación nacional que excluye la utilización del procedimiento de orden conminatoria de pago en el caso de que la notificación al deudor deba practicarse en otro Estado miembro de la Comunidad». Por su parte, el Abogado General Sr. Cosmas, en sus conclusiones, se mostró en sentido contrario por considerar que una disposición de dicho tenor es contraria al art. 6 TCE. Vid., C. SCARSELLI, «Il decreto ingiuntivo avverso la parte residente all'estero», Foro It., 1998, núm. 10, pp. 2691 ss; C. SILVESTRI, «La disapplicazione dell'art. 633, C.P.C., a fronte del diritto comunitario», Foro It., 1998, núm. 10, pp. 2703 ss. N. MARCHAL ESCALONA, «Las libertades comunitarias y el Derecho procesal estatal: comentario a la sentencia TJCE de 22 de junio de 1999», La Ley/U.E., 29 de octubre de 1999, pp. 1 ss. En estos momentos se encuentra pendiente otra cuestión prejudicial (asunto 323/98, Idropi SpA y MTMD/Lydis Megatherm Magneta SA) sobre el alcance de la compatibilidad con los artículos 34, 59 y 73B del TUE de una disposición nacional que prohíbe al juez dictar una orden conminatoria de pago que debe ser notificada fuera del territorio nacional a un deudor residente en otro Estado miembro.

[111] El Arrondissementsrechtbank to Zwolle dictó sentencia el 22 de noviembre de 1995 rechazando la oposición de Hengst a la concesión del exequátur, confirmando, de este modo, la decisión del Tribunal de Trani. En palabras de M. GIORGETTI, «Il riconoscimento comunitario...», ob. cit., pág. 607, «la pronuncia in esame apre, ai decreti d'ingiunzione italiani la via comunitaria...».

[112] Un estudio de derecho comparado de los diferentes modos de introducción del proceso en los países comunitarios puede consultarse en *La giustizia civile nei paesi comunitari, A cura di Elio Fazzalari,* Cedam, Padova, 1994.

a la persona/s contra quienes se interponga y se las emplazará para que comparezcan y contesten en un plazo, que variará según el tipo de proceso de que se trate. El emplazamiento del demandado es el acto procesal por medio del cual se le notifica que se ha entablado un proceso contra él y el plazo concreto en el que debe ejercitar su derecho de defensa[113].

La demanda es el acto por excelencia de incoación del procedimiento ya que «es el vehículo formal a través del cual ejercitamos la acción contra el demandado»[114]. Es el primer acto del proceso y de él derivan todas las actuaciones posteriores que se desarrollarán hasta el fin del litigio. La notificación de la demanda (en tiempo y forma) pone en conocimiento del demandado que se ha entablado un procedimiento contra él ofreciéndole la posibilidad de participar en el proceso en aras del principio de contradictorio[115, 116].

b) Tras la notificación se ofrece al demandado la posibilidad de defenderse, es decir, que el procedimiento que conduce a la adopción de la resolución se desarrolle en el marco del respeto del principio contradictorio. El demandado puede hacer valer su derecho y defenderse frente a las pretensiones del demandante. No se considerará «cédula de emplazamiento» a efectos del Convenio y en concordancia con la jurisprudencia Denilauler, aquellos documentos que inicien un procedimiento unilateral.

c) Que el demandado opte por no defenderse no significa que el procedimiento quede paralizado. El procedimiento continúa, dictando el juez

---

[113] Sobre los diferentes tipos de emplazamiento al demandado (personal, en su domicilio, por edictos...) vid., J. VERGE GRAU, *La rebeldía en el proceso civil*, Bosch, Barcelona, 1989; J. ALMAGRO NOSETE, *Derecho procesal, t. I. Parte General, Proceso civil*, vol. 1, ed. Trivium, Madrid, 1995, pp. 338 ss; A. DE LA OLIVA y M.A. FERNANDEZ, *Derecho procesal civil*, vol. III, 4ª ed., Centro de Estudios Ramón Areces, Madrid, 1995, pp. 167 ss; F. RAMOS MENDEZ, *Derecho procesal civil*, t. I, Bosch, Barcelona, 1992, pp. 390 ss. LEC, vid. entre otros, A. DE LA OLIVA SANTOS y M. DÍEZ PICAZO GIMÉNEZ, *Derecho procesal civil*, Centro de Estudios Ramón Areces, Madrid, 2000; J. MONTERO AROCA, *Derecho jurisdiccional, Proceso civil*, 9.ª edición,Tirant lo Blanch, Valencia, 2000.

[114] V. CORTES DOMINGUEZ, V. G. SENDRA, V. MORENO CATENA, *Derecho procesal civil*, 3ª ed., Ed. Colex, 2000, pág. 177.

[115] Un dato más avala nuestra consideración. El artículo 46.2 del Convenio (en su redacción originaria) establece que la parte que invocare el reconocimiento o instare la ejecución de una resolución deberá presentar «si se tratare de una resolución dictada en rebeldía, el original o una copia auténtica del documento que acreditare la entrega o notificación de la demanda o de documento equivalente a la parte declarada en rebeldía».

[116] Los Convenios bilaterales firmados por España en materia de reconocimiento y ejecución de sentencias extranjeras difieren en su redacción respecto a la del Convenio de Bruselas. Así los artículos 4.2 del Convenio con Francia y 14.3 del Convenio con Italia disponen que el reconocimiento será denegado cuando la iniciación del proceso no ha sido notificada regularmente y en tiempo útil a la parte condenada para defenderse; el artículo 5.2 del Convenio con Austria se refiere expresamente a la demanda; el artículo 19.4 del Convenio con Bulgaria habla de documento que inicia el procedimiento; el artículo 4.b) del Convenio firmado con la República Oriental de Uruguay señala como requisito indispensable para el reconocimiento que la iniciación del proceso haya sido notificada en legal forma de acuerdo con la ley del Estado de origen de la sentencia y el art. 12.1 b) del Convenio con Rumanía alude a la cédula de emplazamiento o documento equivalente.

de origen, en tutela de los derechos de la parte actora, la pertinente resolución en rebeldía.

d) El demandante sólo puede obtener dicha resolución tras la expiración del plazo del que dispuso el demandado para poder defenderse. Únicamente tras este plazo se puede dictar en el Estado de origen, contra el demandado, una decisión que sea ejecutoria conforme al Convenio.

II. REGULARIDAD DE LA ENTREGA O NOTIFICACIÓN DE LA CÉDULA DE EMPLAZAMIENTO O DOCUMENTO EQUIVALENTE

1. Remisión al ordenamiento jurídico del Juez del Estado de origen

La primera garantía que el artículo 27.2 (art. 34.2 del Reglamento) establece es la regularidad de la notificación o entrega de la cédula de emplazamiento o documento equivalente. La defectuosa notificación puede motivar la imposibilidad de defensa [117].

La regularidad va referida a la entrega o notificación y no al contenido de la cédula de emplazamiento o documento equivalente [118], ya que el Convenio no prevé un control general del procedimiento desarrollado ante el juez de origen [119]. La cuestión del contenido de la cédula de emplazamiento queda relegada a lo dispuesto en el derecho nacional y convencional de los Estados parte [120].

---

[117] Como han afirmado M. VIRGOS SORIANO y F. GARCIMARTIN ALFEREZ, «El Convenio de Bruselas y las propuestas para su reforma: una crítica radical. Arts. 5.1.I, 21, 24, y 27.2», *La revisión de los Convenios...,* ob. cit., pp. 126-127, «en los derechos procesales nacionales, la exigencia de que la notificación se haga de forma regular, y no de cualquier modo, cumple cuatro funciones: 1) Por un lado, no sólo sirve para informar al demandado de que hay un proceso abierto contra él, sino que le informa de ciertos elementos de ese proceso que son imprescindibles para que el demandado pueda elegir racionalmente su estrategia procesal. 2) Por otro lado, coloca al demandado en la posición de parte procesal, con todas las cargas que esto conlleva. 3) En tercer lugar, garantiza la eficacia de las decisiones del tribunal. 4) Y lo que es más importante... resuelve un problema de costes de información. La regularidad de la notificación evita el debate sobre si el demandado tuvo conocimiento real o no del proceso».

[118] En contra, A. ROTTOLA, «La congruità del termine a comparire dinanzi al giudize straniero ai sensi dell'art. 27 n 2 della Convenzione di Bruxelles del 27 settembre 1968», Riv.dir.int., 1980, núm. 2-4, pág. 427. El Tribunal de Justicia en la Sentencia 13 de julio de 1995, en el asunto 474/93, Hengst Import BV/Anna Maria Campese, se ha pronunciado en el sentido que apuntamos al afirmar que «el artículo 27.2 tiene únicamente por finalidad asegurar que una cédula de emplazamiento o documento equivalente haya sido notificado regularmente y en tiempo suficiente al demandado para que pueda defenderse. Dicha disposición no permite al juez del Estado requerido rechazar el reconocimiento/exequátur de una resolución en razón de una eventual violación de otras disposiciones del derecho del Estado de origen que las relativas a la regularidad de la entrega o notificación» (motivo 24). Por tanto, el juez del Estado requerido, salvo en el supuesto de normas relativas a la regularidad de la notificación, no puede rechazar el reconocimiento y ejecución de la resolución extranjera por infracción de las normas del Derecho del Estado de origen.

[119] No obstante, algunas decisiones nacionales lo exigen vid., Cour de Cassation francesa 9 de octubre de 1991, Journ.dr.int., 1993, pp. 159 ss, profundamente criticada por A. HUET.

[120] Así, por ejemplo, si la cédula de emplazamiento debe notificarse conforme a lo dispuesto

Del mismo modo, la regularidad y temporalidad contempladas en el artículo 27.2 (art. 34.2 del Reglamento) van referidas a la notificación o entrega de la cédula de emplazamiento por lo que invocar que la resolución fue notificada irregularmente no puede justificar la denegación de eficacia de la resolución extranjera[121].

Si el juez requerido debe comprobar la regularidad de la notificación, la cuestión que surge de inmediato es conforme a qué ordenamiento debe ser efectuado dicho examen ¿conforme al derecho del Estado de origen o con arreglo al ordenamiento jurídico del Estado requerido? A diferencia de lo que ocurre en otros Convenios en materia de reconocimiento y ejecución de resoluciones extranjeras, el artículo 27.2 guarda silencio sobre la cuestión[122].

La única referencia que existe en el Convenio (solución que, como veremos, es alterada en el nuevo texto) sobre el modo de realizar las transmisiones de actos relativos al proceso, se encuentra en el párrafo 1 del artículo IV del Protocolo que establece que los documentos judiciales y extrajudiciales extendidos en un Estado y que debieren ser notificados a personas que se encontraren en el territorio de otro Estado contratante, se transmitirán del modo previsto por los Convenios o acuerdos celebrados entre los Estados contratantes. El párrafo segundo de dicho artículo añade un sistema de comunicación de los actos mencionados en el párrafo primero[123] (tras la reforma, el artículo IV del protocolo desaparece).

---

en el Convenio de La Haya de 15 de noviembre de 1965, el propio Convenio, en su anexo, establece los elementos esenciales del documento a notificar (identidad de las partes, naturaleza del documento, naturaleza y objeto del procedimiento, fecha y lugar de la comparecencia...).

[121] Vid., en este sentido, sentencia de la Cour de Cassation francesa de 6 de marzo de 1996, I.L.Pr., 1997, pp. 522 ss; Bundesgerichtshof de 10 de julio de 1986, Rép. Série D, I-27.1-B 15. En contra, Cour d'appel de Paris 21 de noviembre de 1995, Journ.dr.int., 1997, pp. 176 ss, que se muestra partidaria de que el juez requerido verifique la regularidad de la notificación de la resolución extranjera. Sin embargo, en esta materia la cuestión que de inmediato se plantea, y que analizaremos en el último capítulo de este trabajo, es la siguiente: ¿se podría invocar, en el supuesto de lesión de los derechos de defensa del demandado, el orden público para denegar el reconocimiento de una resolución que no fue notificada de forma regular?

[122] Así, por ejemplo, el artículo 6 del Convenio de La Haya de 2 de octubre de 1973 sobre reconocimiento y ejecución de decisiones relativas a obligaciones alimentarias dispone que «una resolución en rebeldía únicamente se reconocerá o declarará ejecutiva si el escrito que contenga los elementos esenciales de la demanda se hubiere notificado o comunicado a la parte rebelde de acuerdo con el derecho del Estado de origen...». Del mismo modo, el artículo 6 del Convenio de La Haya sobre reconocimiento y ejecución de sentencias extranjeras en materia civil y mercantil de 1 de febrero de 1971, establece que la notificación de la cédula de emplazamiento debe realizarse conforme al derecho del Estado de origen. La remisión a la ley del Estado de origen se encuentra también en algunos de los Convenios bilaterales firmados por España: artículo 5.2 del Convenio entre España y la República Federal de Alemania; artículo 20 del Convenio entre España y Checoslovaquia; artículo 19 del Convenio entre España y la República Federativa de Brasil; art. 18.2 del Convenio entre España y la Unión de Repúblicas Socialistas Soviéticas; art. 4.b) del Convenio de cooperación jurídica entre España y la República Oriental de Uruguay.

[123] Se trata de la transmisión directa de los documentos por las personas autorizadas al efecto en el Estado de origen, a las habilitadas al efecto en otro Estado contratante, que los remitirán al destinatario, de conformidad a la forma prevista en el Estado requerido, debiéndose dejar cons-

Ya el Informe JENARD apuntaba que para el examen de la regularidad, «procede remitirse a la ley interna del Estado de origen y a los Convenios internacionales relativos a la transmisión de las cédulas de emplazamiento», y ofrecía un ejemplo, «el juez alemán ante el que se invocara el reconocimiento de una resolución belga dictada en rebeldía contra una persona que se hallara en la República Federal de Alemania, podría, basándose en el Acuerdo belgo-alemán, de 25 de abril de 1959, destinado a facilitar la aplicación del Convenio de La Haya, de 1 de marzo de 1954, sobre el procedimiento civil, denegar el reconocimiento si la cédula de emplazamiento hubiera sido enviada de Bélgica a la República Federal de Alemania por correo certificado, ya que la República Federal de Alemania se opone a este modo de transmisión» [124].

Ante el silencio de la disposición, el TJCE ha construido una consolidada interpretación de la misma, especificando cómo el juez requerido debe apreciar la regularidad de la notificación. Tratándose de una cuestión procesal el Tribunal se ha decantado, en esta ocasión, por la remisión a la *lex fori*.

El primer pronunciamiento en este sentido lo constituye la sentencia Klomps/Michel en la que el Tribunal afirma que «el artículo 27.2 establece dos condiciones, una de las cuales relativa a la regularidad de la notificación comporta una decisión fundada sobre la legislación del Estado de origen y los Convenios que le vinculan en materia de notificación...» (motivo 15) [125].

Todas las decisiones posteriores del Tribunal coinciden en afirmar que la regularidad de la notificación de la cédula de emplazamiento o documento equivalente debe realizarse conforme al Derecho del Estado de origen, lo que incluye los Convenios internacionales en materia de notificación.

La regularidad de la notificación no constituye, pues, una regla material del Convenio, ya que no se establece cuando la notificación o entrega de la cédula de emplazamiento o documento equivalente se ha realizado regularmente, sino que será la ley aplicable a dicha notificación la que resuelva la cuestión. Cada vez que se discuta sobre la regularidad de la notificación el juez requerido debe acudir al derecho del Estado de origen para saber si fue o no regular. Actuando de este modo, el Tribunal se abstiene de decir los casos concretos en los que considera efectuada la notificación regularmente.

---

tancia de la misma mediante certificación enviada directamente a la persona autorizada en el Estado de origen. No obstante, este sistema no es obligatorio ya que el Estado de destino puede oponerse a ello (oposición formulada por Alemania, Austria y Suecia; Respecto del Convenio de Lugano, Suiza ha formulado tal oposición).

[124] Informe JENARD, ob. cit., pág. 161.

[125] Sentencia de 16 junio de 1981, Peter Klomps/Karl Michel, asunto 166/80, Rec. 1981, pp. 1593 ss.

El control de la regularidad por parte del juez del Estado requerido consistirá, en consecuencia, en un examen de la conformidad de la notificación con las normas, convencionales o estatales, del Estado en que fue dictada la decisión. En palabras de J. CARRASCOSA GONZALEZ «se trata de una solución coflictualista precisada cada vez con mayor detalle en reiterada jurisprudencia del TJCE que se concreta en una norma de conflicto uniforme de corte jurisprudencial que soluciona una cuestión de ley aplicable al proceso, pero estrechamente vinculada con los propósitos del Convenio» [126].

La opción por parte del Tribunal del reenvío al ordenamiento jurídico del Estado de origen se explica por el propio objetivo y finalidad del Convenio. La exigencia de una notificación regular es un aspecto que atañe al desarrollo del procedimiento judicial en el Estado de origen, al que se aplica la máxima, conocida en todos los sistemas jurídicos, *lex fori regit processum,* y las normas aplicables a la notificación forman parte del proceso seguido ante el juez de origen. El Convenio, salvo en los supuestos de los artículos 19 a 23, no contiene reglas relativas al procedimiento judicial ya que su objetivo es unificar las reglas relativas a la competencia judicial y al reconocimiento y exequátur de resoluciones judiciales en materia patrimonial [127].

La doctrina ha aprobado unánimemente la remisión que el Tribunal de Justicia ha realizado al ordenamiento jurídico del Estado de origen para apreciar la regularidad de la entrega o notificación de la cédula de emplazamiento o documento equivalente [128], y en el mismo sentido se ha pronunciado la jurisprudencia de los Estados miembros en aplicación del art. 27.2 [129].

Entre dichos pronunciamientos tenemos que destacar que, en la jurisprudencia española, uno de los primeros Autos, a nuestro conocimiento, en

---

[126] J. CARRASCOSA GONZALEZ, «Comentario al artículo 27 del Convenio de Bruselas», *Comentario al Convenio de Bruselas...,* ob. cit., pág. 486.

[127] El Tribunal de Justicia ha afirmado en varios pronunciamientos que el Convenio no tiene por finalidad armonizar los diferentes modos de notificación, sino la protección efectiva de los derechos del demandado. Vid., en este sentido, el motivo 13 de la Sentencia del TJCE 15 de julio de 1982, Pendy Plastic/Pluspunkt, asunto 228/81, Rec. 1982, pág. 2736, y motivo 28 de la sentencia del TJCE 3 julio de 1990, Lancray/Peters, asunto 305/88, Rec. 1990, pág. 2750.

[128] Vid., entre otros, G.A.L. DROZ, *Compétence judiciaire...,* ob. cit., pág. 317; P. KAYE, *Civil Jurisdiction...,* ob. cit., pág. 1459; H. GAUDEMET-TALLON, *Les Conventions de Bruxelles et de Lugano. Compétence internationale, reconnaissance et exécution des jugements en Europe,* 2ª ed., L.G.D.J., Paris, 1996, pág. 260; P. GOTHOT y D. HOLLEAUX, *La Convención de Bruselas...,* ob. cit., pág. 167; J. KROPHOLLER, *Europäisches ZivilprozeBrecht Komentar zu EuGVÜ und Lugano-Übereinkommen,* 4ª ed., Heilderberg, 1993, pág. 298, nº 28; Y. DONZALLAZ, *La Convention de Lugano...,* ob. cit., pp. 471 ss.

[129] Con carácter excepcional aprecian la regularidad conforme al derecho del juez requerido, la Sentencia de la Cour de Cassation francesa de 17 de mayo de 1978, Journ.dr.int., 1979, pp. 380 ss, comentada por D. HOLLEAUX, y la Sentencia de la Cour de Cassation de 9 de octubre de 1991, duramente criticada por A. HUET, Journ.dr.int., 1993, pp. 157 ss y por C. KESSEDJIAN, Rev.crit.dr.int.pr., 1992, pp. 516 ss.

aplicación del artículo 27.2, ha versado sobre esta materia. Nos referimos al Auto de la Audiencia Provincial de Toledo (Sección 1ª) de 21 de octubre de 1994 [130], que rechazó el recurso interpuesto contra la concesión de la fórmula ejecutiva de una sentencia holandesa que había condenado a una sociedad española. El apelante fundamentó su oposición, entre otros motivos, en el hecho de no haber sido emplazado de forma regular. La Audiencia Provincial de Toledo, tras recordar en su razonamiento jurídico las sentencias del TJCE en los asuntos Klomps/Michel y Lancray/Peters, rechazó el recurso argumentando que el demandado fue notificado regularmente en el extranjero al ser emplazado según la ley del Estado de origen y en tiempo suficiente, por lo que pudo defenderse ante el tribunal de origen si lo hubiera tenido por conveniente, no pudiéndose argumentar ahora la pretendida indefensión.

1.1. La aplicabilidad del Convenio de La Haya de 15 de noviembre de 1965 en el marco del Convenio de Bruselas

Normalmente, y en la mayor parte de los supuestos, la notificación de la cédula de emplazamiento o documento equivalente se realizará de un Estado contratante a otro [131], entrando en juego lo dispuesto en el párrafo primero del artículo IV del Protocolo que contiene una remisión a los Con-

---

La jurisprudencia nacional en esta materia es muy abundante. En Alemania, vid., Oberlandesgericht de München 24 de octubre de 1975 (citada por P. POCAR, *Codice delle convenzioni sulla giurisdizione e l'esecuzione delle sentenze straniere nella CEE,* Giuffrè, Milán, 1980, pág. 289), Oberlandesgericht de Stuttgart 16 de agosto de 1977 (Rép. Série D, I-27.2-B 4), Oberlandesgericht de Düsseldorf 4 de abril de 1978 (Rép. Série D, I-27.2-B 8), Oberlandesgericht de Hamm 7 de marzo de 1979 (Rép. Série D, I-27.2-B 11), Oberlandesgericht de Hamm 10 de septiembre de 1979 (Rép. Série D, I-27.2-B 14), Oberlandesgericht de Stuttgart 17 de septiembre de 1984 (Rép. Série D, I-27.2-B 23), Oberlandesgericht de Düsseldorf de 19 de octubre de 1984 (Rép.Série D, I-27.2-B 24), Kammergericht Berlín 9 de julio de 1985 (Rép. Série D, I-27.2-B 27), Oberlandesgericht de Cologne 8 de diciembre de 1989 (Rép. Série D, I-27.2-B 29). En la jurisprudencia italiana vid., Corte d'appello de Turin 11 de marzo de 1977 (Riv.dir.int.priv.proc., 1979, pág. 84), Corte d'apello de Florencia 1 de septiembre de 1977 (Rép. Série D, I-27.2-B 5), Corte d'apello d'Ancône 17 de julio de 1978 (Rép. Série D, I-27.2-B 9), Corte d'apello de Milán 4 de diciembre de 1979 (Foro It., 1980, I, 2009), Corte d'apello de Milán 27 de marzo de 1981 (Riv.dir.int.pr.proc., 1981, pág. 951), Corte di Cassazione 25 de octubre de 1984 (Riv.dir.int.pr.proc., 1985, pág. 157). En la jurisprudencia holandesa vid., Arrondissementsrechtbank de Rotterdam 7 de mayo de 1982 (Rép.Série D, I-27.2-B 20), Arrondissementsrechtbank de Roermond 25 de febrero de 1988 (Rép. Série D', I-27.2-B 28), Gerechtshof de La Haya 18 de julio de 1996, I.L.Pr., 1998, núm. 11, pp. 782 ss. En la jurisprudencia francesa, vid., Cour d'appel de Lyon 18 de abril de 1978 (Journ.dr.int., 1979, pág. 380), Cour de Cassation 4 de marzo de 1980 (Journ.dr.int., 1981, pág. 854, nota de D. HOLLEAUX), Cour d'appel de Paris 13 noviembre de 1987 (Journ.dr.int., 1989, pág. 100, nota de A. HUET).

[130] R.G.D., mayo de 1996, pp. 6269 ss.; en sentido análogo, STS 12 de noviembre de 1999, A.C. n.º 8, febrero 2000, pp. 465 ss.

[131] Cuando la notificación o entrega ha de realizarse en el Estado donde se desarrolla el procedimiento será aplicable la normativa relativa a las notificaciones internas, como lo ha afirmado el Tribunal de Justicia en la Sentencia 16 de junio de 1981, Klomps/Michel.

venios firmados entre los Estados parte en materia de transmisión de actos[132].

Hasta la fecha la mayor parte de notificaciones entre los Estados parte se ha realizado conforme a lo dispuesto en el Convenio de La Haya de 15 de noviembre de 1965 sobre notificación o traslado en el extranjero de documentos judiciales y extrajudiciales en materia civil o comercial[133].

---

[132] Dichos Convenios son en este momento el Convenio de La Haya de 15 de noviembre 1965, relativo a la notificación o traslado en el extranjero de documentos judiciales y extrajudiciales en materia civil o comercial, que sustituye, en las relaciones entre los Estados contratrantes que lo hayan ratificado, los artículos 1 a 7 de los Convenios relativos al procedimiento civil, respectivamente firmados en La Haya el 17 de julio de 1905 y el 1 de marzo de 1954; los Convenios bilaterales adicionales celebrados entre varios Estados con el objetivo de mejorar el régimen de los Convenios de La Haya de 1954 y 1965, así como cualquier otro Convenio de carácter bilateral que establezca un sistema de comunicación de estos actos. Por lo que respecta a nuestro ordenamiento vid., Acuerdo entre España y Francia adicional al Convenio de La Haya de 1954 relativo al procedimiento civil, de 19 de febrero de 1968 (B.O.E., 11 de mayo de 1968); Acuerdo entre España y Austria complementario al Convenio de La Haya relativo al procedimiento civil, hecho en Viena el 14 de noviembre de 1979 (B.O.E., 8 de agosto de 1981); Acuerdo internacional entre el Reino de España y la República Francesa sobre aplicación del Convenio de La Haya de 1965, hecho en Bruselas el 29 de noviembre de 1996 (B.O.E., 28 de febrero de 1997; corr. de errores, B.O.E., de 26 de junio de 1998). Además España es parte de Convenios bilaterales que contienen normas específicas en materia de asistencia judicial internacional, vid., Convenio entre España y Gran Bretaña sobre mutua asistencia en procedimientos civiles y comerciales de 27 de junio de 1929 (Gaceta de Madrid 10 de abril de 1930); Convenio sobre asistencia judicial y reconocimiento y ejecución de sentencias en materia civil y mercantil entre España e Italia de 22 de mayo de 1973; Convenio entre España y Checoslovaquia sobre asistencia judicial, reconocimiento y ejecución de sentencias en asuntos civiles de 4 de mayo de 1987; Convenio entre España y Brasil de cooperación jurídica en materia civil de 13 de abril de 1989; Convenio entre España y la República Popular de China sobre asistencia judicial en materia civil y mercantil de 2 de mayo de 1992; Convenio entre España y Bulgaria sobre asistencia judicial de 23 de mayo de 1993; Convenio entre España y la Unión de Repúblicas Socialistas Soviéticas sobre asistencia judicial en materia civil de 26 de octubre de 1990; Convenio sobre cooperación judicial en materia civil, mercantil y administrativa entre España y el Reino de Marruecos de 30 de mayo de 1997; Convenio de cooperación jurídica entre España y la República Oriental de Uruguay de 4 de noviembre de 1987; Convenio entre España y Portugal relativo a la cooperación judicial en materia civil y penal de 19 de noviembre de 1997 (B.O.E., 21 de enero de 1999); Convenio de asistencia judicial en materia civil y mercantil entre España y Tailandia de 15 de junio de 1998 (B.O.E., de 7 de mayo de 1999). Como ha puesto de manifiesto J.C. FERNANDEZ ROZAS, «La cooperación judicial en los Convenios de La Haya» R.E.D.I., 1993, núm. 1, pág. 87, «la pluralidad normativa, la superposición de regímenes y la sucesión en el tiempo de las normas convencionales que regulan la asistencia judicial internacional ofrece numerosos problemas de identificación para un caso concreto, de los preceptos aplicables».

[133] Actualmente, el Convenio se encuentra en vigor en todos los Estados parte de la Unión Europea, salvo en Austria que es parte del Convenio de La Haya de 1954. Es imposible citar, en un trabajo de estas características, toda la bibliografía existente sobre el Convenio. Vid., con carácter general, M.V. TABORDA FERREIRA, Rapport explicatif de la Convention de La Haye 1965, Actes et Documents de la dixième Session de la Conférence de La Haye de Droit international privé, 1964, tome III, Notification; *Manuel Pratique sur le fonctionnement de la Convention de La Haye du 15 novembre 1965 relative à la signification et la notification à l'étranger des actes judiciaires et extrajudiciaires en matière civile et commerciale*, Conférence de La Haye de Droit International Privé, 2ª ed., 1992; G. DE LEVAL (coord.), *Les Conventions de Bruxelles et de La Haye en matière civile et commerciale*, Union internationale des huissiers de justice et officiers

Por tanto, al examinarse la regularidad de la entrega o notificación de la cédula de emplazamiento o documento equivalente deberá tenerse en cuenta si dicha notificación se realizó respetando las disposiciones del Convenio de La Haya, es decir, la notificación será regular siempre que se realice conforme a lo previsto en dicho Convenio.

El objetivo primordial del Convenio de 1965 es crear un mecanismo idóneo para asegurar que los actos judiciales (o extrajudiciales), que deben ser entregados o notificados en el extranjero, sean conocidos por sus destinatarios[134]. Con esta finalidad se ha simplificado y acelerado el modo de transmisión de los actos y se facilita la prueba de que la notificación o entrega ha sido efectuada en el extranjero.

El principal sistema de notificación introducido *ex novo* por el Convenio es el de la Autoridad Central[135]. Cada Estado contratante designará una Autoridad Central que tendrá la función de recibir las peticiones de notificación o traslado procedentes de las autoridades judiciales o ministeriales de otro Estado contratante y darles curso ulterior. Con esta institución se asegura el respeto del derecho del Estado requerido y se permite un control de las notificaciones procedentes del extranjero. La petición de notificación se realiza conforme a un modelo que figura en el anexo del Convenio, no necesitándose la legalización de los documentos.

Una vez recibido el acto por la Autoridad Central, procederá a la notificación o traslado del mismo: según las formas prescritas por la legislación del Estado requerido, y en este caso la Autoridad Central podrá solicitar la traducción del documento (art. 5. a, en combinación con el párrafo 4 de dicho artículo); según la forma particular solicitada por el requirente, siempre que no resulte incompatible con la ley del Estado requerido (artículo 5. b), y, finalmente por la simple entrega al destinatario que lo

judiciaires, Ed. La Charte, 1996; B. COSTANTINO y A. SARAVELLE, «Il regime della notificazione all'estero secondo la Convenzione dell'Aja del 15 de novembre 1965», Riv.dir.int.priv. proc., 1984, núm. 3, pp. 451 ss; O. DELGRANGE, «Les formalités prévues par la Convention de La Haye 15 novembre 1965 pour la signification et la notification à l'étranger des actes judiciaires (ou extra) en matière civile ou commerciale», Gaz. Pal., 28 janvier 1988, pp. 73 ss; R.H. GRAVESON, «The tenth session of the Hague Conference on Private International Law», I.C.L.Q., 1965, pp. 528 ss; P. LAGARDE, «La Dixième session de la Conférence de La Haye de droit international privé», Rev.crit.dr.int.pr., 1965, núm. 2, pp. 256 ss; Y. LOUSSOUARN, «La dixième session de la Conférence de la Haye de droit international privé», Journ.dr.int., 1965, núm. 1, pp. 5 ss; A. MARIN LOPEZ, «La X Sesión de la Conferencia de La Haya de Derecho internacional privado», R.E.D.I., 1966, núm. 1, pp. 21 ss.

[134] Las diferencias del Convenio de La Haya de 1965 con su precedente de 1954 son principalmente dos: en primer iugar, aquél no se limita a imponer a los Estados una recíproca asistencia judicial en materia de transmisión de actos sino que crea un mecanismo destinado a que dichos actos sean conocidos por sus destinatarios, y, en segundo lugar, establece un sistema de garantías procesales en beneficio del destinatario del acto. El Convenio se alinea de este modo al sistema de conocimiento efectivo frente al de conocimiento presunto (típico de los sistemas de «notification au parquet»).

[135] A. BORRAS RODRIGUEZ, «El papel de la «Autoridad Central»: Los Convenios de La Haya y España», R.E.D.I., 1993, núm. 1, pp. 63 ss.

acepte voluntariamente (salvo en el supuesto previsto en la letra b del artículo 5), sistema este último que estaba ya previsto en los artículos 2 y 3 del Convenio de 1954.

Efectuada la notificación, la Autoridad Central expedirá una certificación conforme a la fórmula-modelo del Convenio, que dirigirá directamente al requirente y que describirá el cumplimiento de la petición (artículo 6). Dicha certificación asume una gran importancia como instrumento probatorio de la modalidad en que la notificación ha sido realizada, así como de todos los elementos que permiten verificar la regular entrega del acto al destinatario.

Además de este sistema de notificación descrito, el Convenio reconoce la validez de todos los instrumentos de transmisión de actos previstos en anteriores instrumentos convencionales (vía consular directa o indirecta, comunicación directa...).

El cumplimiento de una petición de notificación sólo puede ser rechazado en casos excepcionales y gravísimos de atentado a la soberanía y seguridad del Estado, no pudiéndose rechazar por el solo motivo de que el Estado requerido reivindique competencia judicial exclusiva para el procedimiento en cuestión o porque su derecho interno no admita la acción a que se refiere la petición.

El sistema se completa con la descripción de las denominadas «sanciones indirectas» (artículos 15 y 16) para los casos en que el demandado no haya tenido conocimiento del acto que le ha sido notificado. La finalidad perseguida con dichas sanciones es establecer un equilibrio entre los intereses del demandado (que tiene derecho a que se le notifique el acto) y los del demandante (que tiene derecho a que el proceso continúe).

En el supuesto de que un escrito de demanda o documento equivalente haya sido remitido al extranjero y el demandado no comparezca, el juez, en virtud de lo dispuesto en el párrafo 1 del artículo 15, aguardará para proveer el tiempo que sea preciso hasta que se establezca que el documento ha sido notificado o se ha dado traslado del mismo según las formas prescritas por la legislación del Estado requerido o que el documento ha sido efectivamente entregado al demandado o en su residencia, según otro procedimiento previsto por el presente Convenio, y que en cualquiera de estos casos, sea notificación o traslado, sea entrega, la misma ha tenido lugar en tiempo oportuno para que el demandado haya podido defenderse. El Convenio pretende, de este modo, que el destinatario haya tenido conocimiento efectivo del acto que le ha sido notificado y que haya tenido tiempo suficiente para defenderse, debiéndose realizar la notificación o traslado según las formas previstas en el Convenio.

No obstante, y para evitar los perjuicios que se derivarían de una paralización indefinida del proceso, el párrafo 2 del artículo 15 permite que cada Estado contratante tenga la facultad de declarar que sus jueces, no obstante las disposiciones del párrafo primero, podrán proveer, a pesar de no haberse recibido comunicación alguna acreditativa bien de la notificación o de la entrega, si se cumplen las condiciones enumeradas en la norma. Esta atenuación puede entenderse como una concesión a los Estados que adoptan el sistema de conocimiento presunto del acto, así como una protección para los demandantes que no pueden sufrir el perjuicio que supondría la paralización del procedimiento [136].

El artículo 16 permite al juez, excepto para las decisiones relativas al estado de las personas, eximir al demandado, que no compareció y contra el que se dictó una resolución, de la preclusión resultante de la expiración de los plazos del recurso siempre y cuando se reúnan las condiciones exigidas en la norma y que son las siguientes: la formulación de la demanda tendente a la exención debe presentarse dentro de un plazo razonable [137]; que el demandado, sin haber mediado culpa de su parte, no hubiera tenido conocimiento en tiempo oportuno del escrito de demanda o documento equivalente o de la decisión para interponer recurso (condición de carácter subjetivo) y, por último, la necesidad de que las alegaciones del demandado aparezcan provistas, en principio, de algún fundamento. Dichos requisitos deben cumplirse de manera acumulativa por lo que faltando cualquiera de ellos, no es posible conceder la facultad prevista en la norma [138].

Toda la disciplina convencional tiene como finalidad velar por el respeto de los derechos de defensa del demandado, garantizando que en el procedimiento se haya respetado (o haya sido posible) el principio contradictorio.

Por tanto y dada la conexión entre el Convenio de Bruselas y el de La Haya tenemos que afirmar que toda notificación realizada al amparo del Convenio de La Haya de 1965 que no respete lo dispuesto en sus disposiciones no se reputará realizada «regularmente» ex art. 27.2 del Convenio de Bruselas.

La jurisprudencia española ha confirmado expresamente que toda notificación realizada al amparo del Convenio de La Haya de 1965 es regular en el sentido del art. 27.2 del Convenio de Bruselas [139]. Así, por ejemplo,

---

[136] Esta norma ha sido objeto de un estudio más profundo al analizar, en el Capítulo I, el artículo 20 del Convenio de Bruselas, por lo que nos remitimos a dichas consideraciones.

[137] El Estado español al ratificar el Convenio declaró que el plazo de preclusión a que se refiere el artículo 16 es de dieciséis meses, a computar desde la fecha de la resolución.

[138] La Audiencia Provincial de Huesca en la sentencia de 31 de julio de 1996, R.G.D., núm. 631, 1997, pp. 4852 ss, Nota de Mª A. RODRIGUEZ VAZQUEZ, R.E.D.I., 1997, núm. 2, pp. 233 ss, denegó al demandado la facultad prevista en el artículo 16 del Convenio de La Haya porque aunque en el caso concreto la demanda fue interpuesta dentro del plazo fijado por nuestro país, no concurría la condición subjetiva ya que por una parte, el demandado-recurrente fue oportunamente emplazado y deliberadamente se mantuvo al margen del procedimiento y por otra parte, la decisión le fue oportunamente entregada en su domicilio. La indefensión del demandado le era imputable por lo que no se podía dar amparo a su pretensión.

[139] En este sentido, la Audiencia Provincial de Madrid (Sección 11) en la sentencia de 20 de enero de 1998 (facilitada por el Iltmo. Magistrado Sr. D. J.M. SUAREZ ROBLEDANO) ha considerado que no se produjo indefensión en la medida en que el emplazamiento se hizo respetando

se ha considerado que una notificación realizada por vía postal admitida por el art. 10 a) del Convenio de La Haya salvo que el Estado de destino se oponga a ello, es un emplazamiento regular por lo que no es posible admitir las pretensiones de aquel demandado que invoca indefensión por irregularidad de la notificación [140].

De este modo, ambos Convenios se reencuentran en el marco del artículo 27.2.[141].

1.2. La sustitución del Convenio de La Haya por la normativa del Reglamento 1348/2000 del Consejo, de 29 de mayo de 2000

Junto al Convenio de La Haya de 1965, tenemos que destacar que el Reglamento 1348/2000, del Consejo de 29 de mayo de 2000, relativo a la notificación y al traslado en los Estados miembros de documentos judiciales y extrajudiciales en materia civil o mercantil [142], asumirá todo el prota-

---

las disposiciones de los arts. 3 y ss del Convenio de La Haya de 1965. En sentido análogo, la sentencia de la Audiencia Provincial de Málaga de 12 de enero de 1995, Nota de Mª.T. ECHEZARRETA FERRER, «El Convenio de Bruselas de 1968 ante un supuesto práctico. Un problema de aplicación temporal del Convenio y de incomparecencia del demandado ante un tribunal extranjero aparentemente incompetente», Not. U.E., núm. 154, noviembre 1997, pp. 23 ss, consideró que una notificación realizada conforme a lo dispuesto en el artículo 8 del Convenio de La Haya de 1965 (notificación consular directa), fue practicada regularmente, por lo que no procedía estimar la pretensión del recurrente basada en la irregularidad de la notificación.

Respecto a la aplicación española del Convenio de La Haya de 1965, vid., *Guía práctica de los Convenios de La Haya de los que España es parte*, Ministerio de Justicia, Secretaría General Técnica, Madrid, 1996, pp. 211 ss.

[140] Auto de la Audiencia Provincial de Alicante de 23 de abril de 1999, Aranzadi Civil, núm. 7, julio 1999, 799. En sentido análogo, Auto de la Audiencia Provincial de Girona de 7 de julio de 1999 (facilitado por el prof. Dr. F. RAMOS MENDEZ).

[141] R. BASIR et I. LEBBE, «L'Europe judiciaire entre l'efficacité et le droit de défense», J. des T., núm. 5762, 1995, pág. 419.

[142] El Reglamento toma como base los resultados alcanzados en el marco de la celebración del Convenio europeo de 26 de mayo de 1997 relativo a la notificación o traslado en los Estados miembros de la Unión Europea de documentos judiciales y extrajudiciales en materia civil o mercantil. DOCE núm. C 261, 27 de agosto de 1997, pp. 1 ss. El citado Convenio, que ha sido elaborado en el marco del artículo K.3 del Tratado de la Unión Europea de 7 de febrero de 1992, ha sido gestado en el seno del Grupo de trabajo denominado «Grupo sobre la simplificación de la transmisión de documentos». Vid., Informe explicativo sobre el Convenio celebrado sobre la base del artículo K.3 del Tratado de la Unión Europea relativo a la notificación o traslado de documentos judiciales y extrajudiciales en materia civil o mercantil, DOCE, núm. C 261, 27 de agosto de 1997, pp. 26 ss; R. GARCIA GALLARDO y J. HERNANDEZ OBELART, «Notificación y traslado de documentos judiciales y extrajudiciales en la Unión Europea», La Ley/U.E., 27 de mayo de 1997, núm. 4296, pp. 1 ss; A. BORRAS RODRIGUEZ, «El nuevo Convenio relativo a la notificación o traslado en los Estados miembros de la Unión Europea de documentos judiciales y extrajudiciales en materia civil o mercantil, hecho en Bruselas el 26 de mayo de 1997», R.E.D.I., 1997, núm. 1, pp. 346 ss; N. REDONDO MELCHOR, «Procedimientos de notificación en el extranjero de documentos judiciales de los Convenios de Bruselas y Lugano», *La revisión de los Convenios...*, ob. cit., pp. 407 ss; M. AGUILAR BENITEZ DE LUGO, «La notificación de documentos...», ob. cit., pp. 2208 ss; W. KENNET, «Service of documents in Europe», Civ.J.Q., 1998, núm. 3, pp. 284 ss.

gonismo en materia de notificación de actos en la Unión Europea, por lo que la regularidad de la notificación de la cédula de emplazamiento deberá apreciarse en función del cumplimiento de las disposiciones en él contenidas [143].

La finalidad de este Reglamento, que está directa y básicamente inspirado en las soluciones establecidas por el Convenio de La Haya de 1965, es la de acelerar la transmisión de dichos actos agilizando la cooperación entre autoridades al señalar que cada Estado designará los denominados «organismos transmisores» encargados de transmitir los documentos judiciales o extrajudiciales a los fines de notificación o traslado a otro Estado miembro. Por su parte, los «organismos receptores» serán los competentes para recibir los documentos procedentes de otro Estado miembro.

Asimismo se establece que cada Estado designará una «Entidad Central» cuyas funciones son: facilitar información a los organismos transmisores; buscar soluciones en los supuestos que surjan dificultades en la transmisión de documentos a efectos de notificación o traslado y, por último, cursar, en casos excepcionales y a petición de un organismo transmisor, una solicitud de notificación o traslado al organismo receptor competente.

Conforme a lo dispuesto en los artículos 4 y ss los documentos se transmitirán directamente y lo antes posible entre las entidades designadas, acompañándose al acto a notificar una solicitud, cumplimentada conforme al formulario anexo, en la lengua oficial del Estado miembro de destino, no siendo necesaria la legalización de los documentos ni otra formalidad, realizándose el traslado sin coste alguno.

Recibido el documento, el organismo receptor enviará un acuse de recibo al organismo transmisor en el plazo máximo de siete días y, posteriormente, realizará directamente la notificación o traslado en el plazo

---

El artículo 65 del Tratado de Amsterdam establece que las medidas en el ámbito de la cooperación judicial en materia civil incluirán mejorar y simplificar el sistema de notificación o traslado transfronterizo de documentos judiciales y extrajudiciales. Vid., Propuesta de Directiva del Consejo relativa a la notificación o traslado en los Estados miembros de documentos judiciales y extrajudiciales en materia civil o comercial, Doc. COM (1999) final, Bruselas 4 de mayo de 1999. Vid., P.A. de MIGUEL ASENSIO, «El Tratado de Amsterdam y el Derecho internacional privado», La Ley/U.E, 30 de marzo de 1998, núm. 4510, pág. 2, íd., «La evolución del Derecho internacional privado comunitario en el Tratado de Amsterdam», R.E.D.I., 1998, núm. 1, pp. 373 ss. Finalmente, se descartó la Directiva y se optó por la forma del Reglamento.

[143] Adoptando esta solución se ha renunciado a la posibilidad de crear un mecanismo propio de notificación en el Convenio de Bruselas tal y como propuso la delegación holandesa en el Grupo de Trabajo sobre la simplificación de la transmisión de documentos. En efecto, dicha delegación presentó un proyecto cuyo objetivo era reformar el art. IV del Protocolo en el sentido de introducir un sistema de notificación directa entre autorides especializadas. El presente Reglamento prevalece sobre el artículo IV del Protocolo del Convenio de Bruselas y el Convenio de La Haya de 15 de noviembre de 1965, en las relaciones entre los Estados miembros que sean partes en ellos. Hay que apuntar, no obstante, un dato. De acuerdo con lo previsto en el art. 69 TCE, Irlanda y Reino Unido han ejercido el «opting-in», quedando obligados por el Reglamento, pero Dinamarca está fuera del Título IV del Tratado, por lo que no le vincula ni le es aplicable el presente Reglamento.

máximo de un mes de conformidad con la ley del Estado requerido o mediante otra forma que en particular hubiese solicitado el organismo transmisor, salvo que esta última resulte incompatible con con la ley de dicho Estado. Finalmente, realizadas todas las formalidades relativas a la notificación se expedirá un certificado relativo al cumplimiento de dichos trámites por medio del formulario, que figura en el Anexo, que se remitirá al órgano transmisor.

Junto a este sistema de notificación, y de modo análogo al Convenio de La Haya de 1965, se admite como medio de transmisión la vía consular o diplomática directa, la vía consular o diplomática indirecta, la vía postal, así como la transmisión directa.

Conforme a lo dispuesto en su artículo 19, las sanciones contenidas en los arts. 15 y 16 del Convenio de La Haya de 1965 serán de aplicación a los escritos de demanda o documentos equivalentes establecidos conforme a la presente normativa, del mismo modo como se aplican a los documentos de este tipo transmitidos conforme al Convenio de La Haya. No existe, por tanto, en el Reglamento un mayor grado de protección para el demandado rebelde ya que se seguirán aplicando las mismas soluciones que hasta el momento han sido operativas.

El artículo 20 del Reglamento afirma expresamente que prevalece sobre las disposiciones de los acuerdos bilaterales o multilaterales celebrados por los Estados miembros, en particular el artículo IV del Protocolo del Convenio de Bruselas y el Convenio de La Haya de 1965. No obstante, el Reglamento no se opone a que algunos Estados miembros celebren acuerdos dirigidos a acelerar o simplificar la transmisión de documentos, siempre que sean compatibles con él.

Con este Reglamento los Estados parte han querido dotarse de un sistema común de notificaciones que complementará, desde su entrada en vigor, la labor del Convenio de Bruselas. Esfuerzo sin lugar a dudas loable pero que en la práctica se ha traducido, básicamente, en retomar las soluciones del Convenio de La Haya en la materia [144].

---

[144] Un análisis crítico ha sido elaborado por N. REDONDO MELCHOR, «Procedimientos de notificación...», ob. cit., pp. 412 ss., y por C.J. MOREIRO GONZÁLEZ, «Consideraciones críticas sobre la propuesta de Directiva del Consejo relativa a la notificación o traslado en los Estados Miembros de documentos judiciales y extrajudiciales en materia civil o mercantil», G.Jca U.E., núm. 203, 1999, pp. 9 ss.

2. La polémica interpretación de la garantía por parte del TJCE: Exigencia de la regularidad de la notificación con independencia de la diligencia observada por el demandado en el desarrollo del procedimiento de origen

2.1. El conocimiento de la cédula de emplazamiento no subsana la irregularidad de la notificación. La Sentencia del TJCE en el asunto Lancray/Peters

La interpretación que el TJCE ha realizado del artículo 27.2 exige la concurrencia acumulativa de las dos condiciones enumeradas en la norma (regularidad y temporalidad de la notificación) siendo legítimo el rechazo del reconocimiento desde el momento en que no concurre una de ellas [145].

El TJCE ha permanecido fiel a esta interpretación literal y extensiva de la norma y ha exigido la regularidad de la notificación con independencia de la diligencia observada por el demandado en el transcurso del procedimiento de origen. De este modo, no cuenta para nada el hecho de que el demandado tenga conocimiento de la cédula de emplazamiento y no comparezca alegando vicios de forma.

El celo excesivo del Tribunal por el escrupuloso respeto de los derechos de defensa le ha llevado, en ocasiones, a dar amparo a demandados habilidosos que pudieron defenderse en el procedimiento de origen, obteniendo, por este camino, la protección de una norma que no estaba pensada para ellos.

El principal pronunciamiento exponente de esta tendencia ha sido la sentencia de 3 de julio de 1990, en el asunto Isabelle Lancray/Peters [146]. Sentencia que leída haciendo abstracción de los hechos que motivaron las cuestiones prejudiciales no suscitaría ninguna crítica ya que el Tribunal permanece fiel a la interpretación que del art. 27.2 había realizado anteriormente. Ahora bien, si hacemos un estudio de los hechos nuestro parecer varía.

La sociedad Isabelle Lancray SA, acreedora y demandante en el litigio principal, con domicilio social en Neuilly-sur-Seine (Francia), mante-

---

[145] Principalmente, Sentencias Klomps/Michel y Lancray/ Peters. En idéntico sentido se manifestó el Informe JENARD, ob. cit., pág. 161.

[146] Sentencia de 3 de julio de 1990, Isabelle Lancray SA/Peters und Sickert KG, asunto 305/88, Rec. 1990, pp. 2725 ss. Vid., comentarios de A. BORRAS RODRIGUEZ, «La sentencia dictada...», ob. cit., pp. 39 ss; íd., R.J.C., 1991, núm. 2, pp. 279 ss; P. BYRNE, «Recent cases on the EEC Convention on Jurisdiction and the Enforcement of Judgments», Irish.Law.T., 1991, pp. 64 ss; J. CARRASCOSA GONZALEZ, «Notificación irregular de la demanda...», ob. cit., pp. 3 ss; O. DELGRANGE, «Le défaut de l'etrager. Commentaires des récentes décisions de jurisprudence sur les formes de signification d'une assignation destinée à un défendeur étranger», Gaz.Pal., 30 de abril 1992, pp. 314 ss; G.A.L. DROZ, Rev.crit.dr.int.pr., 1991, núm. 1, pp. 167 ss; R. GEIMER, EuZW, 1990, pp. 354 ss; A. HUET, Journ.dr.int., 1991, núm. 2, pp. 503 ss; A. KOHL, «Des conditions de la reconnaissance d'une décision intervenue contre un défendeur défaillant. Remarques au sujet de l'article 27, point 2, de la Convention CEE du 27 septembre 1968», A.Dr., 1992, núm. 2, pp. 819 ss; T. RAUSCHER, IPRax, 1991, pp. 155 ss; H. TAGARAS, C.D.E., 1990, núm. 3-4, pp. 709 ss; P. VLAS, N.I.L.R., 1992, pp. 407 ss; P. VOLKEN, R.S.D.I.E, 1991, pp. 131 ss.

nía con la sociedad Peters and Sickert KG, con domicilio social en Essen (República Federal de Alemania), relaciones comerciales basadas en un contrato de 2 de noviembre de 1983, que habían acordado someter al Derecho francés y a la competencia del Tribunal de commerce de Nanterre.

En julio de 1986, la acreedora obtuvo un auto sobre medidas provisionales del Amtsgericht de Essen prohibiendo a la deudora la venta y el suministro a terceros de mercancías de la marca Lancray que tenía en existencias. La acreedora presenta una demanda ante el Tribunal de Nanterre por la que solicitaba que dicho órgano jurisdiccional confirmase las disposiciones acordadas mediante procedimiento sobre medidas cautelares.

La citación redactada en francés (téngase en cuenta este dato) fue transmitida por el Parquet de Nanterre, mediante escrito de 30 de julio de 1986, al Presidente del Landgericht de Essen con una solicitud de notificación. El órgano jurisdiccional alemán realizó la notificación de los documentos mediante entrega a una secretaria en las oficinas de la deudora, que la aceptó voluntariamente, sin acompañar traducción al alemán, y comunicó mediante certificado de notificación que ésta se había realizado en la forma descrita.

Una nueva notificación, redactada en francés, es enviada por correo certificado para que Peters compareciera ante el tribunal francés el 16 de diciembre de 1986.

Mientras tanto, Peters había recurrido la decisión del Amtsgericht, que es anulada por el Landgericht, de lo que informa Peters al Tribunal de commerce de Nanterre mediante carta de 11 de noviembre de 1986, añadiendo que las notificaciones realizadas no eran válidas porque no iban acompañadas por una traducción alemana de la notificación. El órgano jurisdiccional francés devolvió dicha carta instando a la interesada a presentar, si lo consideraba conveniente, un documento en francés.

La deudora no compareció en el procedimiento y el Tribunal de commerce de Nanterre dictó sentencia en favor de Lancray, que posteriormente sería reconocida por el Landgericht de Essen. Peters interpone un recurso conta este reconocimiento ante el Oberlandesgericht, que lo estimó.

Posteriormente Lancray recurre ante el Bundesgerichtshof. Este órgano jurisdiccional estimó, de una parte, que la citación fue notificada a la deudora con tiempo suficiente para defenderse (ya que disponía de tres meses para informarse, mediante su traducción, del contenido de los documentos redactados en francés), y, por otra parte, consideró que la citación no fue notificada al destinatario personalmente sino entregada a una secretaria, es decir, por vía de notificación de sustitución según el artículo 183 del Código de Procedimiento Civil alemán. Por último, señaló que la notificación tampoco se había realizado de conformidad con el Acuerdo entre el Gobierno de la RFA y el Gobierno de la República Francesa para facilitar la aplicación del Convenio de La Haya de 1 de marzo de 1954 relativo al procedimiento civil, de 6 de mayo de 1961. Conforme al artículo 3 de dicho

Acuerdo se podría haber efectuado la entrega al destinatario si éste la hubiera aceptado voluntariamente. Ahora bien, dicha notificación se efectuó por vía de notificación de sustitución, de forma que debió adjuntarse una traducción.

El Bundesgerichtshof observó, además, que el Oberlandesgericht se negó a admitir que se subsanase el defecto de la notificación con arreglo al artículo 187 del Código de Procedimiento Civil alemán, afirmando que si bien el defecto de la notificación consistente en la falta de traducción del documento a notificar podía subsanarse cuando el destinatario de la declaración domina la lengua extranjera, no sucede así cuando, como en el caso de autos, no dominaba dicha lengua.

Considerando el Bundesgerichtshof que el litigio suscitaba cuestiones de interpretación del Convenio, decidió suspender el procedimiento y plantear al Tribunal de Justicia las siguientes cuestiones prejudiciales: 1) «En virtud del apartado 2 del artículo 27 del Convenio, ¿no se reconoce una resolución si la cédula de emplazamiento no se ha entregado de forma regular al demandado en rebeldía, pero sí con tiempo suficiente para que pueda defenderse?; 2) El apartado 2 del artículo 27 del Convenio, en caso de que una resolución no sea reconocida porque la cédula de emplazamiento se haya entregado al demandado en rebeldía con tiempo suficiente para su defensa, pero no de forma regular, ¿excluye el reconocimiento de la resolución aun cuando las leyes del Estado en el que se invoca el reconocimiento admitan que el defecto de notificación pueda subsanarse?»

2.1.1. *La opción por una interpretación literal y extensiva del artículo 27.2 por parte del Tribunal de Justicia*

La principal cuestión a la que se enfrentaba el Tribunal, en este supuesto, era si podía reconocerse una resolución en la que se había producido un vicio en la notificación que no impidió al demandado defenderse. Dicha irregularidad residía en el hecho de que el documento, redactado en francés y notificado en la República Federal de Alemania, no iba acompañado de una traducción al alemán.

El Tribunal de Justicia en la sentencia 3 de julio de 1990 permanece fiel, como cabía esperar, a la interpretación literal que del art. 27.2 había mantenido en sus anteriores pronunciamientos. La norma contiene dos requisitos, regularidad y temporalidad de la notificación de la cédula de emplazamiento o documento equivalente, que se deben reunir de manera acumulativa para el reconocimiento de una resolución extranjera dictada en rebeldía. Por consiguiente, la falta de una de estas dos garantías justifica que se deniegue el reconocimiento a una resolución extranjera (motivo 18)[147].

---

[147] En el mismo sentido se pronunció la Comisión y el Abogado General Sr. Jacobs. Por su parte, los Gobiernos alemán y francés, partidarios, en principio, de una interpretación literal y exigencia acumulativa de las dos garantías contempladas en la norma, introducen, sin embargo, en

Contra esta conclusión se había pronunciado la parte demandante (Lancray), ya que consideraba que el artículo 27.2 del Convenio debía ser objeto de una interpretación teleológica, de modo que un eventual vicio de la notificación, que no impidió al demandado defenderse, no se oponía al reconocimiento de la resolución extranjera ya que contó con tiempo suficiente para preparar su defensa. Esta interpretación se imponía, según la parte demandante, teniendo en cuenta el objetivo del Convenio, facilitar el reconocimiento internacional de las resoluciones judiciales, de modo que «el querer fracasar ese reconocimiento por meras cuestiones de forma sería ir en un sentido diametralmente opuesto a dicho Convenio» [148].

El Tribunal considera que este razonamiento no puede acogerse ya que, de un lado, esta interpretación no es conciliable con la letra del art 27.2 y con su jurisprudencia anterior, y, por otra parte, si lo único importante fuese el conocimiento con tiempo suficiente, los demandantes se verían tentados a no seguir los cauces prescritos para la notificación regular, creándose una considerable inseguridad, ya que el demandado no podría saber con certeza si se había iniciado un procedimiento debiendo preparar su defensa (motivo 20). En consecuencia, el reconocimiento de una resolución judicial extranjera debe denegarse en caso de notificación irregular, independientemente de que el demandado tuviese, de hecho, conocimiento de la cédula de emplazamiento o documento equivalente (motivo 22).

De todas las consideraciones, el Tribunal responde a la primera cuestión del siguiente modo: «El apartado 2 del artículo 27 del Convenio de 27 de septiembre de 1968 sobre la competencia judicial y la ejecución de resoluciones judiciales en materia civil y mercantil debe interpretarse en el sentido de que una resolución dictada en rebeldía no debe ser reconocida en el caso de que la cédula de emplazamiento o documento equivalente se haya notificado de forma irregular al demandado en rebeldía, aunque con tiempo suficiente para que pueda defenderse».

Por lo que se refiere a la segunda cuestión prejudicial, el Tribunal considera que el Convenio no contiene normas sobre la cuestión de saber si puede subsanarse un vicio de notificación, por lo que habrá que acudir a las normas aplicables en materia de notificación.

A este respecto, afirma en primer lugar, que el apartado 1 del artículo IV del Protocolo hace una remisión a los Convenios y acuerdos celebrados entre los Estados contratantes y, en segundo lugar, que el control de la regularidad de la cédula de emplazamiento ha sido confiado tanto al juez del Estado de origen como al del Estado requerido.

---

sus observaciones escritas, matizaciones a esta interpretación inicial al considerar que en casos excepcionales y teniendo en cuenta la finalidad del Convenio está justificado el reconocimiento de una resolución extranjera a pesar de una notificación irregular si el demandado tuvo conocimiento de la cédula de emplazamiento y tiempo suficiente para defenderse.

[148] En el mismo sentido se pronunció el Gobierno italiano.

Además el Convenio de Bruselas no contiene disposiciones que determinen la ley aplicable a dicho control. Dado que las normas aplicables a la notificación de la cédula de emplazamiento forman parte del proceso seguido ante el juez de origen, la cuestión de la regularidad de dicha notificación sólo podrá encontrar respuesta en el Derecho aplicable ante el Juez de origen incluyendo los Convenios internacionales en la materia. Por consiguiente, la posible subsanación de los defectos de notificación se rige por ese derecho.

Así pues, «el apartado 2 del artículo 27 del Convenio debe interpretarse en el sentido de que la posible subsanación de los defectos de notificación se rige por el Derecho del Juez de origen, incluyendo, dado el caso, los Convenios internacionales que sean aplicables en la materia».

2.1.2. Análisis crítico de la Sentencia Lancray/Peters

a) Las posibles interpretaciones del artículo 27.2: La interpretación restrictiva versus interpretación extensiva.

El Tribunal de Justicia, en el asunto Lancray/Peters, se enfrentaba, en primer lugar, al problema de la interpretación del art. 27.2, ya que existen dos concepciones en la manera de interpretar la norma, bien restrictivamente, bien extensivamente.

Una interpretación restrictiva se impondría si se atendiese a la función del art. 27 en particular, y a los objetivos del Convenio, en general.

El artículo 27 (junto con las previsiones contenidas en el artículo 28) constituye una excepción al principio general del Convenio de reconocimiento automático de las resoluciones judiciales dictadas en el espacio judicial europeo, por lo que deben ser objeto de una interpretación restrictiva ya que hay que potenciar la eficacia de resoluciones extranjeras (en sentido análogo, arts. 34 y 35 del Reglamento).

Si el Tribunal hubiese interpretado de este modo el art. 27.2 podía haber entendido que no era necesaria una notificación regular de la cédula de emplazamiento cuando los vicios de dicha notificación no han impedido al demandado tener conocimiento de la cédula de emplazamiento, que se ha entablado un proceso contra él y preparar su defensa al haber tenido tiempo suficiente para hacerlo. La situación de dicho demandado no encaja en la noción autónoma de rebeldía sostenida por el Tribunal de Justicia (imposibilidad de defenderse ante el juez de origen) ya que dicho demandado pudo defenderse en el procedimiento de origen.

No tiene sentido obstaculizar el reconocimiento por meras cuestiones de forma. Es la denominada interpretación teleológica del artículo 27.2: la finalidad de la norma es denegar el reconocimiento de una resolución cuando el demandado no pudo defenderse en el procedimiento de origen, por lo que si el demandado pudo hacerlo y no lo hizo no se debería denegar el reconocimiento, es decir, el artículo 27.2 no debe interpretarse literalmente si su fin puede alcanzarse a través de otros medios [149].

La verificación que tiene que hacer el juez requerido de la regularidad y la temporalidad tiene la finalidad de garantizar que la incomparecencia del demandado fue involuntaria, bien porque no tuvo conocimiento del proceso entablado contra él, bien porque no tuvo tiempo material suficiente para poder defenderse. Ahora bien, si el demandado tuvo conocimiento del proceso entablado contra él, aunque la notificación adoleciera de defectos formales, y tuvo tiempo suficiente para defenderse, pudo comparecer en el procedimiento de origen defendiéndose frente a las pretensiones del demandante (por ejemplo, en el caso Lancray, el demandado podía haber mandado traducir los documentos notificados en el plazo de los tres meses de que dispuso para comparecer) [150]. De lo contrario, se están dando amparo a situaciones de pasividad y mala fe del demandado en el procedimiento de origen.

La finalidad de la norma debe prevalecer sobre una escrupulosa y rigurosa interpretación literal de la misma. Como ha sostenido R. GEIMER, el artículo 27.2 tiene una finalidad de garantía de la posición del demandado que nada tiene que ver con una interpretación literal del precepto [151].

Frente a esta intepretación restrictiva, basada en la finalidad de la norma, puede entenderse que la protección de los derechos de defensa del demandado debe prevalecer sobre cualquier otro objetivo del Convenio y que una interpretación literal y amplia de la disposición estaría justificada

---

[149] Ha sido principalmente la doctrina alemana la que se ha mostrado partidaria de la interpretación teleológica del artículo 27.2.

[150] Del relato de los hechos se puede deducir que el demandado tenía conocimiento de la cédula de emplazamiento y del procedimiento entablado contra él ya que, de una parte, Lancray y Peters mantenían desde hacía tiempo relaciones comerciales y habían decidido que en caso de controversia se someterían al Tribunal de commerce de Nanterre y al Derecho francés. Este dato puede avalar la idea de que Peters conocía, aunque mínimamente, la lengua francesa y que podía haber tenido conocimiento del contenido de la citación. Implícitamente el Oberlandesgericht reconoció que aunque el demandado no dominaba la lengua francesa, tenía conocimiento de ella. De otra parte, Peters envió al Tribunal francés los documentos haciéndole saber que no estaban traducidos al alemán. El órgano jurisdiccional francés devolvió dicha carta instando a la interesada a presentar, si lo consideraba conveniente, un documento en francés. El demandado podía haber interpuesto un recurso en el procedimiento de origen alegando la irregularidad del procedimiento pero prefiere no comparecer, amparándose en un defecto de forma, para luego oponerse al exequátur de la resolución. G.A.L.DROZ en el comentario a la Sentencia, ob. cit. pág. 170, ha afirmado que «como se deduce de los hechos relatados la inactividad del demandado ha sido, por dos veces, totalmente voluntaria». El citado autor ya había propuesto anteriormente que era necesario sancionar la actitud de aquel demandado que no ha utilizado la vía normal para hacer valer su derecho: interponer un recurso en el procedimiento de origen. Vid., G.A.L. DROZ, *Compétence judiciaire et effets des jugements...,* ob. cit., pág. 319; *íd.,* Comentario a la Sentencia Pendy Plastic/Pluspunkt, Rev.crit.dr.int.pr., 1983, pág. 528.

[151] R. GEIMER, comentario a la sentencia Lancray, EuZW, 1990, pp. 354 ss. Vid., P. GOTTWALD, «Recognition and Enforcement of Foreign Judgments under the Brussels Convention», *The option of litigating in Europe,* ed. by A.L. Carey Miller and P. R. Beaumont, United Kingdom Compartive Law, 1993, pág. 37.

exigiéndose en todos los casos la concurrencia cumulativa de las dos garantías exigidas en la norma.

Desde esta óptica, el objetivo particular del artículo 27.2 prevalece sobre el objetivo general del Convenio de la libre circulación de resoluciones.

El Tribunal de Justicia, en sus anteriores pronunciamientos ya había sido consciente de las posibles interpretaciones del precepto al considerar que, aunque el artículo 27 no se debe interpretar en sentido amplio, una interpretación restrictiva puede ir en contra del derecho de defensa del demandado [152]. Pero es en la Sentencia Lancray/Peters, donde el Tribunal se decanta claramente en favor de una interpretación extensiva de la norma al considerar que la regularidad de la notificación es un requisito exigible con independencia de que el demandado tenga, de hecho, conocimiento de la cédula de emplazamiento.

De este modo el conocimiento por parte del demandado del contenido de la citación y del procedimiento entablado contra él y el hecho de que se valga de un defecto de forma para evitar la eficacia extraterritorial de la resolución, no tiene para el Tribunal ninguna relevancia. Si la notificación no se ha realizado regularmente, lo demás no importa ya que el reconocimiento será denegado por violación de lo dispuesto en la letra del art. 27.2 [153]. Se exige la regularidad de la notificación con independencia de que un eventual vicio no haya sido perjudicial para el demandado.

Como ha manifestado P. ABARCA JUNCO, «siempre que la notificación sea irregular y el demandado no comparezca, parece que se presupone que la causa de tal incomparecencia es la notificación, aun cuando conste con certeza que el demandado estaba al tanto del proceso en su contra» [154].

Sin embargo, estimamos que desde la propia finalidad de la norma se pueden realizar objeciones al planteamiento del Tribunal.

De una parte, entendemos que si la finalidad del artículo 27.2, como ha afirmado el Tribunal de Justicia en varios pronunciamientos, es proteger al demandado que no ha tenido posibilidad de defenderse en el procedimiento de origen, podría concederse eficacia a las resoluciones dictadas en rebeldía de aquel demandado que realmente pudo defenderse a pesar de una notificación irregular. ¿Se puede hablar de indefensión del demandado cuando del incumplimiento de una mera formalidad no se ha derivado un perjuicio material en sus posibilidades de defensa? A nuestro juicio, no toda

---

[152] Sentencia de 11 de junio de 1985, asunto 49/84, Debaecker/Bouwman, Rec. 1985, pág. 1779. El Tribunal manifestó que de este modo no podía alcanzarse el objetivo del Convenio de Bruselas de facilitar el reconocimiento y ejecución de resoluciones extranjeras.

[153] Incluso el Gobierno alemán, interesado en el asunto, que se pronunció en favor de una interpretación literal de la norma, introdujo matizaciones en el sentido de que en determinados casos esté justificado el reconocimiento de una resolución extranjera a pesar de una notificación irregular, cuando el demandado ha tenido conocimiento efectivo de la cédula de emplazamiento con tiempo suficiente para defenderse.

[154] P. ABARCA JUNCO, «El artículo 27.2 del Convenio de Bruselas...», ob. cit., pág. 16.

irregularidad procesal provoca lesión de los derechos de defensa[155] y, por lo tanto, la finalidad de la norma debe prevalecer sobre una interpretación literal de la misma. De este modo se condenarían aquellas situaciones de incomparecencias premeditadas y voluntarias.

Por otra parte, la exigencia acumulativa de la regularidad y suficiencia del plazo contenida en la norma no obedece a otra razón que a evitar situaciones de indefensión del demandado: en el caso de la regularidad porque no tuvo conocimiento del procedimiento entablado contra él (o tuvo un conocimiento defectuoso del mismo) y en el de la temporalidad porque no tuvo tiempo suficiente para defenderse.

Si la denegación de eficacia queda justificada en casos de indefensión porque se viola un derecho fundamental, no lo está en aquellos supuestos en los que no se produjo una irreparable lesión de los derechos de defensa del demandado[156].

De hecho, el propio Abogado General era consciente de los resultados perjudiciales que se derivarían de una intepretación extensiva de la norma al considerar en sus conclusiones que «el resultado es desfavorable para Lancray, la cual puede encontrarse, sin que al parecer sea culpa suya, con que no puede obtener el reconocimiento de una resolución dictada contra un demandado cuyo caso, desde el punto de vista procesal, parece en cierto modo *carente de fundamento*».

Esto no quiere decir que nos opongamos a la exigencia de las garantías exigidas por lo norma sino que estimamos que ello no excluye que, en casos excepcionales y en *pro* de la máxima eficacia de resoluciones extranjeras, esté justificado el reconocimiento de la resolución cuando el demandado conoce de hecho la cédula de emplazamiento, ya que de lo contrario se estaría dando amparo a comportamientos fraudulentos de demandados habilidosos que prefieren no comparecer en el procedimiento de origen para

---

[155] Estimamos que no es lo mismo un vicio de notificación que impida al demandado tener conocimiento del procedimiento entablado contra él y del contenido de la citación (por ejemplo, que en el marco de un procedimiento penal haya existido una condena civil y, al demandado, en rebeldía, no se le hubieran notificado las pretensiones civiles formuladas contra él, Landgericht Münster 5 de abril de 1982, Rép. Série D, I-27.2-B 19), que aquél que consistió en una mera formalidad. Sólo en la medida que la irregularidad fue perjudicial al demandado ocasionándole una lesión material de sus derechos de defensa se debe rechazar el reconocimiento.

[156] Sostienen que no hubo indefensión del demandado en el caso concreto, G. A. L. DROZ, comentario a la sentencia Lancray, ob. cit., pp. 170 ss; *íd.*, «Informe de Síntesis a las Ponencias del coloquio relativo a la interpretación del Convenio de Bruselas por el Tribunal Europeo de Justicia en la perspectiva del Espacio Judicial Europeo, Luxemburgo, 11 y 12 de marzo de 1991», *Competencia judicial y ejecución...*, ob. cit., pág. 277; H. LINKE, «Algunas cuestiones relativas a la litispendencia y al reconocimiento de sentencias», *Competencia judicial y ejecución...*, ob. cit., pág. 191; M. AMORES CONRADI, *Eficacia de resoluciones extranjeras en España. Aspectos estructurales*. Escrito que presenta al segundo ejercicio del concurso de provisión de la Cátedra de Derecho internacional privado de la Universidad de Cádiz, diciembre de 1993, pág. 50, nota a pie, núm. 25; R. GEIMER, EuZW, 1990, pp. 354 ss; En contra, J. CARRASCOSA GONZALEZ, «Notificación irregular...», ob. cit., pág. 5; A. HUET, Comentario a la sentencia Lancray, ob. cit., pp. 504 ss; O. DELGRANGE, «Le défaut de l'étranger...», ob. cit., pág. 315.

luego oponerse a la eficacia de dicha resolución en otro Estado parte del Convenio [157]. Estimamos que junto a los requisitos de la norma es exigible que el demandado observe una actitud diligente siendo necesario sólo dar protección a aquellos demandados que sufrieron una lesión de sus derechos de defensa por causas ajenas a su voluntad, es decir, aquellos demandados que fueron rebeldes a la fuerza. Dar amparo y protección a un demandado que no actuó diligentemente no está muy acorde con la finalidad para la que fue concebida el art. 27.2 [158].

Ya que el juez requerido debe verificar de nuevo la regularidad de la notificación [159], lo más normal es que se le deje un margen de apreciación y que se le permita valorar si el demandado pudo defenderse ante el juez de origen, concediendo el reconocimiento en aquellos supuestos en que aquél mantenga una actitud de mala fe [160].

Queriendo respetar literalmente el artículo 27.2, el Tribunal ha consagrado una solución demasiado formalista que puede dar lugar, desde nuestra óptica, a situaciones de inseguridad jurídica y de «abuso de los derechos de la defensa», que, sin lugar a dudas, hay que condenar. Por este camino se llega a la solución justamente contraria, indefensión del solicitante de exequátur.

Hacer fracasar los logros alcanzados por el Convenio por defectos formales y por determinados comportamientos, desde nuestra óptica, censurables nos parece totalmente criticable y lamentable. Si los derechos de la defensa asumen un protagonismo destacable en el Convenio de Bruselas ello no quiere decir que primen sobre el objetivo general del mismo y sobre

---

[157] M. AMORES CONRADI, *Eficacia de resoluciones extranjeras...*, ob. cit., pág. 50, nota a pie, núm. 25, ha manifestado a propósito de la sentencia Lancray, «lo que no me parece prudente es amparar comportamientos fraudulentos del demandado que tiene efectivo conocimiento del acto notificado... No creo, en absoluto, que con ello se debiliten de ninguna manera los derechos de defensa».

[158] El TC español en la sentencia 43/1986, de 15 de abril, afirmó que: «...la pretendida indefensión de que se lamenta el solicitante de amparo se debe única y exclusivamente a su propia omisión de comparecer ante la autoridad judicial extranjera, pues es evidente que una diligencia adecuada le hubiera permitido defender su interés ante la jurisdicción estadounidense» (Fundamento Jurídico Quinto). Del mismo modo, la jurisprudencia del TC en el ámbito interno, exige que el demandado haya actuado con la debida diligencia durante el desarrollo del procedimiento y que no toda irregularidad procesal es automáticamente desencadenante de la vulneración de las garantías sancionadas en el art. 24 CE. Vid., entre otras, STC 174/1990, de 12 de noviembre, B.O.E., de 3 de diciembre, STC 334/1993, de 15 de noviembre, B.O.E., de 10 de diciembre y STC 210/1996, de 17 de diciembre, B.O.E., de 22 de enero de 1997.

[159] En este sentido P. NORTH & J.J. FAWCETT, *Cheshire and Noth's Private international...*, ob. cit., pp. 427 ss, se han mostrado contrarios al nuevo control que tiene que hacer el juez requerido considerando que éste debe sentirse vinculado por la apreciación que hizo el juez de origen acerca de la regularidad de la notificación.

[160] Vid., G.A.L. DROZ, «Les droits de la demande...», ob. cit., pág. 113; H. DUINTJER TEBBENS, «Possible revision of the Brussels and Lugano Conventions in the light of the Case Law of the Court of Justice of the European Communities», *La revisión de los Convenios...*, ob. cit., pág. 56.

los intereses igualmentes dignos de protección de los demandantes que han actuado de buena fe.

A nuestro juicio, el concepto de indefensión que debe justificar la denegación de eficacia debe ser material y no formal. De hecho, y como veremos posteriormente, las críticas vertidas sobre la jurisprudencia comunitaria han originado la reforma de la disposición.

b) El problema de la traducción de la cédula de emplazamiento o documento equivalente.

En la sentencia Lancray/Peters el Tribunal aborda por primera vez la problemática cuestión de la necesidad o no de la traducción de la cédula de emplazamiento o documento equivalente a una lengua que conozca el destinatario.

En el presente caso la irregularidad alegada fue que la notificación se había realizado por vía de notificación de sustitución y en francés (sin traducción al alemán) [161].

En la práctica, y como lo demuestran los numerosos pronunciamientos nacionales, la causa más frecuente de irregularidad de la notificación alegada es la falta de traducción de la cédula de emplazamiento o documento equivalente (entendiéndose que en los casos en que sea exigible, se produce indefensión del demandado). Es indudable que existe una interrelación entre la traducción de la cédula de emplazamiento y el derecho a la tutela judicial efectiva porque el demandado debe entender lo que se le comunica con dicha demanda (ante qué órgano debe comparecer, cuál es el plazo del que dispone para defenderse, cuáles son las pretensiones del demandante...).

El problema de la exigibilidad o no de la traducción no está resuelto por el Convenio de Bruselas, por lo que, en principio, se puede estimar que no es obligatoria. En conexión con esta consideración hay que observar que el artículo 48 párrafo 2 del Convenio, refiriéndose al conjunto de documentos que se deben presentar para el reconocimiento y exequátur y con la finalidad de simplificar al máximo las formalidades, dispone que si el

---

[161] Como se deduce del Informe para la vista, la notificación se había realizado mediante entrega de los documentos a una secretaria en las oficinas de la deudora. La ausencia de traducción no hubiese afectado a la regularidad de la notificación, si el demandado la hubiese aceptado voluntariamente conforme a lo dispuesto en el artículo 5.2 del Convenio de La Haya de 15 de noviembre de 1965. Por otra parte, la notificación tampoco se realizó conforme al Acuerdo entre el Gobierno de la República Federal de Alemania y el Gobierno de la República Francesa para facilitar la aplicación del Convenio de La Haya de 1 de marzo de 1954, relativo al procedimiento civil, de 6 de mayo de 1961 ya que conforme al artículo 3 párrafo 1, podría haberse efectuado la notificación mediante entrega del documento al destinatario a condición de que éste la aceptase voluntariamente. Ahora bien, dicha notificación se efectuó por vía de notificación por sustitución, de forma que debió adjuntarse una traducción.

Un supuesto similar se planteó en la Sentencia del Bundesgerichtshof de 18 de febrero de 1993, I.L.Pr., 1995, pp. 523 ss.

tribunal lo exigiere se presentará una traducción de los documentos (en sentido análogo, art. 55.2 del Reglamento).

Al tratarse de una cuestión que afecta a la regularidad de la notificación debe resolverse conforme a lo dispuesto en el Derecho convencional o estatal del juez de origen y atendiendo al método de notificación empleado.

Cuando la notificación se realiza conforme al Convenio de La Haya de 1965, el art. 5.3 establece que si el documento debe ser objeto de comunicación o traslado conforme al párrafo primero, la Autoridad central podrá solicitar que el documento sea redactado o traducido en la lengua o en una de las lenguas oficiales de su país. Interpretando la norma a *sensu contrario* se puede entender que la traducción es facultativa y no obligatoria [162, 163]. No obstante y con la finalidad de evitar los problemas que se puedan derivar de la traducción, el Convenio establece que el documento que se debe notificar debe ir acompañado del modelo anexo cuyas menciones «estarán obligatoriamente redactadas ya en lengua francesa, ya en lengua inglesa. Podrán redactarse además en la lengua o en una de las lenguas oficiales del Estado de origen» (art. 7) [164].

Pero junto al sistema de notificación por la Autoridad Central, el Convenio de La Haya autoriza otros sistemas de notificación, siendo igualmente aplicables, en virtud de lo dispuesto en su artículo 24, los acuerdos adicionales, principalmente bilaterales, a los Convenios de 1905 y 1954 concluídos por los Estados contratantes, salvo que los Estados interesados convengan otra cosa. Del mismo modo, y en virtud de lo dispuesto en su artículo 25, el Convenio de La Haya no deroga los Convenios en que los Estados contratantes sean o puedan llegar a ser partes y que contengan disposiciones sobre la materia [165].

---

[162] Vid., M. TABORDA FERREIRA, Rapport explicatif de la Convention..., ob. cit., pág. 370. Por su parte, Mª. A. SANCHEZ JIMENEZ, «Comentario al artículo 48 del Convenio de Bruselas», en *Comentario al Convenio de Bruselas...*, ob. cit., pág. 652, ha propuesto que «cuando la notificación se realice al amparo del Convenio de La Haya de 1965, la Autoridad Central requerida para efectuar la notificación o traslado del documento será la que debería pedir siempre la traducción del mismo —aunque en el Convenio sólo se recoja como una posibilidad—, así se garantiza que el demandado pueda conocer su contenido. Este sería el momento en que la traducción debería ser obligatoria para asegurar la defensa de esta parte, es decir, cuando se está sustanciando el procedimiento contradictorio, pero no en el momento en que se pide el reconocimiento o ejecución de la resolución resultante como consecuencia del litigio seguido en el país de origen». Frente al carácter facultativo del Convenio de La Haya de 1965, el artículo 3 del Convenio de La Haya de 1 de marzo de 1954, relativo al procedimiento civil, exige obligatoriamente la traducción.

[163] En aplicación del artículo 5.3 del Convenio de La Haya de 1965, vid., sentencia de la Audiencia Provincial de Alicante de 8 de octubre de 1997, A.C., (Audiencias), núm. 4, ref. 76.

[164] No obstante, el artículo 20.b) del Convenio establece que los Estados contratantes podrán adoptar acuerdos para derogar los párrafos 3 y 7 del art. 5 en lo relativo a la utilización de los idiomas.

[165] En los Convenios bilaterales firmados por España el tratamiento del tema varía de unos a otros apreciándose en los últimos años una cierta flexibilidad en la materia. En nuestro derecho

Tampoco resulta obligatoria la traducción de la cédula de emplazamiento en la normativa del Reglamento 1348/2000, de 29 de mayo que, de conformidad a lo dispuesto en sus artículos 5 y 8, es una cuestión que se deja a la voluntad del requirente. No obstante, y en protección de los derechos de defensa, se establece que el destinatario puede negarse a aceptar el documento si no ha sido redactado en la lengua oficial del Estado de destino o en la lengua del Estado miembro de transmisión que el destinatario entienda [166]. Si el destinatario se niega a aceptarlo, el organismo receptor deberá informar al organismo transmisor por medio del certificado previsto en el artículo 10 y devolverá la solicitud y los documentos cuya traducción se requiere. Para evitar dilaciones del proceso lo aconsejable para el requirente será traducir los documentos.

Por lo que respecta al sistema introducido en el párrafo 2 del artículo IV del Protocolo, el Informe JENARD afirma que «en cuanto a las dificultades de orden lingüístico que podrían plantearse en el marco de los seis países, se podrán solucionar añadiendo al documento un resumen hecho en la lengua del destinatario» [167].

Por tanto, el juez requerido, a tenor de lo dispuesto en las normas estatales o convencionales del Estado de origen, apreciará si la traducción es o no necesaria a efectos de considerar realizada regularmente la notificación, es decir, el problema será resuelto caso por caso, no existiendo en la materia una solución uniforme.

El Tribunal de Justicia en la sentencia Lancray no se pronuncia expresamente acerca de si era o no necesaria la traducción (es curioso que no se haga alusión a este problema en ningún motivo del razonamiento del Tribunal, aunque era la cuestión principal de todo el asunto), ni tampoco dice si en el caso concreto la notificación de la cédula de emplazamiento fue o no regular. Por tanto, la cuestión de saber si la notificación a Peters fue regular debe resolverse, en el caso concreto, por el órgano alemán a la luz de lo dispuesto en el ordenamiento jurídico del juez de origen [168].

---

autónomo vid., art. 177 LEC y arts. 7.2 y 38 del Anteproyecto de Ley para la cooperación jurídica internacional en materia civil. Vid., N. MARCHAL ESCALONA, «La fecha y el idioma de la notificación internacional: perspectivas de futuro», Anuario Español de Derecho Internacional Privado, 2000, pp. 299 ss.

[166] Como indica el Informe explicativo del Convenio de 26 de mayo de 1997, «en algunos casos la traducción puede ser inútilmente costosa e incluso contraria a los intereses del demandado. Así ocurre, por ejemplo, cuando éste es nacional del Estado transmisor o, en cualquier caso comprende la lengua de dicho Estado... Si surge un litigio sobre la comprensión de una lengua por el destinatario del documento, será preciso resolver el problema según las normas aplicables, por ejemplo planteando la cuestión de la regularidad de la transmisión y de la notificación o traslado ante el tribunal que se ocupe del procedimiento en cuyo marco se haya transmitido el documento». La problemática que surge de inmediato es ¿cuándo se entiende que el destinatario comprende la lengua del Estado transmisor? Vid., W. KENNET, «Service of documents...», ob. cit., pp. 302 ss.

[167] Informe JENARD, ob.cit., pág. 158.

[168] Como hemos analizado, en el caso de autos la traducción era necesaria en virtud de lo

En consecuencia, y enlazando el problema con la interpretación que del artículo 27.2 ha realizado el Tribunal, al ser la traducción una cuestión que afecta a la regularidad de la notificación, su exigencia no será eximida por el hecho de que el demandado conociera la cédula de emplazamiento.

La solución a la que llega el Tribunal de reconducir el problema de la traducción de la cédula de emplazamiento a lo dispuesto en el derecho estatal o convencional del Estado de origen ya había sido preconizada tanto en la doctrina [169] como en la jurisprudencia nacional [170, 171].

Corresponde, por tanto, al juez requerido apreciar la necesidad o no de traducción de la cédula de emplazamiento o documento equivalente de acuerdo con la *lex fori*. No existe una solución uniforme general al problema de la traducción, debiéndose resolver caso por caso.

Lo más aconsejable será que el demandante adopte todas las precau-

---

dispuesto en el art. 5 del Convenio de La Haya y del art. 3 del Acuerdo entre la R.F.A y Francia. G.A.L. DROZ, años más tarde en el comentario a la sentencia Minalmet, Rev.crit.dr. int.pr. 1993, pág. 86, afirma en tono irónico: «un demandado domiciliado en Alemania podrá oponerse a la ejecución de una sentencia francesa dictada en rebeldía si no ha recibido la traducción al alemán de la cédula de emplazamiento (condición prevista por un acuerdo bilateral) y esto incluso si el demandado, persona física, es un francés, suizo o belga, de lengua materna francesa!»

[169] Vid., P. GOTHOT y D. HOLLEAUX, *La Convención de Bruselas...*, ob. cit., pp. 167 ss; R. CAFARI PANICO, «Traduzione di atti stranieri notificati in Italia e prospettive di riforma», en *La Convenzione giudiziaria di Bruxelles del 1968 e la riforma del processo civile italiano*, Angeli, Milán, 1985, pp. 105 ss; Y. DONZALLAZ, *La Convention de Lugano...*, ob. cit., pp. 473 ss.

[170] Toda la jurisprudencia comparada coincide en afirmar que la cuestión de la traducción *ex* art. 27.2 debe ser resuelta por el Derecho del Estado de origen. En la jurisprudencia francesa vid., Cour de Cassation 17 de mayo de 1978, Journ.dr.int., 1979, pp. 386 ss, nota de D. HOLLEAUX; Cour de Cassation 4 marzo 1980, Journ.dr.int., 1981, pp. 854 ss, nota de D. HOLLEAUX; Cour d'appel de Douai 12 de julio de 1978 y 29 de noviembre de 1978, Gaz. Pal., 22 de abril de 1980, pág. 16; Cour d'appel de Lyon 5 de octubre de 1978, Rép. Série D, I-27.2-B 5; Cour d'appel de Lyon 18 de abril de 1978, Jounr.dr.int., 1979, pp. 380, y las consideraciones de N. GUIMEZANES, «Les droits de la défense liés à l'information dans le procès civil international», en *L'information en droit privé*, L.G.D.J., Paris, 1978, pp. 88 ss, especialmente, pp. 134-136. En la jurisprudencia italiana, Corte d'apello d'Ancône 17 de julio de 1978, Rép. Série D, I-27.2-B 9 y Corte d'apello de Milán de 4 de diciembre de 1979, Riv.dir.int.priv.proc., 1981, pp. 758 ss. En la jurisprudencia alemana, Oberlandesgericht de Düsseldorf 4 de abril de 1978, Rép. Série D, I-27.2-B 8; Oberlandesgericht de Hamm 7 marzo de 1979, Rép. Série D, I-27.2-B 11; Oberlandesgericht de Stuttgart 17 de septiembre de 1984, Rép. Série D, I-27.2-B 23; Oberlandesgericht de Düsseldorf 19 de octubre de 1984, Rép. Série D, I-27.2-B 24. En la jurisprudencia belga, Trib. Comercial Liège 31 de marzo de 1983, J. des T., 7 enero 1984, pp. 21 ss, Comentario de M. FALLON. Respecto a la jurisprudencia danesa, Eastern Court of Appeal Denmark 15 de abril de 1993, I.L.Pr., 1995, pp. 771 ss.

[171] En nuestro ordenamiento, el TC en la sentencia 98/1984 de 24 de octubre (B.O.E., 28 de noviembre), en un supuesto de recurso de amparo en el se solicitaba que se dictase sentencia que declarase que la falta de traducción de documentos redactados en idioma extranjero acompañados de una comisión rogatoria internacional y recibidos voluntariamente por el destinatario no constituía infracción del art. 24 CE, denegó el amparo considerando que se trata de una cuestión de legalidad ordinaria en la que no puede ni debe entrar. Vid., comentarios de A.L. CALVO CARAVACA y F. CASTILLO RIGABERT, R.E.D.I., 19986, núm. 1, pp. 272 ss y F. RAMOS MENDEZ, «¿Traducción al castellano de los documentos que acompañan a un emplazamiento ante tribunal extranjero?», Justicia, 1986, pp. 577 ss.

ciones posibles y mandar traducir la cédula de emplazamiento para evitar un posterior rechazo del reconocimiento porque se lesionaron los derechos de la defensa.

c) La subsanación de los vicios de la notificación

La segunda cuestión prejudicial sometida al Tribunal de Justicia en el asunto Lancray/Peters fue si el artículo 27.2 excluye el reconocimiento de una resolución aun cuando las leyes del Estado en el que se invoca el reconocimiento admitan que el defecto de notificación pueda subsanarse, es decir, si es posible el reconocimiento de una resolución cuando la notificación de la cédula de emplazamiento no fue regular pero las leyes del Estado requerido permiten la subsanación de dicha irregularidad.

El Bundesgerichtshof sometió al Tribunal esta cuestión porque conforme al artículo 187 ZPO era posible la subsanación cuando el destinatario del acto tenía efectivamente conocimiento de éste [172].

La respuesta del Tribunal era fácilmente deducible, a tenor de las consideraciones que ya había realizado respecto de la primera cuestión. Como el artículo 27.2 no contiene ninguna disposición sobre la posible subsanación de los defectos de notificación, esta cuestión debe resolverse por la aplicación de las normas relativas a la notificación, es decir, la respuesta sólo puede encontrarse en el Derecho del juez de origen. Sólo cuando estas normas permitan la subsanación de un defecto de notificación puede considerarse que la cédula de emplazamiento ha sido notificada de forma regular a efectos del art. 27.2 [173, 174].

La solución a la que llega el Tribunal está en plena concordancia con el principio de aplicación uniforme del Convenio porque, de aplicarse las normas del Estado requerido se pondría en peligro dicha uniformidad ya que las legislaciones de los Estados miembros en esta materia pueden ser

---

[172] El Oberlandsgericht había rechazado expresamente la aplicación de esta norma porque consideró que el defecto de la notificación consistente en la falta de traducción del documento a notificar podía subsanarse cuando el destinatario de la declaración dominaba la lengua extranjera pero no sucedía así cuando, como en el caso de autos, no la dominaba.

[173] A. HUET, comentario a la sentencia, ob. cit. pág. 506, sostiene que a la aplicación del derecho del Estado de origen habría que aportar una reserva, la del efecto útil del Convenio. La jurisprudencia nacional en aplicación del art. 27.2 ha confirmado la tesis de que la subsanación de los vicios de la notificación sólo es posible si la ley del Estado de origen así lo permite, vid., Oberlandesgericht Hamm de 10 de septiembre de 1979, Rép. Série D, I-27.2-B14; Arrondissementsrechtbank Roermond de 25 de febrero de 1988, Rép. Série D, I-27.2-B 28; Bundesgerichtshof 18 de febrero de 1993, I.L.Pr., 1995, pp. 523 ss.

[174] Así, por ejemplo, el derecho alemán (art. 187 ZPO) prevé que el vicio puede ser subsanado si el demandado tuvo conocimiento del acto; el art. 860 del Código judicial belga establece que el juez sólo puede declarar la irregularidad de un acto procesal si la irregularidad perjudicó los intereses de la parte que la invoca... Un estudio comparado de las soluciones que los derechos nacionales prevén en materia de subsanación de vicios de notificación puede consultarse en Y. DONZALLAZ, La Convention de Lugano..., ob. cit., pp. 464 ss. En nuestro derecho autónomo vid., art. 166 LEC.

diferentes y en el supuesto de solicitarse el reconocimiento/exequátur en diferentes Estados, el resultado dependería de las soluciones de sus respectivas leyes estatales o convencionales [175]. A este argumento podemos añadir otro, la subsanación debe producirse en el desarrollo del procedimiento de origen porque de ese modo se permite que el demandado tenga conocimiento del procedimiento entablado contra él y pueda preparar su defensa. Como han manifestado M. VIRGOS SORIANO y F. GARCIMARTIN ALFEREZ, «en sede de exequátur el daño es irreparable» [176].

El espíritu del Convenio exige que se confíe en el juez que dictó la decisión.

En el caso concreto ni el Convenio de La Haya de 1965 ni el Acuerdo franco-alemán, aplicables al asunto, preveían la subsanación de defectos de notificación por lo que la solución final del Bundesgerichtshof fue denegar el reconocimiento [177].

La subsanación de los vicios de la notificación, cuestión confiada a la ley del Estado de origen, es el único mecanismo posible para que una notificación en principio irregular pueda desplegar efectos en el marco del Convenio.

2.2. La notificación regular de la resolución no subsana la irregularidad de la notificación de la cédula de emplazamiento. La jurisprudencia comunitaria en el asunto Minalmet/Brandeis

En la sentencia Minalmet/Brandeis se plantea de nuevo al Tribunal una cuestión prejudicial sobre la interpretación de la exigencia de la regularidad de la notificación. En el caso concreto, si podía reconocerse una resolución dictada en rebeldía del demandado, al que no se le notificó regularmente la cédula de emplazamiento, pero que tuvo conocimiento posteriormente de la resolución dictada contra él y no interpuso ningún recurso en el procedimiento de origen.

La sentencia aporta dos datos más en la manera de interpretar el concepto «regularidad»: en primer término, el momento oportuno en que el demandado debe defenderse es tras la notificación de la cédula de emplazamiento y, en segundo lugar, la regularidad es un requisito que se exige con independencia del hecho de que el demandado haya tenido posteriormente conocimiento de la resolución dictada y no haya ejercido contra ella

---

[175] La subsanación conforme a las leyes del Estado requerido sólo será posible cuando la ley del foro o un Convenio con el Estado de origen se remita a dichas normas.

[176] M. VIRGOS SORIANO y F. GARCIMARTIN ALFEREZ, «El Convenio de Bruselas y las propuestas...», ob. cit., pág. 130.

[177] J. KROPHOLLER, Europäisches ZivilprozeBrecht..., ob. cit., art. 27, par.30, pág. 299, considera que no existe base suficiente para la asunción de un pensamiento jurídico europeo general, sobre cuya base la falta de notificación regular se considere subsanada cuando el demandado conociera de hecho el escrito.

ningún recurso de los previstos en la legislación del Estado donde se dictó dicha resolución [178].

Una vez más, y de modo análogo a como ocurrió en el caso Lancray/Peters, el interés de esta decisión reside más en los hechos que motivaron la cuestión prejudicial que en el propio pronunciamiento del Tribunal, que, como a continuación veremos, no innova en nada la anterior interpretación del artículo 27.2 del Convenio. Por ello queda justificada, a nuestro juicio, una referencia a ellos.

La empresa acreedora Brandeis Ltd, con domicilio social en Londres, demanda a la firma alemana Minalmet GmbH, con sede en Düsseldorf, ante los tribunales ingleses. La acreedora intentó notificar a la deudora la cédula de emplazamiento («write of summons») a través del órgano jurisdiccional inglés competente. Los documentos destinados a tal fin fueron enviados a la autoridad alemana competente, el Amtsgericht Düsseldorf, para que se notificaran con arreglo al artículo 5.a) del Convenio de La Haya de 1965.

Dicho órgano jurisdiccional procedió a la notificación por vía postal pero, no encontrando a nadie en el establecimiento de Minalmet, se deposita la documentación en la oficina de correos pertinente y se certifica haber dejado en la dirección de la destinataria un aviso relativo a dicho depósito, siguiendo la forma de distribución del correo ordinario, que constituye una notificación de sustitución en aplicación del artículo 182 ZPO. Sobre la base de dicho documento, el Amtsgericht Düsseldorf acreditó, mediante una certificación conforme al artículo 6 del Convenio de La Haya, que la notificación se había practicado de forma regular, refiriéndose al depósito efectuado.

Se dicta sentencia en rebeldía en el Reino Unido por la Queen's Bench Division of the High Court of Justice, condenando a la empresa Minalmet a pagar una determinada cantidad de dinero. Mediante resolución de 21 de febrero de 1990, el Landgericht Düsseldorf ordenó, a petición de la acreedora, que se ejecutara dicha sentencia. La deudora interpuso un recurso contra esta decisión ante el Oberlandesgericht Düsseldorf, alegando que la cédula de emplazamiento no le había sido notificada en debida forma con arreglo al derecho alemán y afirmando bajo juramento no haber tenido noticia del aviso de depósito. Este tribunal desestima el recurso.

La deudora interpuso un recurso contra dicha decisión ante el Bundesgeríchthof. Este órgano, en el análisis jurídico del asunto, declaró la invalidez de la notificación de la cédula de emplazamiento a la cual era aplicable, conforme al art. 5 a) del Convenio de La Haya, el Derecho pro-

---

[178] Sentencia del TJCE 12 de noviembre de 1992, Minalmet GmbH/Brandeis Ltd, asunto 123/91, Rec. 1992, pp. 5661 ss. Esta sentencia ha sido comentada por A. BORRAS RODRIGUEZ, R.J.C., 1993, núm. 3, pp. 283 ss; G.A.L. DROZ, Rev.crit.dr.int.pr., 1993, núm. 1, pp. 81 ss; A. HUET, Journ.dr.int., 1993, núm. 2, pp. 468 ss; T. HARTLEY, E.L.Rev., 1994, pp. 535 ss; H. TAGARAS, C.D.E., 1995, núm. 1-2, pp. 160 ss; T. VASALLI DI DACHENHAUSEN, Foro It., núm. 7-8, 1995, pp. 238 ss; P. VLAS, N.I.L.R., 1993, pp. 512 ss.

cesal civil alemán. En dicho supuesto, sólo podría haberse procedido a la notificación sustitutoria en el domicilio privado de su gerente, no en el lugar de su establecimiento, y no se dieron los requisitos para subsanar el vicio de notificación.

El Bundesgerichthof considera que la procedencia del recurso depende de la interpretación del artículo 27.2, y decide someter al Tribunal de Justicia la siguiente cuestión prejudicial: «Con arreglo al número 2 del artículo 27 del Convenio de Bruselas, ¿deberá denegarse el reconocimiento de las resoluciones que se dictan en rebeldía del demandado y no puede probarse que se haya notificado a éste la cédula de emplazamiento o, en todo caso, no se ha hecho la notificación de forma regular, aunque el demandado haya tenido conocimiento de la resolución dictada y no haya interpuesto contra ella ningún recurso de los admitidos conforme a la legislación procesal del Estado en que se dictó la resolución?»

Con esta cuestión lo que se estaba preguntando, realmente, al Tribunal de Justicia es lo siguiente: ¿puede ser subsanada la irregularidad de la notificación de la cédula de emplazamiento por la notificación regular de la resolución?

La respuesta del Tribunal era fácilmente deducible de precedente jurisprudencia sobre el artículo 27.2, por lo que parece extraño que el Bundesgerichtshof sometiese esta cuestión a la consideración del Tribunal de Justicia[179].

En efecto, al Tribunal no le quedaba otra opción, si no quería desvirtuar la letra y la interpretación que había mantenido del artículo 27.2, que confirmar el carácter imperativo de la notificación regular y la exigencia acumulativa de las dos garantías contempladas por la citada disposición[180].

Esta interpretación no puede quedar desvirtuada por el hecho de que el demandado haya tenido posteriormente conocimiento de la resolución dictada en su contra y no haya interpuesto contra ella ninguno de los recursos previstos por la legislación del Estado de origen, y ello por dos razones principales: la primera, la letra del artículo 27.2, y la interpretación que ha realizado el Tribunal, es clara y se refiere a notificación regular de la cédula de emplazamiento (no de la resolución, que es una cuestión diferente), y en segundo lugar, la diferente situación procesal en la que se encuentra un demandado antes y después de dictarse una resolución en su contra.

---

[179] Así lo han manifestado, A. HUET, comentario a la sentencia, ob. cit., pág. 469 y H.TAGARAS, comentario a la sentencia, ob. cit., pág. 163.

[180] La jurisprudencia sentada por el Tribunal en el asunto Minalmet/Brandeis será confirmada años más tarde en la Sentencia de 10 de octubre de 1996, en el asunto Bernardus Hendrikman/Magenta Druck, solución duramente criticada por G.A.L. DROZ, comentario a la sentencia Bernardus, ob. cit., pp. 561 ss, porque, a su juicio, hay que extender al ámbito de Bruselas las soluciones de los derechos internos de modo que si ha existido alguna irregularidad en la introducción de la instancia, el demandado debe recurrir en el procedimiento de origen.

a) El artículo 27.2 (art. 34.2 del Reglamento) tiene la finalidad de garantizar que una resolución no despliegue eficacia en el espacio judicial europeo si el demandado no ha tenido la posibilidad de defenderse en el procedimiento de origen. Se garantiza, de este modo, el derecho que tiene el demandado a tener conocimiento del procedimiento entablado contra él y a ser oído antes que una resolución ejecutoria sea dictada en su contra.

Es en este momento (tras la notificación) cuando el demandado tiene conocimiento que se ha entablado un procedimiento contra él y puede comenzar a preparar su defensa porque es cuando se le concede audiencia. Como ha afirmado J.D. GONZALEZ CAMPOS, «la presencia en los autos, en trámites posteriores, no puede ser nunca equivalente, a los fines de protección del derecho de defensa de la parte, a la exigencia de notificación y emplazamiento en el inicio de la litis» [181]. Y en este sentido se ha pronunciado el Tribunal Constitucional español en interpretación del artículo 24 CE que en una reiterada jurisprudencia ha afirmado que la indefensión en la primera instancia no se subsana por el emplazamiento en la segunda ya que constituye una lesión del derecho de defensa comparecer en la segunda instancia para defenderse contra una resolución desfavorable. La comunicación del primer acto procesal tiene especial trascendencia porque pone en conocimiento del demandado que se ha entablado un procedimiento contra él, por lo que ha de asegurarse, en la medida de lo posible, su efectividad real [182].

El demandado tiene derecho a que el inicio del procedimiento le haya sido notificado regularmente, por lo que una cosa es un acto introductorio del procedimiento, y otra, una resolución dictada en rebeldía del demandado no pudiéndose equiparar ambas expresiones [183].

Por tanto, es necesario acreditar el correcto emplazamiento del demandado, y cuando el artículo 27.2 exige la regularidad de la notificación de la cédula de emplazamiento se está refiriendo clara e inequívocamente a eso, y no cabe otra interpretación.

Uno de los rasgos distintivos del Convenio de Bruselas es la protección de los derechos de defensa del demandado en el proceso de origen y en el de reconocimiento, instaurándose el denominado «doble control», por lo que sería incompatible con el objetivo y sistema del Convenio declarar que la entrega irregular carece de importancia.

---

[181] J.D. GONZALEZ CAMPOS, en J.D. GONZALEZ CAMPOS y R. RECONDO PORRUA, *Lecciones de Derecho procesal...*, ob. cit., pág. 188. Situación distinta sería aquélla en que la rebeldía es sanada por actos posteriores del demandado (por ejemplo, es éste quien solicita el reconocimiento). En este sentido se ha pronunciado la jurisprudencia del TS en interpretación del art. 954.2 LEC. Vid., Auto del TS de 7 de enero de 1992, R.E.D.I., 1992, núm. 1, pág. 199; Auto TS de 7 de febrero de 1992, R.E.D.I., 1992, núm. 1, pp. 200-201

[182] Vid., entre otras, STC 42/1983, de 18 de noviembre, B.O.E., 14 de diciembre y STC 22/1987, de 20 de febrero, B.O.E., 4 de marzo.

[183] Vid., la jurisprudencia del TJCE en los asuntos Klomps/Michel y Hengst Import/Ana Mª Campese.

Por tanto, la irregularidad del emplazamiento no puede ser subsanada por la notificación regular de la resolución dictada en rebeldía del demandado [184].

b) Pero decíamos, en segundo lugar, que el demandado se encuentra en una diferente posición procesal antes y después de dictarse la resolución en su contra y ambas fases no pueden ser equiparadas [185].

En el primer caso, el demandado puede alegar todo lo que a su derecho convenga para evitar una resolución en su contra. Ahora bien, una vez dictada la resolución, al demandado no le queda otra opción que interponer el correspondiente recurso. En otras palabras, interponer un recurso supone una carga para el demandado, no existiendo igualdad de armas procesales en una y otra situación [186].

Porque el demandado no haya interpuesto ningún recurso contra la resolución dictada contra él en rebeldía, no puede verse privado de su derecho a ser emplazado regularmente, a defenderse y a ser oído en el procedimiento de origen.

Pero decíamos, al principio del estudio de la sentencia Minalmet, que el interés residía más en los hechos que en el propio pronunciamiento del Tribunal.

En efecto, resulta paradójico un dato: el tribunal inglés dictó la resolución en rebeldía porque el órgano jurisdiccional alemán, autoridad competente para aplicar el Convenio de La Haya de 1965, acreditó, mediante una certificación conforme al artículo 6 de dicho Convenio, que la notificación se había practicado de forma regular, refiriéndose al depósito efectuado. Al ser de aplicación el derecho alemán, de conformidad al artículo 5 a) del Convenio de La Haya, es la autoridad alemana la que debería de haber declarado la irregularidad de la notificación.

De nuevo nos encontramos con que es el demandante que actuó correctamente y de buena fe el que sufre los perjuicios [187].

---

[184] Solución avanzada por A. HUET en el comentario a la sentencia Klomps, ob. cit., pág. 896.

[185] Ya el Abogado General Sr. Reischl en sus conclusiones a la sentencia Klomps, manifestó que «el objetivo de protección asignado al artículo 27 del Convenio exige que sea posible defenderse antes de que el título en virtud del cual se solicitará la ejecución se dicte, es decir, que se debe garantizar que el demandado se beneficie de un plazo razonable para defenderse entre la notificación de la cédula de emplazamiento y la resolución que se dicte».

[186] En esta materia, la jurisprudencia nacional en aplicación del art. 27.2, no es homogénea. Así, algunas resoluciones tienen en cuenta el hecho de que el demandado, a pesar del defecto de notificación de la cédula de emplazamiento, podía haber recurrido en el procedimiento de origen (Cour d'appel de Paris 28 de febrero de 1978, Rép. Série D, I-27.2-B 10), mientras que otras no tienen en cuenta este dato para la aplicación del art. 27.2 ya que es necesario en todo caso una notificación regular de la cédula de emplazamiento (Corte d'appello de Turin 11 de marzo de 1977, Riv.dir.int.pr.proc., 1979, pp. 89 ss; Bundesgerichtshof 18 de febrero de 1993, I.L.Pr., 1995, pp. 323 ss).

[187] Vid., las críticas de G.A.L. DROZ, comentario a la sentencia Minalmet, ob. cit., pág. 87; T. HARTLEY, comentario a la sentencia, ob. cit., pág. 537. H. TAGARAS, nota a la sentencia, ob. cit., pág. 165; H. DUINTJER TEBBENS, «Possible revision of the Brussels and Lugano...», ob. cit., pág. 57.

A nuestro juicio, la interpretación del Tribunal en el asunto Minalmet sólo está justificada en el supuesto de que el demandado haya tenido conocimiento del procedimiento entablado contra él tras la notificación de la resolución dictada en rebeldía. Cuestión distinta sería la postura de aquel demandado que teniendo conocimiento del procedimiento entablado contra él y que pudiendo interponer recurso contra la resolución, no lo hace. Se trata de una actitud censurable que hay que castigar[188]. El cauce normal para la defensa del demandado es en el procedimiento de origen[189].

Queda la duda de si en el asunto Minalmet, el demandado tuvo realmente conocimiento o no del procedimiento entablado contra él y se amparó en el defecto de la regularidad para impedir la declaración de ejecutividad (en esta hipótesis aplicaríamos por analogía nuestras consideraciones respecto del asunto Lancray). A nuestro juicio, es nececesario relativizar la exigencia la regularidad de la notificación.

Por ello, no es de extrañar que en los trabajos de reforma se haya tenido en cuenta el hecho de que se puedan producir estas situaciones, en aras de mejorar la redacción del artículo 27.2.

2.3. La reforma de la disposición. Flexibilidad versus rigidez

Los resultados perjudiciales que se derivan de las Sentencias Lancray y Minalmet así como las críticas vertidas por la doctrina, crearon un estado de conciencia en favor de la reforma de la disposición y buena muestra de

---

[188] En este sentido, H.MUIR WATT, nota a la Sentencia de la Cour de Cassation de 10 de julio de 1996, Rev.crit.dr.int.pr., 1997, pág. 90, afirma que la sentencia del TJCE en el asunto Minalmet permite realizar una distinción según que el conocimiento del demandado del procedimiento entablado contra él, sea o no contemporáneo a la introducción de la instancia: si dicho conocimiento se produjo tras una sentencia definitiva o en la fase de apelación, no podría cubrir la ausencia de información inicial ya que la disponibilidad de una vía de recurso no equivale a la protección ofrecida por la posibilidad de ser oído ante el tribunal inicialmente competente; en cambio, si el conocimiento del procedimiento por parte del demandado fue concomitante a la introducción de la instancia (la autora cita el caso Lancray/Peters), el demandado debe recurrir invocando el vicio de la notificación.

[189] Frente a la interpretación sostenida por el Tribunal, el demandante, Brandeis, abogó por una interpretación restrictiva de la norma, basándose principalmente en el objetivo y sistema del Convenio. G.A.L. DROZ, comentario a la sentencia, ob. cit., pág. 86, critica el pronunciamiento del Tribunal, mostrándose partidario de una reducción teleológica del artículo 27.2. Este autor ya se había mostrado partidario de que sólo es digno de protección el demandado que recurrió en el procedimiento de origen, estimando que la norma se debería de haber redactado de diferente manera obligando al demandado, condenado en rebeldía, a interponer recurso. Vid., G.A.L. DROZ, *Compétence judiciaire et effets...*, ob. cit., pág. 319; *íd.*, comentario a la Sentencia Pendy Plastic/Pluspunkt, Rev.crit.dr.int.pr., 1983, pág. 528; *íd.*, «Les droits de la demande...», ob. cit., pág. 112 ss. Del mismo modo, la doctrina alemana, principal defensora de la reducción teleológica del art. 27.2, se ha mostrado partidaria de la tesis que admite que el conocimiento del demandado del procedimiento entablado contra él y las posibilidades de interponer recurso puedan subsanar el defecto de notificación regular de la cédula de emplazamiento. En este sentido, vid. GEIMER y SCHULTZE, *Internationale Ursteilsanerkennung, Band, I,* Munich, 1983, pág. 1065 (citado por A. HUET, Journ.dr.int., 1983, pág. 468).

ello es que en los trabajos de reforma de los Convenios de Bruselas y de Lugano, el artículo 27.2 ha sido una de las disposiciones objeto de discusión [190] (como se ha apuntado, los trabajos de reforma del Convenio de Lugano quedaron interrumpidos).

Al respecto, el Grupo Europeo de Derecho internacional privado, en el documento presentado para la revisión, reconoció que la jurisprudencia que se ha desarrollado sobre la exigencia de la regularidad del artículo 27.2 es insatisfactoria y que sólo debe rechazarse el reconocimiento de la resolución por el motivo de una notificación irregular en la medida en que esta irregularidad ha perjudicado al demandado [191].

De igual modo la Comisión Europea consideró que la irregularidad de la notificación debía causar un perjuicio al demandado para que el reconocimiento fuese rechazado [192]. *A contrario sensu* podía entenderse que si la irregularidad no causó ningún perjuicio al demandado, de modo que tuvo conocimiento del procedimiento entablado contra él y pudo defenderse, la eficacia de la resolución sería concedida.

Por su parte, la delegación francesa en sus observaciones sobre aquellos aspectos del Convenio que debían ser modificados manifestó que «la sanción de la irregularidad se limite tan sólo a aquellos casos en que el demandado haya sufrido un perjuicio». De modo análogo, la delegación belga estimó que debía otorgarse el reconocimiento «cuando el demandado hubiera tenido la posibilidad de defenderse a pesar de que los documentos no hubieran sido notificados debidamente» [193].

Durante la tercera reunión del Grupo *ad hoc* «Revisión de los Convenios de Bruselas y de Lugano», donde se trabajó sobre un proyecto de Convenio presentado por la Mesa de dicho Grupo, se propuso una modificación del párrafo 2 del art. 27 en el sentido de que no se denegaría el reconocimiento si el demandado no tomó medidas razonables para que resolvieran el asunto los tribunales del Estado de origen [194].

Más radicales fueron los resultados a los que se llegaron en la cuarta

---

[190] En el calendario de trabajo presentado, que fijaba el conjunto de disposiciones prioritarias a reformar, se encontraba el artículo 27 párrafo 2. Vid., Doc. 12308/97, Justciv. 86, Bruselas 14 de noviembre de 1997.

[191] De hecho, el Grupo Europeo de Derecho internacional privado propuso añadir al art. 27.2 un segundo párrafo cuya redacción sería la siguiente: «le juge peut néanmoins accorder la reconnaissance si, nonobstant l'irregularité de la signification, le défendeur a été en mesure de se défendre», Doc.7430/97, Justciv. 32, Bruselas 17 de abril de 1997, pág. 5. En contra de esta propuesta se han manifestado M. VIRGOS SORIANO y F. GARCIMARTIN ALFEREZ, «El Convenio de Bruselas y las propuestas...», ob. cit., pp. 124 ss, cuyas afirmaciones no compartimos del todo por los motivos que hemos expuesto.

[192] Comunicación de la Comisión al Consejo y al Parlamento Europeo «Hacia una mayor eficacia en la obtención y la ejecución de las resoluciones judiciales en la Unión Europea», DOCE núm. C 33, 3 de enero de 1998, pág. 27.

[193] Doc. 13301/97, Justciv. 91, Bruselas 15 de diciembre de 1997, pp. 33-34.

[194] Doc. 8796/98, Justciv. 52, Bruselas 12 de junio de 1998, pág. 11.

reunión donde se propuso la supresión de la garantía de la regularidad y exigir sólo la notificación en plazo («duly served»), teniendo en cuenta los abusos que se han producido y las dificultades de interpretación que la norma ha suscitado. Solución esta que no fue aceptada por Dinamarca y Suiza, durante la quinta reunión, que se manifestaron en contra[195].

Las discusiones en las posteriores reuniones siguieron centradas en la exigencia de la regularidad ya que no parecía aceptable la supresión radical de la misma[196]. A nuestro juicio, esta solución nos parece totalmente inaceptable ya que hubiera supuesto poner en tela de juicio el principio de seguridad jurídica de modo que el demandado no podría saber con certeza si se había iniciado un procedimiento contra él y si era necesario defenderse.

Que la garantía haya dado lugar a problemas no justifica su supresión sino, al contrario, interpretarla en función de su finalidad y de un resultado (que el demandado pueda defenderse). La exigencia de una notificación en debida forma no puede suplirse por la temporalidad.

Finalmente la solución a la que se llegó en la última reunión fue la posibilidad de sustituir la exigencia de notificación «regular» por notificación «de forma tal» que permita al demandado defenderse[197].

Realmente, a nuestro juicio, con esta expresión se estaba haciendo referencia a la exigencia de una notificación de forma legal (conforme a lo dispuesto en el derecho aplicable), aunque defendiendo una concepción flexible de la misma en el sentido de que si la irregularidad de la notificación no lesionó el derecho de defensa del demandado el reconocimiento será concedido. Sin embargo y sorprendentemente, en la versión definitiva del Reglamento se exige que la notificación se haya realizado «de forma regular».

El espíritu que debe reinar es el de confianza y aplicación de los cauces previstos, en aras del principio de seguridad jurídica.

Del mismo modo, y para intentar paliar los resultados derivados de la sentencia Minalmet, durante todo el proceso de revisión se tuvo en cuenta el dato de la necesidad de limitar la denegación del reconocimiento en los supuestos de que el demandado no interponga recurso en el procedimiento de origen.

Así, en la propuesta de Convenio presentada por la Comisión se establecía que la rebeldía del demandado no sería causa de denegación si aquél

---

[195] Doc. 8796/1/98 Rev.1, Justciv. 52, Bruselas, 11 de noviembre de 1998, pág. 11.

[196] En la sexta y séptima reunión se propuso que se estableciese que la notificación haya tenido lugar «de forma tal» que pudiere defenderse (Doc. 5202/99, Justciv., 1, 19 de enero de 1999 y Doc. 5202/1/99, Rev.1, Justciv., 1, 19 de febrero de 1999).

[197] En realidad, esta solución ya aparecía en algunos Convenios en la materia (así, por ejemplo, el art. 9 del Convenio de Luxemburgo de 20 de mayo de 1980, relativo al reconocimiento y ejecución de decisiones en materia de custodia de menores habla de notificación en debida forma; en sentido análogo, vid., art. 4 b) del Convenio entre España y la República Oriental de Uruguay) y ha sido la recogida en el Reglamento Bruselas II en su art. 15.1.b) (en la forma debida).

no hubiere ejercido ninguna vía de recurso contra la resolución dictada, a pesar de haber tenido conocimiento de ella regularmente y a su debido tiempo[198]. Igualmente en el proyecto de Convenio que la mesa del Grupo «Revisión de los Convenios de Bruselas y de Lugano» remitió a dicho Grupo, consideró que no sería denegado el reconocimiento de las resoluciones dictadas en rebeldía si el demandado no tomó medidas razonables para que resolvieran el asunto los tribunales del Estado de origen[199].

En cuanto a las observaciones presentadas por las distintas delegaciones tenemos que destacar que la delegación austríaca sugirió que el número 2 del artículo 27 no se aplicase a aquellos casos en que el demandado podría haber apelado en el país de origen contra la ausencia o retraso de la cédula de emplazamiento, pero no lo hubiera hecho[200].

La reforma de la disposición ha tenido en cuenta el dato de la diligencia del demandado en el procedimiento de origen ya que se ha previsto añadir al párrafo 2 del art. 27 la siguiente coletilla «...a menos que no hubiere recurrido contra dicha resolución cuando hubiera podido hacerlo»[201], es decir, si el demandado pudo recurrir y no lo hizo, el reconocimiento no será denegado pues dejó pasar la oportunidad de defenderse. Ahora bien, si no pudo recurrir y se lesionó su derecho de defensa, la resolución dictada en rebeldía no producirá efectos.

Con la reforma se ha impuesto, sin lugar a dudas, una interpretación flexible y teleológica de la disposición compatible e integrada con la filosofía que inspiró el Convenio.

---

[198] DOCE núm. C 33, de 31 de enero de 1998, pág. 27.

[199] Doc. 8796/98, Justciv. 52, Bruselas 12 de junio de 1998, pág. 11. Tras la quinta reunión el art. 27.2 fue redactado del siguiente modo, «no obstante, no se denegará el reconocimiento si el demandado hubiere tenido conocimiento... de la sentencia con tiempo suficiente para recurrirla» (Doc. 8796/1/98 Rev.1, Justciv., 52, Bruselas 11 de noviembre de 1998, pág. 11).

[200] Doc. 13301/97, Justciv. 91, Bruselas 15 de diciembre de 1991, pág. 33.

[201] Esta fue la redacción que se propuso tras la sexta reunión (Doc. 5202/99, Justciv., 1, 19 de enero de 1999), y que finalmente ha sido la aprobada. No se consideró garantía suficiente en materia patrimonial extender la solución del Reglamento Bruselas II (art. 15, apartado 1, b) y 2, c).

CAPÍTULO III

GARANTIAS PREVISTAS EN EL ARTICULO 27.2 (ART. 34.2 REGLAMENTO) (II): NOTIFICACION CON TIEMPO SUFICIENTE PARA QUE EL DEMANDADO PUEDA DEFENDERSE

I. GARANTÍA INDEPENDIENTE DE LA REGULARIDAD DE LA NOTIFICACIÓN

La finalidad del artículo 27.2 (art. 34.2 del Reglamento) es condenar aquellas resoluciones dictadas en indefensión del demandado, y la falta de tiempo para preparar la defensa constituye, conforme a la letra y el espíritu de la citada disposición, una lesión de los derechos de defensa del demandado, al no haber podido ser oído en primera instancia y evitar que se dicte contra él una resolución en rebeldía.

Que el juez requerido llegue a la conclusión de que la notificación se hizo regularmente no significa que no deba comprobar que el plazo dejado al demandado fue suficiente para preparar su defensa porque el emplazamiento pudo realizarse en forma pero sin haber dejado al demandado tiempo para la defensa, es decir, que una notificación sea regular no significa que lo haya sido en tiempo. El examen de la primera condición no exime al juez del reconocimiento de comprobar la segunda.

El complemento lógico de la regularidad es la temporalidad y su exigencia implica no solamente que el demandado haya tenido conocimiento de que se ha entablado un procedimiento contra él, sino que haya dispuesto de un plazo para preparar y presentar su defensa. Se trata, pues, de una exigencia que se caracteriza por asegurar la eficacia de la notificación, otorgando al demandado una protección efectiva de sus derechos de defensa. De este modo el art. 27.2 (art. 34.2 del Reglamento) asegura una doble protección al demandado condenado en rebeldía, éste tiene derecho a un emplazamiento en forma y en tiempo.

Que la suficiencia del plazo sea una garantía independiente respecto de la regularidad ya fue manifestado por el Informe JENARD al afirmar que «...incluso si la notificación hubiera sido regular, podrá denegarse el reconocimiento si el juez ante el que se invoca el reconocimiento considera que el documento no ha sido transmitido con tiempo suficiente para que el demandado pueda garantizar su defensa» [202].

Sin embargo, y a pesar de la claridad de estas afirmaciones, la aplicación práctica del Convenio suscitó la cuestión de si el juez requerido estaba eximido de dicho examen una vez examinado que la notificación fue regular, ¿tenía el juez requerido que comprobar la suficiencia del plazo si llegó a la conclusión de que la notificación fue regular, de modo que el demandado podía haber tenido conocimiento de que se había entablado un procedimiento contra él?, ¿se podía entender subsumida la temporalidad en la regularidad?

La respuesta del Tribunal a estas cuestiones ha sido clara e inequívoca: el juez requerido está obligado, en todo caso, a dicho examen no estando vinculado por la decisión del juez de origen [203].

Existe, por tanto, una total independencia entre las dos garantías contempladas en el art. 27.2 de modo que el reconocimiento será denegado si la notificación fue regular pero no se dejó al demandado tiempo suficiente para defenderse y/o si se concedió al demandado tiempo suficiente para defenderse pero la notificación no fue regular.

II. ANÁLISIS DE LA GARANTÍA

1. La noción autónoma de suficiencia del plazo

Una vez afirmado que el juez requerido tiene la obligación de examinar si la duración del plazo dejado al demandado para preparar su defensa fue o no suficiente [204], la primera cuestión que debemos resolver es con-

---

[202] Informe JENARD, ob. cit., pág. 161.

[203] Sentencia del TJCE de 16 de junio de 1981, Klomps/Michel, asunto 166/80, Rec. 1981, pp. 1593 ss; Sentencia Pendy Plastic/Pluspunkt, asunto 228/81, Rec. 1982, pp. 2723 ss.

[204] El juez requerido, en su examen, sólo deberá valorar si el demandado, en el plazo que transcurrió entre la fecha de la notificación y el día fijado para la comparecencia, pudo realizar las actividades necesarias para preparar su defensa. Como ha afirmado F. ZICCARDI, «Il problema del termine di comparizione nella Convenzione di Bruxelles», Foro Pad., 1987, núm. 4, pág. 185, «la suficiencia del plazo no debe venir entendido como periodo de tiempo en que el demandado debe preparar una completa defensa sino como un periodo de tiempo dentro del cual el demandado debe actuar para evitar que se dicte contra él una sentencia en rebeldía. El demandado en ese plazo debe hacer saber que se opone a las pretensiones del demandante pudiendo presentar su defensa posteriormente». Esta afirmación puede completarse, a nuestro juicio, diciendo que tanto la respuesta como los diferentes medios de defensa procesal que tiene a su disposición el demandado estarán regidos por la *lex fori*.

forme a qué parámetro realiza dicho control, ¿está el juez requerido vinculado por los plazos fijados en el ordenamiento del Estado de origen o por los establecidos en su propio derecho?, ¿se aplica a esta garantía la misma solución que para la regularidad de la notificación?

El Convenio, al igual que ocurría con la regularidad, guarda silencio en esta materia. En principio, tres soluciones son posibles:

— Aplicar por analogía la solución establecida para la regularidad de la notificación: la condición se estimaría cumplida si se respetaron los plazos fijados en el ordenamiento del juez de origen [205].

— La notificación se entenderá realizada en tiempo suficiente si se dejó al demandado un tiempo razonable para defenderse análogo al establecido en el ordenamiento donde se solicita el reconocimiento/exequátur de la resolución [206]. Esta solución no nos parece correcta en el marco del Convenio porque tiene la desventaja de dificultar su aplicación uniforme al diferir la normativa de unos Estados a otros en la materia, pudiéndose plantear el supuesto de que en un Estado se entienda realizada la notificación en tiempo suficiente, mientras que para otro no lo sería.

— Finalmente, establecer un criterio propio y autónomo. La suficiencia del plazo sería una cuestión dejada a la valoración del juez requerido, no estando vinculado ni por los plazos establecidos por el juez de origen ni por los de su propio ordenamiento [207].

En este sentido interpretó el Informe JENARD la noción «con tiempo suficiente» contemplada en el artículo 20 del Convenio, al afirmar que se trata de «una cuestión de hecho que se deja a la valoración del juez que conoce del asunto» [208]. De modo análogo, el Informe de M. TABORDA

---

[205] Algunos Convenios bilaterales firmados por España adoptan esta solución. Vid., art. 20 del Convenio con Checoslovaquia y art. 18.2 del Convenio con la Unión de Repúblicas Socialistas Soviéticas.

[206] Por ejemplo, el artículo 11.f del Convenio entre España y México se alinea a esta solución.

[207] Esta es la solución seguida por algunos derechos nacionales. Así, por ejemplo, fue entendido e interpretado el antiguo artículo 797.2 del CPC italiano, vid., E. CAPUTO, «Giudizio di delibazione e congruità del termine a comparire», Giust. civ., 1983, I, pp. 1969 ss, F. MATSCHER, «Congruità del termine di comparizione davanti il giudice straniero», Riv.dir.int. pr.proc., 1978, pp. 328 ss. La jurisprudencia italiana en aplicación de dicha norma ha considerado que se trata de una garantía cuya apreciación corresponde al juez italiano, lo que implica valoraciones discrecionales por su parte, con independencia de las normas procesales italianas y de las normas del país donde fue dictada la resolución. Vid., Corte d'appello de Trieste 18 de enero de 1971, Riv.dir.int.pr.proc., 1972, pág. 117; Corte d'appello de Bari 5 de mayo de 1972, Riv.dir.int.pr. proc., 1973, pág. 126; Corte d'appello Milán 29 de diciembre de 1975, Riv.dir.int.pr.proc., 1976, pág. 522. Un estudio detallado de la jurisprudencia italiana en aplicación del art. 797.2 puede consultarse en F. CAPOTORTI, *La giurisprudenza italiana di diritto internazionale privato e processuale (1967-1990)*, Giuffrè, Milán, 1991, pp. 633 ss.

En nuestro ordenamiento, A. REMIRO BROTONS, *Ejecución de sentencias extranjeras...*, ob. cit., pág. 221, se mostró partidario de una valoración discrecional de este requisito por parte del juez del exequátur teniendo en cuenta todas las circunstancias presentes en el caso concreto.

[208] Informe JENARD, ob. cit., pág. 158.

FERREIRA, refiriéndose a la noción «tiempo oportuno para que el demandado haya podido defenderse» empleada en el artículo 15 del Convenio de La Haya de 1965, afirma que es una cuestión dejada a la valoración del juez [209].

Ante el silencio de la norma, que de este modo se aparta de la rigidez que hubiera supuesto establecer un plazo fijo, el Tribunal de Justicia tenía que decidir e interpretar, al igual como lo hizo en materia de regularidad, cómo debe realizar el juez requerido dicho control. En su jurisprudencia el Tribunal se ha decantado por la última solución propuesta.

En la sentencia Klomps/Michel, el Tribunal afirmó que la cuestión de saber si una notificación se había realizado en tiempo suficiente es una noción a interpretar de modo autónomo, considerando que el juez requerido no debe sentirse vinculado por ninguno de los plazos anteriormente mencionados. El Tribunal consideró que «el artículo 27.2 establece dos condiciones, una relativa a la regularidad..., mientras que la otra, relativa al tiempo necesario para que el demandado pueda defenderse implica apreciaciones de naturaleza fáctica» [210]. De este modo, la garantía para el demandado de una notificación de la cédula de emplazamiento en «tiempo suficiente» adquiere un significado propio en el marco del Convenio de Bruselas.

El carácter autónomo de la noción tiempo suficiente justifica que «el artículo 27.2 del Convenio de Bruselas sea igualmente aplicable..., cuando la notificación ha tenido lugar respetando el plazo fijado por el juez del Estado de origen...» [211].

Se trata, pues, de una cuestión dejada a la apreciación del juez requerido, que tendrá que valorarla a la luz de las circunstancias concretas del caso, no estando vinculado en dicho examen ni por los plazos del ordenamiento jurídico del juez del Estado de origen, ni por los establecidos en su propio ordenamiento [212].

---

[209] M. TABORDA FERREIRA, *Rapport explicatif...*, ob. cit., pág. 378.

[210] Rec. 1981, pp. 1593 ss. Compartimos la opinión de A. HUET, comentario a la sentencia Klomps, ob. cit., pág. 899 ss, de que esta afirmación no es del todo exacta ya que el punto de partida del plazo que será considerado o no suficiente es una cuestión de derecho que el juez requerido también debe considerar.

[211] Sentencia de 11 de junio de 1985, Debaecker/Bouwman, asunto 49/84, Rec. 1985, pp. 1779 ss.

[212] Las afirmaciones del Tribunal no han sido compartidas por el Informe del Grupo de Trabajo sobre la armonización del derecho procesal europeo (*Rapprochement du droit judiciaire...*, ob. cit., pp. 138 ss), ya que el 8.2 del proyecto de Directiva presenta una diferencia esencial con el Convenio de Bruselas al proponerse establecer un plazo mínimo y uniforme con la finalidad de evitar que una notificación realizada en un Estado no sea reconocida en otro, impidiéndose la ejecución de la sentencia. El Informe considera que todos los sistemas distinguen en materia de notificación dos supuestos: cuando el demandado tiene su domicilio en el país del foro o cuando lo tiene en otro distinto de aquél ante el que es llamado a comparecer. De un examen de derecho comparado se deduce que el plazo normal para defenderse frente a una notificación efectuada en el mismo país varía de 8 a 60 días. Se ha acordado considerar un plazo mínimo de 8 días enten-

A diferencia de la regularidad de la notificación, que es una condición que el juez requerido debe examinar según lo dispuesto en el derecho del Estado de origen, la suficiencia del plazo es una regla material del Convenio que no reenvía a ningún ordenamiento jurídico.

Optando por esta interpretación, el Tribunal se abstiene de fijar *a priori* la duración de un plazo que se considera suficiente para que el demandado haya podido preparar su defensa. Dicho plazo variará de una situación a otra, dependiendo de las circunstancias que concurran en el caso concreto y con independencia de lo dispuesto en las legislaciones nacionales.

La elección de una interpretación autónoma y el abandono de una remisión a la *lex fori* se encuentra justificada, a juicio del Tribunal, en dos razones:

— La primera, la finalidad del Convenio no es armonizar los diferentes sistemas de notificación sino asegurarse de que el demandado ha tenido una protección efectiva de su derecho a la defensa.

— En segundo lugar, porque en ocasiones los plazos otorgados por la *lex fori* pueden no ser suficientes. En todos los ordenamientos existen sistemas de notificación ficticios (notificación en estrados, por edictos...) aplicables a los supuestos de que el demandado no tenga domicilio conocido[213]. La probabilidad de que el demandado haya tenido conocimiento de que se ha entablado un procedimiento contra él y que haya dispuesto de un plazo suficiente para defenderse, puede variar de un ordenamiento a otro, dependiendo del modo de notificación empleado y por ello el juez requerido tiene la obligación de comprobar si realmente el demandado fue rebelde a la fuerza (porque no tuvo posibilidad de defenderse) o si lo fue por conveniencia[214].

De este modo la exigencia de la temporalidad garantiza al demandado una protección de sus derechos con independencia del modo de notificación empleado.

La doctrina ha aprobado mayoritariamente esta noción autónoma[215].

---

diendo que el demandado no tiene la obligación de presentar una respuesta motivada, sino anunciar su intención de defenderse y con este fin solicitar un plazo suplementario. En el supuesto de emplazamiento ante la jurisdicción de otro Estado miembro los plazos previstos en las legislaciones de los países miembros varían de 15 días (Bélgica y Luxemburgo) a 120 días (Italia). Se puede fijar a este fin un plazo mínimo de un mes, plazo que se aplicará también en el supuesto de que el demandado no tenga domicilio conocido.

[213] En estos supuestos no es aplicable el Convenio de La Haya de 1965, en virtud de lo dispuesto en su artículo 1. Tampoco será de aplicación, conforme establece el art. 1.2.

[214] En este sentido se pronunció la sentencia del Kammegericht de Berlin 9 de julio de 1985, Rép. Série D, I-27.2-B 27.

[215] Vid., entre otros, G.A.L. DROZ, *Compétence judiciaire et effets...*, ob. cit., pp. 318 ss; V. LATERZA, «Primi orientamenti giurisprudenziali circa l'applicazione in Italia della Convenzione di Bruxelles del 27 settembre 1968», Riv.dir.int.priv.proc., 1977, núm. 4, pp. 805 ss; E. CAPUTO, «Giudizio di delibazione...», ob. cit., pp. 1968 ss; J. P.BERAUDO, «Convention de Bruxelles du 27 septembre 1968», J-Cl.dr.int., 1988, fasc. 633-634, pp. 12 ss; L. DANIELE, «La noti-

Por su parte, la jurisprudencia nacional en aplicación del artículo 27.2 ya había avanzado la solución consagrada posteriormente por el Tribunal de Justicia[216]. En palabras de L. DANIELE, «juez comunitario y juez nacional han coincidido en afirmar que no existe un parámetro legal preestablecido a fin de valorar la suficiencia del plazo en cuestión»[217].

Dicha solución también ha sido acogida por la jurisprudencia española en aplicación del Convenio de Bruselas. Así, la Audiencia Provincial de Lugo en la sentencia de 31 de octubre de 1994 consideró que procedía la ejecución de una resolución escocesa de condena de cantidad dictada en rebeldía ya que «...la demanda le fue notificada a la demandada referida por correo certificado, no presentando la interpelada notificación alguna de intención de defenderse frente a tal acción en el plazo (suficiente entendemos) de 42 días que le fue concedido... Todo ello a la luz de los arts. 25 ss del Convenio de Bruselas al que se adhirió España»[218]. En sentido aná-

---

ficazione della domanda...», ob. cit., pp. 502 ss; J. KROPHOLLER, *Europäisches...,* ob. cit., art. 27, parar. 32; H. GAUDEMET-TALLON, *Les Conventions de Bruxelles...,* ob. cit., pp. 262 ss; Y. DONZALLAZ, *La Convention de Lugano...,* ob. cit., pp. 476 ss; S. O' MALLEY & A. LAYTON, *European civil...,* ob. cit., parar. 27.38. En contra, P. NORTHS & J.J. FAWCETT, *Cheshire and North's Private International Law...,* ob. cit., pp. 429 ss, se muestran favorables a una remisión a la *lex fori.*

[216] En la jurisprudencia francesa vid., Cour de Cassation 3 de noviembre 1977, Rev.crit.dr.int.pr., 1978, pp. 773 ss; Cour d'appel de Paris 28 de febrero de 1978, Rép. Série D, I-27.2-B 10; Cour d'appel de Lyon 18 de abril de 1978, Journ.dr.int. 1979, pp. 380 ss; Cour de Cassation 4 de marzo 1980, Journ.dr.int., 1981, pp. 854 ss; Tribunal de Grande instance de Paris 2 de noviembre de 1984, Gaz. Pal., 1985, pp. 61 ss, nota de J. MAURO; Cour d'appel de Paris 13 de noviembre de 1987, Journ.dr. int., 1989, pp. 100 ss. En la jurisprudencia italiana vid., Corte di Cassazione 30 de octubre de 1974, Riv.dir.int.priv.proc., 1976, pág. 537; Corte d'appello de Milán 16 de junio de 1975, Riv.dir.int.pr.proc., 1975, pp. 801 ss; Corte d'apello de Turin 11 de marzo de 1977, Riv.dir.int.priv.proc., 1977, pp. 84 ss; Corte d'appello de Milán 27 de septiembre de 1977, Rép. Série D, I-27.2-B 6; Corte d'appello de Milán 28 de septiembre de 1978, Journ.dr.int., 1983, pp. 199 ss; Corte d'appello de Milán 29 de septiembre de 1978, Riv.dir.int.pr.proc., 1980, pág. 53; Corte di Cassazione 23 de noviembre 1979, Riv.dir.int.pr.proc. 1980, pp. 455 ss; Corte d'appello de Milán 4 de diciembre de 1979, Riv.dir.int.pr.proc., 1981, pág. 758; Corte d'appello de Milán 27 de marzo de 1981, Riv.dir.int.pr.proc., 1981, pág. 951; Corte d'appello de Nápoles 20 de febrero de 1982, Riv.dir.int.pr.proc., 1983, pp. 128 ss; Corte di Cassazione 11 de abril de 1983, Riv.dir.int.priv.proc., 1984, pp. 366 ss; Corte d' appello de Milán 9 de julio de 1996, Riv.dir.int.pr.proc., 1997, pp. 460 ss. En la jurisprudencia alemana vid., Oberlandesgericht Hamm 7 de marzo de 1979, Rép. Série D, I-27.2-B 11; Oberlandesgericht de Düsseldorf 13 de diciembre de 1984, Rép. Série D, I-27.2-B 26. En la jurisprudencia holandesa, decisión del Presidente del Tribunal d'Arnhem de 3 de julio de 1975, N.I.L.R., 1976, pág. 361; Arrondissementsrechtbank de Almelo 25 de noviembre de 1977, Rép. Série D, I-27.2-B 7; Gerechtshof de Bois-le-Duc 4 de marzo de 1982, Rép. Série D, I-27.2-B 18; Arrondissementsrechtbank de Roermond 25 de febrero de 1988, Rép. Série D, I-27.2-B 28.

[217] L. DANIELE, «La notificazione della domanda...», ob. cit., pág. 502.

[218] R.E.D.I., 1995, núm. 2, pág. 412; El Auto de la Audiencia Provincial de Vizcaya de 19 de junio de 1996, R.E.D.I., 1996, núm. 2, pp. 281 ss, nota de G. ESTEBAN DE LA ROSA, consideró que no existía motivo de denegación de la declaración de ejecutividad porque aunque el litigante perdedor fue emplazado el día 11 de mayo de 1989 para que se personara al día siguiente, no existió indefensión «máxime cuando compareció en juicio mediante representante legal en Holanda, quien, en parte alguna del procedimiento, adujo indefensión de su patrocinada».

logo, un plazo de 21 días se ha considerado suficiente para que una entidad española pueda comparecer y presentar su defensa ante la High Court of Justice, Been's Bench Division[219].

Por tanto, la apreciación de si la notificación ha tenido lugar en tiempo suficiente en el marco del Convenio de Bruselas, es una cuestión no predeterminada, que implica una apreciación discrecional por parte del juez requerido. En consecuencia, dicho plazo varía de un caso a otro dependiendo de las circunstancias particulares que concurran (por ejemplo, la distancia entre el lugar del domicilio del demandado y el tribunal donde se desarrolla el procedimiento, las relaciones entre las partes, la existencia de medios de comunicación adecuados, el modo de notificación empleado, etc)[201].

Si es cierto que no se puede fijar *a priori* un plazo común a todos los supuestos que se considere suficiente para que el demandado haya podido preparar su defensa, cuestión distinta es saber si el plazo comenzó o no a correr.

2. Punto de partida del plazo

2.1. Regla general: el plazo comienza a correr tras la notificación regular

El juez requerido deberá tener en cuenta en qué momento se practicó la notificación para comprobar que a partir del mismo, y teniendo en cuenta todas las circunstancias, el demandado tuvo tiempo suficiente para preparar su defensa.

En esta materia, y ante el silencio del artículo 27.2 (art. 34.2 del Reglamento), la primera duda que se nos plantea es la siguiente, ¿puede el

---

[219] Audiencia Provincial de Málaga 12 de enero de 1995, comentada por Mª T. ECHEZARRETA FERRER, «El Convenio de Bruselas de 1968...», ob. cit., pp. 23 ss. Vid., Auto de la Audiencia Provincial de Alicante de 23 de abril de 1999, Aranzadi Civil, núm. 7, 1999, 799, y STS 21 de julio de 2000, La Ley, 27 de octubre de 2000.

[220] En este sentido, y a título ejemplificativo, 2 días se ha considerado plazo insuficiente para que un demandado holandés comparezca y prepare su defensa ante un tribunal belga (Arrondissementsrehctbank d'Utrecht 8 de diciembre de 1976, Rép. Série D, I-27.2-B 1); 35 días se han considerado suficientes para que un demandado italiano pueda preparar su defensa ante el tribunal de Poitiers (Corte d'appello de Milán 27 de marzo de 1981, Riv.dir.int.pr.proc., 1981, pág. 951); un plazo de 6 días es insuficiente para que un demandado italiano pueda preparar su defensa ante el procedimiento iniciado en Bélgica (Corte d'appello de Milán 25 de junio de 1980, Riv.dir.int.pr.proc., 1980, pp. 644-645).

En ocasiones el tribunal requerido da las razones, justifica la posición que adopta respecto a la suficiencia o no del plazo. Así por ejemplo, un plazo de 20 días para que un demandado domiciliado en Alemania comparezca ante un tribunal de Rotterdam es plazo suficiente ya que la demandada mantenía desde hacía años relaciones comerciales en Holanda (Oberlandesgericht de Stuttgart 17 de septiembre de 1984, Rép. Série D, I-27.2-B 23); el Gerechtshof de Bois-le-Duc, en la sentencia de 4 de marzo de 1982, Rép. Série D, I-27.2-B 18, estimó que un plazo de 19 días entre la notificación y la audiencia es suficiente para que un demandado holandés (domiciliado en Eindhoven) hubiese comparecido y preparado su defensa ante el tribunal belga de Neerpelt, considerando que la distancia entre ambas localidades era de 25 km.

juez requerido estimar que el demandado pudo comenzar a preparar su defensa desde el momento en que la cédula de emplazamiento o documento equivalente le fue notificada regularmente? [221].

El TJCE en la Sentencia Klomps/Michel afirmó que «el artículo 27.2 no exige la prueba de que el demandado tenga efectivamente conocimiento de la cédula de emplazamiento... Como regla general, el juez requerido puede limitarse a examinar si el plazo, a contar desde la fecha en que la notificación ha sido hecha regularmente, ha dejado al demandado un plazo suficiente para su defensa» (motivo 19).

La respuesta del Tribunal deja clara una cuestión: para que comience a correr el plazo, que el juez requerido debe estimar suficiente, no es necesario que el demandado haya tenido conocimiento de la cédula de emplazamiento o documento equivalente, lo importante es que haya tenido posibilidad de conocerla. El plazo comienza a correr tras la notificación regular.

Afirmación que nos parece correcta ya que, a nuestro juicio, exigir lo contrario hubiese ido en contra del mecanismo del Convenio, habría puesto en peligro el funcionamiento de los diferentes sistemas de notificación nacionales y, por último, comprometería los intereses de los demandantes que han confiado en dichos sistemas.

1.— En efecto, hemos apuntado, en primer lugar, que exigir el conocimiento efectivo por parte del demandado de la cédula de emplazamiento habría ido en contra del mecanismo del Convenio y ello por una razón: no tiene sentido exigir en fase de reconocimiento y exequátur dicho conocimiento cuando no es exigido en el procedimiento de origen. En palabras de D. HOLLEAUX, «sería sorprendente que la regla indirecta juegue con más rigor que la directa» [222].

En virtud de lo dispuesto en el art. 20.2 del Convenio, sustituído por el art. 15 del Convenio de La Haya de 1965, el juez de origen, cuando el demandado no comparece, debe suspender el procedimiento hasta que quede acreditado que el demandado pudo recibir la cédula de emplazamiento regularmente y en tiempo suficiente para su defensa. En ocasiones el juez de origen puede continuar el procedimiento en rebeldía sin saber, a ciencia cierta, si el demandado tuvo o no conocimiento de la cédula de emplazamiento; únicamente se exige que le conste que el demandado pudo recibirla con tiempo suficiente.

En este sentido se pronunció el Informe JENARD a propósito del art. 20 al afirmar que «el artículo 20.2... no exige que esta parte haya tenido conocimiento del emplazamiento con tiempo suficiente. El demandado deberá responder de los retrasos causados por su propia negligencia o por

---

[221] A diferencia del art. 27.2, el art. 36 del Convenio (art. 43 del Reglamento) establece, por lo que respecta al punto de partida del plazo para interponer recurso contra la concesión del exequátur, reglas precisas y concretas.

[222] D. HOLLEAUX, nota a la sentencia de la Cour de Cassation de 17 de mayo de 1978, Journ.dr.int., 1979, pág. 389.

la negligencia de sus parientes o servidores. El momento de la entrega regular es, por consiguiente, decisivo, y no el momento en que el demandado ha tenido efectivamente conocimiento del emplazamiento...»[223]. Se superan, de este modo, los problemas de la rebeldía por conveniencia del que no comparece habiendo sido debidamente notificado.

Si se exigiese el conocimiento efectivo por parte del demandado, el procedimiento quedaría indefinidamente paralizado por un hecho cuyo control escapa al órgano jurisdiccional.

Análogas consideraciones se pueden realizar respecto del artículo 15 del Convenio de La Haya, que quiere garantizar que el acto haya sido entregado, trasladado o notificado al demandado, es decir, que haya llegado a su esfera jurídica, entendiéndose que la notificación se perfecciona en el momento de la entrega (en sentido análogo se manifiesta el artículo 19 del Reglamento 1348/2000).

Por tanto, si en el procedimiento de origen no es exigido el conocimiento por parte del demandado de la cédula de emplazamiento no hay que hacerlo en fase de reconocimiento, ya que supondría establecer condiciones más duras. Si el juez de origen continuó su procedimiento considerando que el demandado fue emplazado en tiempo y forma y que pudo defenderse, el juez del reconocimiento no debe añadir más obstáculos a la eficacia de la resolución.

2.— En segundo lugar, exigir el conocimiento efectivo por parte del demandado supondría reducir todos los modos de notificación existentes en el Derecho común de los Estados miembros a uno, la notificación en la persona del demandado (sistema que es el más seguro, pero que no siempre es posible)[224].

Ningún sistema de notificación asegura que el demandado haya tenido conocimiento efectivo de la cédula de emplazamiento por lo que de exigirse dicho conocimiento se llegaría a la conclusión de que existirían sistemas de notificación que serían válidos conforme al derecho del Estado de origen y que nunca lo serían para el juez requerido porque podría considerar que el plazo no ha comenzado a correr (y, por tanto, el tiempo no fue suficiente) si el demandado no tuvo conocimiento de la cédula de emplazamiento.

Esta exigencia supondría establecer condiciones más severas para el reconocimiento en el Convenio que en el derecho común de los Estados miembros que reconocen eficacia a estos otros modos de notificación.

3.— En último lugar, el demandante que ha actuado de buena fe y ha confiado en los sistemas de notificación estatales quedaría siempre a expen-

---

[223] Informe JENARD, ob. cit., pp. 157-158.

[224] El Abogado General en el asunto Klomps afirmó que «en virtud del Convenio de Bruselas, el principio en virtud del cual un acto debe ser comunicado directamente, personalmente, no se aplica. Cuando el Convenio así lo quiere lo exige expresamente, como es el caso del artículo 36... No tiene importancia que el demandado haya tenido efectivamente conocimiento de la cédula de emplazamiento, es suficiente que haya tenido la posibilidad de tener conocimiento de ella».

sas del demandado que siempre estará interesado en alegar la falta de conocimiento de la cédula de emplazamiento y, en consecuencia, que no disfrutó de tiempo suficiente para preparar su defensa.

Al respecto, P. GOTHOT y D. HOLLEAUX han afirmado que «la protección del demandado no puede hacer que se desatiendan con exceso los intereses del demandante. Los derechos estatales así como los Convenios internacionales ofrecen a este último diferentes formas de comunicación dirigidas a llevar a cabo una información real al demandado, pero que no siempre lo consiguen. Sería extraño que un demandante, que haya confiado en esta forma legal, pierda su beneficio en la fase del exequátur por el solo hecho de la ignorancia en la que su adversario ha seguido estando» [225].

El Tribunal de Justicia es consciente del riesgo que correría la libre circulación de resoluciones judiciales si demandados de mala fe alegan no haber tenido conocimiento de la cédula de emplazamiento. Por tanto, para que comience a correr el plazo no es necesario que el demandado haya tenido conocimiento efectivo de la cédula de emplazamiento [226, 227]. El demandado debe responder de su comportamiento si por su culpa o negligencia no ha tenido conocimiento de la cédula de emplazamiento.

Sentada esta premisa, el Tribunal, en la citada sentencia Klomps/Michel, consagra una regla general de cuándo debe considerarse que comienza a correr el plazo al afirmar que «el juez requerido puede limitarse a examinar si el plazo, a contar desde la fecha en que la notificación ha sido hecha regularmente, ha dejado al demandado un plazo suficiente para su defensa».

El juez requerido debe estimar que el plazo comenzó a correr desde la fecha de la notificación regular porque fue esa fecha la que tuvo en cuenta el juez de origen para saber si el demandado tuvo tiempo suficiente para defenderse. El principio de seguridad jurídica exige que sea dicha fecha la del punto de partida del plazo (de lo contrario, se plantearía la situación de que juez de origen y juez requerido harían partir el plazo desde fechas diferentes con la consecuencia de que lo que para uno sería plazo suficiente para preparar la defensa, no lo sería para otro).

Las garantías que se ofrecen al demandado en el procedimiento de origen justifican, a nuestro juicio, esta solución. Se presume, pues, que la notificación regular, conforme al derecho convencional o interno del Estado de origen, ofrece al demandado la posibilidad de tener conocimiento de que

---

[225] P. GOTHOT y D. HOLLEAUX, *La Convención de Bruselas...*, ob. cit., pág. 168.

[226] Y. DONZALLAZ, *La Convention de Lugano...*, ob. cit., pág. 476, considera que «ce qui est décisif, en définitive, c'est le moment auquel la communication est entrée dans la sphère de puissance du défendeur et non celui auquel il a eu effectivement connaissance de la citation».

[227] En contra de estas consideraciones se ha manifestado parte de la jurisprudencia francesa que exige el conocimiento del proceso por parte del demandado, Cour de Cassation 3 de noviembre de 1977 y Cour d'appel de Lyon de 18 de abril de 1978, Journ.dr.int., 1979, pp. 380 ss, nota de D. HOLLEAUX.

se ha entablado un procedimiento contra él y le permite comenzar a preparar las medidas necesarias para defender sus intereses.

Será la *lex fori,* como ley estatal o convencional, del ordenamiento del juez de origen, la que determine la fecha concreta en que se hizo la notificación regularmente y es a partir de la misma cuando el juez requerido debe apreciar y valorar las circunstancias concretas del caso para decidir si la notificación se hizo con tiempo suficiente *ex* art. 27.2.

Así, por ejemplo, si la notificación se ha realizado conforme a los arts. 2 y ss del Convenio de La Haya de 1965, la Autoridad Central del Estado requerido deberá remitir, conforme a lo dispuesto en el art. 6, una certificación de que la notificación se ha realizado y en dicha certificación deberá constar «la forma, el lugar y la fecha de cumplimiento así como la persona a la que el documento haya sido remitido. En su caso, indicará el hecho que haya impedido el cumplimiento».

También ofrece seguridad el sistema de notificación previsto en el párrafo 2 del art. IV del Protocolo que sólo considera la notificación perfecta desde que se aporta una prueba de su realización mediante certificación enviada directamente a la persona autorizada al efecto en el Estado de origen [228].

Por lo que respecta al Derecho común de los Estados parte tenemos que afirmar que no existe una tesis unitaria en materia de punto de partida del plazo [229]. La fecha variará de unos a otros en función de las soluciones en ellos consagradas.

---

[228] G. de LEVAL, «Les significations à l'étranger. A la recherche d'une solution efficace et respectueuse de tous les interets en presence», *Les Conventions de Bruxelles et de La Haye...,* ob. cit., pp. 35 ss, considera que el sistema introducido por el párrafo 2 del artículo IV del Protocolo es seguro debiéndose privilegiar su utilización en los países partes del Convenio. En sentido análogo, R. DUJARDIN, «Les modes de signification dans la CEE en dehors des Conventions de La Haye», *Les Conventions de Bruxelles et de La Haye...,* ob. cit., pp. 18 ss.

[229] G.A.L DROZ, «Mémoire sur la notification des actes judiciaires et extrajudiciaires à l'étranger», *Actes et Documents de la Dixième Session...,* ob. cit., pp. 12 ss; *íd.,* «Les droits de la demande...», ob. cit., pp. 101 ss, ha señalado que en materia de punto de partida de los plazos, se pueden destacar, principalmente y en líneas generales, tres sistemas: a) aquellos que, en protección de los intereses del demandante, lo fijan en el momento en que las formalidades son efectuadas en el país del foro (entrega «à parquet», en Francia, Holanda, Luxemburgo; entrega de «pli à la poste» en Luxemburgo); b) otros, en protección de los derechos del demandado, hacen partir el plazo desde el momento en que la notificación ha sido realizada en el extranjero (Alemania, Dinamarca...); c) finalmente, un sistema que concede un amplio margen de apreciación al juez (sistema anglosajón). Precisamente, una de las finalidades del art. 15 del Convenio de La Haya es impedir que sean dictadas sentencias en rebeldía de manera imprevista y sin que el demandado haya tenido posibilidad de tener conocimiento del procedimiento entablado contra él, lo que podía ocurrir en muchos Estados (a excepción de Alemania), que admiten sistemas de notificación ficticios.

El art. 37.2 del Anteproyecto de Ley de cooperación jurídica internacional en materia civil establece que «cuando no existiera Tratado, la solicitud deberá expresar el Tribunal de origen, la identificación del destinatario, la naturaleza del acto y los plazos para realizar en el Estado de origen la diligencia a que se refiera. Dicho plazo se contará desde la notificación en España, o desde la fecha fijada por el Estado requirente, si así estuviere previsto en un Tratado».

Y, precisamente, para evitar las diferencias existentes entre los Estados miembros de la Unión, el Reglamento 1348/2000, de 29 de mayo, ha introducido una disposición específica en materia de fecha de notificación. Así, como regla general y en protección de los derechos del demandado, el art. 9.1 establece que la fecha de notificación o traslado será aquélla en que el documento haya sido notificado o trasladado de conformidad con las normas de derecho interno aplicables en el Estado miembro requerido. No obstante, y en protección del demandante, se establece en el párrafo 2 que cuando deba notificarse un documento dentro de un plazo determinado en el marco de un procedimiento que haya de incoarse o que esté pendiente en el Estado miembro de origen, la fecha que deberá tenerse en cuenta respecto del requirente será la establecida por el derecho interno de ese Estado miembro [230]. La aplicabilidad de las soluciones establecidas en el art. 9 está supeditada, no obstante, a lo dispuesto en su párrafo 3 (establece la posibilidad de que un Estado miembro declare que no aplicará dichas disposiciones).

La solución a la que se debe aspirar es una regla uniforme, común a todos los Estados parte. De este modo se evitaría que el juez requerido pudiera controlar este aspecto y dicrepar de la solución sostenida por el juez de origen al resolver la controversia. Sería deseable que la solución que aporta a la materia el Reglamento 1348/2000 se haga una realidad y que no quede reducida a la nada. Todo dependerá, en definitiva, de la posición que adopten los Estados respecto a la aplicación de esta disposición.

Normalmente la notificación regular será a la vez punto de partida del plazo para la comparecencia y del tiempo suficiente para la defensa en el sentido del art. 27.2 (art. 34.2 del Reglamento).

Hasta aquí el razonamiento del Tribunal es correcto, cualquier sistema de notificación es válido a efectos del art. 27.2 fijándose el punto de partida del plazo el día de la notificación regular.

Esta afirmación no suscita dudas cuando se ha realizado la notificación en la persona o en el domicilio del demandado (o en su centro de trabajo) (aunque éste no se encontrase allí en el momento de realizarse) ya que estas formas posibilitan que el demandado haya tenido conocimiento de la cédula de emplazamiento y comenzar a preparar su defensa proce-

---

[230] Como señala el Informe explicativo del Convenio..., ob. cit., pág. 33, «los apartados 1 y 2 podrían aplicarse de forma acumulativa, de manera tal que los efectos de la notificación o el traslado podrían producirse en momentos diferentes con respecto al destinatario del documento y con respecto al requirente. Tal situación podría producirse, por ejemplo, con respecto a ciertas legislaciones, en el caso de que un emplazamiento interrumpiera una prescripción e incluyera una invitación a comparecer. En cuanto al momento de la interrupción de la prescripción con respecto al requirente, hay que recurrir a la legislación del Estado miembro emisor...No obstante, en cuanto al destinatario del documento, la fecha que deberá considerarse para calcular el plazo de comparecencia será la que determine la legislación del Estado requerido».

sal[231]. De ello es consciente el Tribunal que, en la sentencia Klomps/Michel, afirma «el juez requerido puede estimar que tras una notificación regular, el demandado puede comenzar a preparar su defensa desde el momento en que el acto le ha sido notificado en su domicilio o en otro lugar» [232]. Así, por ejemplo, considera el Tribunal que si «el litigio recae sobre relaciones comerciales y la cédula de emplazamiento ha sido notificada a una dirección en la que el demandado ejerce tales actividades, la simple ausencia del demandado en el momento de la notificación no debería impedirle defenderse».

Ahora bien, los problemas se plantean cuando se utilizan otras formas de notificación, conocidas en un gran número de Estados parte que consideran la notificación perfecta desde el momento en que se realizan las formalidades necesarias en el Estado del foro sin atender al dato de si el destinatario ha recibido o ha tenido la posibilidad de recibir la cédula de emplazamiento. Existirían supuestos en que la notificación, regular conforme al Derecho del Estado de origen, no ha sido suficiente para informar al demandado de que se ha entablado un procedimiento contra él.

Por ello, el Tribunal de Justicia, en la sentencia Klomps/ Michel, enuncia a renglón seguido una excepción: corresponde al juez requerido examinar si en un caso concurren circunstancias excepcionales tales que la notificación, aunque regular, no ha sido suficiente para que comience a correr el plazo.

Por tanto, la regla general de que el plazo comienza a correr tras la notificación regular es, a juicio del Tribunal, una presunción *iuris tantum*. Afirmación que no compartimos del todo como expondremos a continuación.

---

[231] P. KAYE, *Civil jurisdiction and enforcement...*, ob. cit., pág. 1469, considera que incluso en los casos de notificación personal la presunción puede ser rechazada porque se pueden dar supuestos en que el demandado no pueda preparar su defensa tras la notificación (por ejemplo, que el demandado esté inconsciente tras una operación, que esté detenido, etc). El Abogado General, Sr. Reishl, en el asunto Klomps manifestó que sólo en circunstancias particulares, cuando no se podía razonablemente esperar del demandado que ha tomado todas las precauciones necesarias para que las notificaciones le sean efectivamente llegadas en caso de ausencia, por ejemplo, una hospitalización devenida súbitamente, se podrá estimar que, en virtud del art. 27.2 y su función protectora, una notificación en el domicilio no ha sido suficiente y que es preciso una notificación en la persona del demandado.

[232] La expresión «en otro lugar» ha sido criticada por L. DANIELE, «La notificazione della domanda...», ob. cit., pág. 504, ya que parece confirmar la idoneidad de cualquier sistema de notificación previsto en la legislación interna o en los Convenios internacionales para hacer correr el plazo, lo que se puede poner en duda en los supuestos de notificaciones ficticias.

2.2. El punto de partida del plazo cuando concurren circunstancias excepcionales

2.2.1. Alcance de la excepción

La excepción, tal y como es concebida por el Tribunal de Justicia, se aplica en aquellos supuestos en que la notificación, regular conforme al derecho del Estado de origen, no ha sido suficiente para que el demandado haya tenido posibilidad de tener conocimiento de que se ha entablado un procedimiento contra él y empezar a preparar su defensa. El problema se planteará, principalmente, en aquellos sistemas que conocen de determinadas formas de notificación, pensadas para los supuestos en que no es posible localizar al demandado, que operan sobre la base de ficciones. Nos referimos al sistema de «notification au parquet» que considera la notificación perfecta desde el momento que se cumplen ciertas formalidades en el Estado del foro sin que se tenga en cuenta el dato de si el documento fue entregado o no a su destinatario. En todos ellos se localizan en el territorio del Estado del foro las formalidades del acto a notificar en el extranjero[233].

Se considera que en estos casos el juez requerido tiene que apreciar si concurren determinadas circunstancias, calificadas por el Tribunal de excepcionales, que determinan que la notificación no ha sido suficiente para que comience a correr el plazo. Para apreciar si se encuentra en dicho supuesto, considera el Tribunal, el juez requerido debe tener en cuenta todas las circunstancias, tales como el modo de notificación empleado[234], las relaciones entre demandante y demandado o el carácter de la acción que ha sido preciso interponer para evitar una decisión en rebeldía.

Parece que cuando el Tribunal habla de circunstancias excepcionales se está refiriendo a un conjunto de hechos particulares que concurren en el caso concreto y que hacen retardar el punto de partida del plazo, por lo que en los supuestos en que concurran el punto de partida del plazo no será el de la fecha de notificación regular. Pero, la respuesta del Tribunal deja sin resolver las siguientes cuestiones: de una parte, no sienta ningún criterio acerca de cuándo una circunstancia merece ser calificada de excepcional;

---

[233] Sistema conocido, principalmente, en el derecho francés, belga, luxemburgués y holandés. Vid., F. RIGAUX, «La signification des actes à l'étranger», Rev.crit.dr.int.pr., 1963, núm. 3, pág. 468; P. BELLET, «Reconnaissance et exécution des décisions en vertu de la Convention du 27 septembre 1968», Rev.trim.dr.eur., 1975, núm. 1, pág. 38.

[234] Con esta expresión el Tribunal se está refiriendo implícitamente al hecho de que en los Estados contratantes existen sistemas de notificación ficticios. El propio Tribunal reconocerá años más tarde, en la sentencia de 11 de junio de 1985, Debaecker/Bouwman, Rec. 1985, pp. 1779 ss, que «el artículo 27.2 tiene en cuenta el hecho de que existen en los diferentes Estados contratantes sistemas de notificación ficticios, aplicables en el caso en que el demandado no tenga domicilio conocido, que prevén efectos ficticios. La probabilidad de que el demandado haya tenido conocimiento de la notificación y que haya dispuesto de un plazo suficiente para preparar su defensa puede variar considerablemente según el sistema de notificación ficticio previsto por cada ordenamiento jurídico».

de otra parte, el Tribunal no dice nada acerca de cuándo comenzará a correr el plazo, que se debe considerar suficiente, cuando el juez requerido aprecie que concurren circunstancias excepcionales; por último, tampoco hace referencia al dato de si es necesario en esos supuestos el conocimiento de la cédula de emplazamiento por parte del demandado ¿el plazo comienza a correr desde que se realizó la notificación conforme al derecho del Estado de origen o desde el día en que el demandado ha recibido la notificación?

A diferencia de lo que ocurría en materia de notificación en la persona o en el domicilio del demandado, en estos supuestos no existe consenso doctrinal, existiendo principalmente dos posturas enfrentadas acerca del punto de partida del plazo.

Así, algunos consideran que la condición del art. 27.2 debería entenderse cumplida cuando se han realizado por el demandante diligencias para alertar al demandado. No se puede sacrificar los intereses del demandante cuando se ha cumplido lo necesario para advertir al demandado (que puede ser negligente o de mala fe). De lo contrario se crearían situaciones de inseguridad jurídica. En este sentido se han pronunciado, entre otros, P. GOTHOT y D. HOLLEAUX, que consideran que en estos supuestos el tiempo útil depende del cumplimiento de diligencias complementarias especialmente destinadas a alertar al demandado, y proponen que dichas diligencias se habrán llevado a cabo si el juez de origen se ha atenido al mandato del art. 15 del Convenio de La Haya[235].

Si el juez de origen, en cumplimiento del mandato de los artículos 20 del Convenio de Bruselas y 15 del Convenio de La Haya consideró que en el procedimiento de origen se adoptaron las diligencias necesarias para que el acto fuese notificado al demandado, su decisión deberá vincular al juez requerido. Como ha manifestado P. ABARCA JUNCO, «este plazo sería tanto para los casos en que el juez considere que concurren circunstancias excepcionales como cuando la forma de notificación no sea personal o domiciliar. De este modo cualquiera de las formas de notificación existentes en los derechos internos o en el Convenio de La Haya podría ser considerada regular y, en su caso, suficiente»[236].

Esta tesis ha sido rebatida principalmente por A. HUET, que entiende que si se quiere conservar el sentido del art. 27.2 es preciso que el plazo

[235] P. GOTHOT y D. HOLLEAUX, La Convención de Bruselas..., ob. cit., pp. 169 ss. En el mismo sentido, G.A.L. DROZ, Rev.crit.dr.int.pr., 1981, pág. 719; íd., Rev.crit.dr. int.pr., 1984, pp. 134 ss; H. GAUDEMET-TALLON, Les Conventions de Bruxelles..., ob. cit., pág. 263; Cour d'appel de Reims 24 de noviembre de 1977, Journ.dr. int., 1979, pp. 389 ss, nota de D. HOLLEAUX; Tribunal de Grande instance de Paris 2 de noviembre de 1984, Gaz. Pal. 1985, I, pág. 61, nota J. MAURO; En la doctrina española, J. CARRASCOSA GONZALEZ, «Comentario al art. 27...», ob. cit., pág. 489; P. ABARCA JUNCO, «El artículo 27.2 del Convenio...», ob. cit., pp. 29 ss; J.M. SUAREZ ROBLEDANO, «Incidencia del art. 24 de la Constitución en el reconocimiento y ejecución de decisiones extranjeras: régimen común y convencional», Problemas actuales de aplicación del Derecho internacional privado por los jueces españoles, Gonsejo General del Poder Judicial, Madrid, 1997, pág. 260.

[236] P. ABARCA JUNCO, «El artículo 27.2 del Convenio...», ob. cit., pág. 29.

comience a correr desde el momento en que la notificación ha sido efectivamente remitida al destinatario o al menos puesta a su disposición, siendo indiferente que el destinatario del acto no haya tenido conocimiento del mismo, ya que la negligencia del demandado no tiene que perjudicar al demandante [237].

Entendemos que esta última opinión implicaría condiciones de aplicación del Convenio más duras para el reconocimiento que en los derechos nacionales [238]. Un demandante que ha confiado en los sistemas de notificación estatales y que ha realizado todas las diligencias para alertar al demandado no debe verse privado del mecanismo del Título III del Convenio. A nuestro juicio, y como vamos a ilustrar en las siguientes páginas, es preciso establecer un equilibrio entre la facultad concedida al juez requerido y la decisión dictada por el juez de origen.

2.2.2 Apreciación por el juez requerido de las circunstancias excepcionales. La jurisprudencia comunitaria en el asunto Debaecker/Bouwman

En la sentencia Debaecker el Tribunal interpreta el concepto de circunstancias excepcionales que el juez requerido puede tener en cuenta y cómo debe apreciarlas [239].

Bouwman, de nacionalidad holandesa, realizó con los esposos Debaecker y Plouvier, de nacionalidad belga, un contrato de alquiler sobre un inmueble de éstos situado en Frankrijlei (Bélgica). El 21 de septiembre de 1981 Bouwman abandona dicho inmueble sin preaviso y sin dejar constancia de su nueva dirección. Tres días más tarde, el abogado del matrimonio Debaecker interpuso demanda ante el Juzgado de Paz de Amberes. La notificación fue hecha el 24 de septiembre conforme a lo dispuesto en el art. 37 Code judiciaire belge, fijándose para la comparecencia el 1 de octubre. Se trata de una notificación ficticia porque no se sabía donde se encontraba Bouwman (no pudo realizarse la notificación en la dirección de Frankrijlei porque ni Bouwman ni ningún miembro de su familia se encontraban allí). El 25 de septiembre, Bouwman envió al abogado de Debaec-

---

[237] A. HUET, comentario a la sentencia Klomps, ob. cit., pág. 901. Opinión compartida por M. EKELMANS, comentario a la sentencia Debaecker, J. des T., núm. 5371, 8 de marzo 1986, pág. 160.

[238] Como ha afirmado P. ABARCA JUNCO, «El artículo 27.2...», ob. cit., pág. 28, de este modo «se confirmaría la tesis de que hay modos de notificación que aunque regulares para los derechos internos, incluyendo el Derecho convencional, no lo son a efectos del artículo 27.2».

[239] Sentencia de 11 de junio de 1985, Leon Emile Gaston Carlos Debaecker et Berthe Plouvier/Cornelis Gerrit Bouwman, asunto 49/84, Rec. 1985, pp. 1779 ss. Vid., comentarios de J.M. BISCHOFF, Journ.dr.int., 1986, pp. 461 ss; M. EKELMANS, J. des T., 8 de marzo 1986, núm. 5371, pp. 158 ss; T. HARTLEY, E.L.Rev., 1987, pp. 220 ss; S. PIERI, «The 1968 Brusels Convention on Jurisdiction and Enforcement of Judgments in Civil and Commercial Matters: four years' case law ot the European Court of Justice (1982-1986)», C.M.L.R., 1987, pp. 635 ss; Foro It. 1986, IV, pp. 242 ss.

ker una carta certificada que contenía, entre otras cosas, la rescisión del contrato, las llaves del inmueble y la información de su nueva dirección (un apartado de correos) en Essen, Bélgica. La carta llega al abogado el 28 de septiembre pero éste no reacciona y no advierte al demandado que estaba llamado a comparecer el 1 de octubre ante el juez de paz de Amberes y que la cédula de emplazamiento se encontraba en la comisaría de policía.

El 1 de octubre, y ante la incomparecencia de Bouwman, el tribunal juzga en rebeldía, condenándolo a pagar una determinada cantidad en concepto de indemnización. La sentencia fue notificada de la misma manera que la cédula de emplazamiento.

El 18 de noviembre de 1981 los esposos Debaecker presentan ante el Presidente del Tribunal de Breda, Holanda, una demanda de embargo preventivo de la cuenta bancaria que Bouwman allí tenía (es en esta fecha cuando el demandado tiene por primera vez conocimiento del procedimiento entablado contra él). El 30 de noviembre se declara ejecutoria la sentencia dictada en rebeldía por el juez de paz. El 6 de enero de 1982 Bouwman interpone un recurso, basado en los arts. 20 y 27.2 del Convenio, ante el Tribunal de Breda, recurso que es estimado.

Frente a esta decisión los esposos Debaecker interponen un recurso de casación ante el Hoge Raad considerando, de una parte, que el art. 27.2 no era aplicable al caso concreto porque la notificación se había realizado respetando el plazo fijado en el ordenamiento del juez de origen y, por otra parte, que los hechos ocurridos tras la notificación no podían obligar al demandante a emprender diligencias complementarias para informar al demandado. El Hoge Raad decidió someter al Tribunal de Justicia varias cuestiones prejudiciales sobre el alcance de la garantía de la suficiencia del plazo. Concretamente, lo que se preguntó al Tribunal era si para apreciar esta condición es necesario referirse a las circunstancias existentes en el momento de la notificación o si, por el contrario, es posible atender a hechos posteriores a la notificación.

Para responder a las cuestiones planteadas, el TJCE parte de la constatación de una realidad: en los diferentes Estados contratantes existen sistemas de notificación ficticios, aplicables a los casos en que el demandado no tiene domicilio conocido. La probabilidad de que el demandado haya tenido efectivamente conocimiento de la notificación (o haya tenido posibilidades de tener conocimiento de ella) y de que haya dispuesto de un plazo razonable para preparar su defensa puede variar considerablemente según el sistema de notificación ficticio previsto por cada ordenamiento jurídico.

Hecha esta afirmación, considera que si se limitasen las circunstancias a tomar en consideración por el juez requerido a las conocidas en el momento de realizarse la notificación, se correría el riesgo de interpretar la noción «tiempo suficiente» de una manera tan restrictiva y formal que coincidiría con la condición de la regularidad de la notificación, lo que conllevaría la eliminación de una de las garantías que el Convenio establece en favor del demandado. Resulta, por tanto, que la exigencia de tiempo suficiente debe ser apreciada en relación con hechos que ocurrieron tras la notificación y que hayan impedido al demandado preparar su defensa [240].

En contra de esta consideración se manifestó la parte demandante, apoyada parcialmente por la Comisión [241], basándose en el principio de seguridad jurídica y en la interpretación restrictiva del art. 27.2. En aras de dicho principio sólo se deben tener en cuenta las circunstancias existentes en el momento de la notificación que son las que el demandante conocía.

Continúa el Tribunal su razonamiento considerando que el juez requerido, en su valoración, puede tener en cuenta el hecho de que el demandante haya tenido conocimiento, tras la notificación regular, de una nueva dirección del demandado y no le haya informado del procedimiento entablado contra él. Es cierto, como afirma el Tribunal, que el Convenio no impone al demandante realizar diligencias complementarias pero se trata de un elemento de hecho que el juez requerido puede apreciar ya que su inactividad puede tener como consecuencia que la nueva dirección del demandado constituya una circunstancia excepcional que impida que comience a correr el punto de partida del plazo. «Informando al demandado a su nueva dirección, el demandante evita que el juez requerido pueda calificar el cambio de dirección como una circunstancia excepcional»(motivos 27 y 28).

Del mismo modo, afirma el Tribunal, un comportamiento imputable al demandado no puede servir para excluir la toma en consideración de las circunstancias excepcionales pero es un elemento que el juez requerido debe tener en cuenta para saber si la notificación fue realizada en tiempo suficiente. Corresponde al juez requerido valorar en qué medida el comportamiento del demandado puede contrarrestar la actitud del demandante (motivo 32).

a) Crítica de la sentencia Debaecker: la imprevisión del reconocimiento de una resolución y la ampliación de las facultades del juez requerido

La sentencia Debaecker/Bouwman aporta dos datos nuevos acerca de la apreciación que tiene que realizar el juez requerido de la garantía de una notificación al demandado con tiempo suficiente para preparar su defensa.

---

[240] En el mismo sentido se pronunciaron la parte demandada, los Gobiernos alemán y británico, en sus observaciones escritas, y el Abogado General M. Verloren Van Themaat.

[241] La Comisión adoptó una posición intermedia sosteniendo que, en principio, sólo se pueden tener en cuenta las circunstancias existentes en el momento de la notificación pero se podría admitir una derogación en los supuestos de circunstancias muy excepcionales que no puedan ser imputadas al demandado. Al respecto la Comisión ofrece una lista de aquellas circunstancias que, a su juicio, pueden considerarse excepcionales (por ejemplo, que el demandado tenga varias direcciones, que se encuentre de vacaciones, que no pueda preparar su defensa por causas ajenas de las que no es responsable como un incendio, que se encuentre de viaje en el extranjero...).

Si anteriormente el Tribunal afirmó que la noción de tiempo suficiente es una regla material del Convenio y que por regla general el plazo comienza a correr tras la notificación regular salvo que concurran circunstancias excepcionales, en este asunto todo su razonamiento versará sobre el concepto «circunstancias excepcionales», considerando que pueden ser posteriores a la notificación y que en esta garantía hay que incluir todos los elementos que concurran en el caso, incluso el comportamiento de las partes.

Es la primera vez que el Tribunal de Justicia, en el marco del artículo 27.2, hace referencia al comportamiento de las partes como elemento a tener en cuenta por el juez requerido. Pero, el Tribunal enmarca dicho dato sólo en la garantía de la suficiencia del plazo no haciéndolo extensivo a la regularidad de la notificación. A nuestro juicio, la diligencia observada por las partes debe ser valorada por el juez requerido tanto en la condición de la regularidad (sancionando los comportamientos de aquellos demandados que, a pesar de tener conocimiento del procedimiento, invocan vicios formales de la notificación, dato que se ha impuesto en la reforma de la disposición), como en la de la suficiencia del plazo.

Contrariamente a lo que hubiese exigido el principio de seguridad jurídica el Tribunal declara que el juez requerido debe tener en cuenta circunstancias posteriores a la notificación. En consecuencia, una notificación regular en el momento de realizarse y, en principio, suficiente para hacer correr el plazo del que dispone el demandado para preparar su defensa, en función de las circunstancias del momento, puede devenir ineficaz porque sobrevienen determinados hechos (que escapan al control directo tanto del órgano jurisdiccional como del demandante, que actuaron en función de las circunstancias existentes al tiempo de practicarse la notificación).

En el caso de autos, ante el abandono del domicilio por parte de Bouwman sin preaviso y sin dejar constancia de su nueva dirección, los esposos Debaecker interpusieron demanda procediéndose a la correspondiente notificación (ficticia porque no se sabía donde se encontraba Bouwman) el 24 de septiembre de 1981, fijándose el día para la comparecencia el 1 de octubre, en función de las circunstancias particulares del caso y presentes en el momento de realizarse la notificación (la parte demandante no podía esperar que posteriormente el demandado le iba a remitir su nueva dirección).

Pero, ¿qué hubiese ocurrido si Bouwman no hubiese remitido al abogado del demandante su nueva dirección tres días más tarde de practicarse la notificación sino cuando ya hubiese terminado el procedimiento ante el juez de origen? El demandante habría tenido a su favor una resolución a cuya eficacia se hubiese opuesto Bouwman alegando que se trataba de una notificación ficticia y que no tuvo conocimiento del procedimiento entablado contra él, ¿se podría estimar que el plazo comenzó a correr y que el demandado tuvo tiempo suficiente para preparar su defensa?, ¿se denegaría el exequátur porque el demandado no tuvo conocimiento del procedimiento entablado contra él?

En concordancia con la doctrina sentada por el Tribunal de Justicia todo dependerá del juez requerido, que tiene la facultad de apreciar si el hecho de que se practicara una notificación ficticia fue una circunstancia susceptible de calificarse como «excepcional», que retardó el punto de partida del plazo y que, como consecuencia de ello, el demandado no tuvo tiempo suficiente para preparar su defensa.

Considerando que deben valorarse también los hechos ocurridos tras la notificación, el Tribunal amplía notablemente las facultades del juez requerido y se está inclinando claramente en favor de los intereses del demandado, de modo que el demandante deberá siempre estar atento a las circunstancias no sólo que ocurrieron al tiempo de practicarse la notificación sino también a las que hipotéticamente pueden sobrevenir y, además de todo ello, deberá adoptar una actitud «escrupulosamente» diligente durante todo el procedimiento, actitud que no es equiparable a la que se exige al demandado.

Es cierto que el Tribunal afirma expresamente que el demandante no está obligado a realizar diligencias complementarias pero su actitud es un elemento a tener en cuenta para considerar que el cambio de domicilio fuese una circunstancia excepcional [242]. Entendemos que, *a sensu contrario,* si el demandante hubiera informado al demandado a su nueva dirección ya no habría que estimar que el cambio de dirección era una circunstancia excepcional, por lo que el Tribunal parece presuponer que en el momento en que el demandante realizó todas las diligencias para alertar al demandado comenzó a correr el plazo y que ya no cabría alegar la existencia de circunstancias excepcionales.

Supongamos que el abogado del demandante, que recibió la carta de Bouwman comunicando su nueva dirección el 28 de septiembre, advirtió al demandado del procedimiento lo más pronto posible, un día más tarde (el día 29). Teniendo en cuenta que se fijó el día de la comparecencia el 1 de octubre, el demandado sólo hubiese dispuesto de 2 días para preparar la defensa ¿podría estimar el juez requerido que la duración de dicho plazo no fue tiempo suficiente para preparar la defensa, en el sentido del art. 27.2?

Es este un ejemplo que pone de manifiesto que el poder de apreciación concedido al juez requerido genera como consecuencia un alto grado de inseguridad para el vencedor en el juicio de origen, que nunca sabrá con certeza si la resolución que ha obtenido en su favor será o no declarada

---

[242] J.M. BISCHOFF, comentario a la sentencia, ob. cit., pág. 466, se pregunta ¿qué hay de excepcional en el hecho de que un demandado cambie de domicilio o que un demandante haya sido informado de un tal cambio tras la notificación? Por ello, entiende que no queda gran cosa del concepto de circunstancias excepcionales y que se trata más bien de una referencia puramente formal al vocabulario empleado por el Tribunal en la sentencia Klomps.

ejecutiva conforme al mecanismo convencional ya que todo dependerá de la apreciación soberana por parte de aquél de las circunstancias en que se desarrolló el procedimiento de origen[243]. Esta inseguridad puede incitar a demandados habilidosos a no comparecer y realizar todo tipo de maniobras para ser condenados en rebeldía y alegar posteriormente defectos de la notificación o la falta de tiempo para defenderse. ¿De qué le sirve a un demandante observar una actitud diligente si posteriormente su actitud no va a ser recompensada?, ¿no existe un desequilibrio entre la lealtad que se exige al demandante y al demandado?

En contrapartida, el Tribunal afirma que también podrá el juez requerido valorar en qué medida el comportamiento del demandado puede contrarrestar la actitud del demandante. ¿Pero por qué el Tribunal no ha ido más lejos y no ha afirmado que corresponde al demandado soportar las consecuencias que se deriven de los actos que le son imputables?[244].

Junto a la diligencia que es exigible al demandante estimamos que también es necesario que los demandados observen un comportamiento diligente durante el procedimiento de origen y que adopten las medidas necesarias para tener conocimiento de los actos que se les transmiten[245]. No es justo, a nuestro juicio, que el demandante sufra las consecuencias de determinados hechos que no le son imputables. Es necesario, por tanto, que los jueces nacionales en su examen no se dejen llevar excesivamente por la protección de los derechos de defensa del demandado y establezcan un justo equilibrio en el comportamiento que es exigible a cada parte[246].

Si el demandado por su culpa o negligencia no ha tenido conocimiento del acto notificado, carece de fundamento para oponerse a la eficacia de la resolución dictada en rebeldía y así lo ha confirmado la jurisprudencia

---

[243] Compartimos la opinión de J.M. BISCHOFF, comentario a la sentencia, ob. cit., pp. 462 ss, de que la sentencia Debaecker acentúa aún más la diferencia entre una resolución contradictoria y una dictada en rebeldía.

[244] En el caso de autos, estimamos que para Bouwman no era muy difícil presuponer que tras su partida, sin preaviso y sin dejar dirección alguna los esposos Debaecker iban a demandarle y que la notificación se iba a realizar en la dirección conocida ya que no disponían de otra. ¿Por qué Bouwman no informó a los arrendadores de sus intenciones y cual era su nueva dirección? Es difícil pensar que el abandono del apartamento fue espontáneo y no premeditado. Significativas son las palabras del abogado del matrimonio Debaecker que, entre sus alegaciones ante el juez de paz de Amberes, afirmó «... Bouwman était parti comme un voleur en pleine nuit en emportant tous les biens meubles».

[245] Recuérdese que la Comisión consideró que sólo se podrían tener en cuenta como circunstancias excepcionales sobrevenidas tras la notificación determinados hechos no imputables a la actitud del demandado.

[246] Recuérdese, en nuestro ordenamiento, la STC 43/86, de 15 de abril, que afirmó que la exigencia de una notificación regular y en tiempo útil para poder ejercer los derechos de defensa, tiene tanto implicaciones positivas para el demandado como la exigencia de una razonable diligencia por su parte. El TC se ha pronunciado expresamente, en el ámbito interno, contra la práctica de determinados demandados habilidosos que ocultan su domicilio en el extranjero o que no se dan por emplazados (vid., entre otras, STC 174/1990, de 12 de noviembre, B.O.E., 3 de diciembre).

nacional en aplicación del art. 27.2 que exige que el demandado observe una actitud correcta durante el desarrollo del procedimiento de origen [247].

Aunque todo el razonamiento del Tribunal, en la sentencia Debaecker, verse sobre el concepto de circunstancias excepcionales ha desaprovechado la oportunidad de fijar cuándo comienza a correr el plazo en el supuesto de que concurran.

Entendemos que se puede deducir de la sentencia que el Tribunal está admitiendo que cuando concurren dichas circunstancias (ya sean anteriores o posteriores a la notificación) son necesarias diligencias complementarias en el procedimiento de origen por parte del demandante para alertar al demandado de que se ha entablado un procedimiento contra él y que, una vez realizadas, comenzaría a correr el plazo [248]. Pero, siguiendo con esta argumentación, nunca sabrá el demandante si las diligencias que realizó fueron suficientes para que el plazo comenzara a correr porque todo dependerá de la valoración que posteriormente realizará el juez requerido y ello con la consecuencia de falta de seguridad jurídica y aplicación uniforme del Convenio por parte de los jueces nacionales. Lo que uno puede considerar suficiente puede no serlo para otro. ¿Cómo una cuestión jurídica como es la del punto de partida de los plazos puede variar en función de las circunstancias?

Un demandante que ha realizado las diligencias necesarias en el procedimiento de origen (y que así fueron apreciadas por el juez que conoció de la controversia) no debe verse privado de la eficacia extraterritorial de su resolución. Si el juez de origen, en función de las circunstancias del caso y de las actuaciones realizadas consideró que la notificación fue efectuada regularmente y que el plazo fijado para la comparecencia comenzó a correr ¿cómo puede el juez requerido estimar todo lo contrario? Compartimos la afirmación de P. ABARCA JUNCO en el sentido de que «la exigencia de la regularidad no se mide pues a través del derecho del Juez de origen, ya

---

[247] Así, la sentencia del Tribunal de Grande Instance de Paris de 6 de enero 1982, Rev.crit.dr.int.pr., 1984, pp. 134 ss, comentario de G.A.L. DROZ, consideró que ni una encarcelación ni un pretendido domicilio en el extranjero son circunstancias excepcionales ya que la falta de comparecencia se había debido a la negligencia del demandado y el demandante había realizado todas las actuaciones necesarias para alertarle. En sentido análogo, sentencia de la Cour d'appel de Paris de 30 de marzo de 1984, citada por P. PLUYETTE, «La Convention de Bruxelles et les droits de la défense», *Études offertes à P. Bellet,* Litec, Paris, 1991, pág. 450.

En el plano convencional el art. 9 del Convenio de Luxemburgo de 20 de mayo de 1980 establece que «...no obstante, dicha falta de notificación no podrá ser causa de denegación del reconocimiento o de la ejecución si se debiera a que el demandado ocultó el lugar de su paradero a la persona que entabló el procedimiento correspondiente en el Estado de origen».

[248] Como ningún modo de notificación asegura que el demandado haya tenido conocimiento de la cédula de emplazamiento, el demandante estaría obligado a realizar diligencias complementarias en todos los supuestos y no sólo cuando concurran circunstancias excepcionales. En este sentido, P. GOTHOT y D. HOLLEAUX, *La Convención de Bruselas...,* ob. cit., pág. 169; A. HUET, comentario a la sentencia Klomps/Michel, ob. cit., pág. 901; J.M. BISCHOFF, comentario a la sentencia Debaecker, ob. cit., pág. 467.

que hay procedimientos que son regulares a sus ojos, pero que nunca lo serán para el juez requerido, que puede considerar que el requisito del tiempo útil, cuestión fáctica que es para el Convenio, no se cumple»[249].

En definitiva, todo dependerá de la apreciación del juez requerido. Más que apreciación nos atreveríamos a decir, en este momento, que lo que el juez requerido realiza es una verdadera revisión de cómo actuó el juez de origen. El mejor modo de escapar a esta censura es probar que en el procedimiento de origen se realizaron todas las diligencias necesarias para que el demandado hubiera tenido la posibilidad de conocer que se entabló un procedimiento contra él y que, en consecuencia, podía haber preparado su defensa.

Esta ampliación de facultades del juez requerido da lugar a que el demandante que obtiene una resolución en rebeldía nunca sepa con seguridad si va a ser reconocida.

b) Propuesta de solución

Ante la ausencia de una respuesta concreta por parte del Tribunal y de una regla uniforme en la materia, estimamos que no hay que comprometer en exceso los intereses del demandante y que hay que criticar la interpretación excesivamente amplia del art. 27.2. Este precepto es un motivo de denegación del reconocimiento que debe actuar en casos excepcionales, pero la interpretación que de él ha realizado el Tribunal lleva justamente al resultado contrario y a establecer condiciones más duras para el reconocimiento en el espacio comunitario que en el derecho común.

Dejar a la apreciación del juez requerido la determinación del momento temporal en que se practicó la notificación conlleva numerosos problemas que estimamos contradicen la filosofía del Convenio. Si éste no tiene como finalidad unificar el procedimiento, lo mejor será establecer, en aras de la seguridad jurídica y del principio según el cual la *lex fori* es la que impulsa el procedimiento, como regla general que el plazo comienza a correr cuando la notificación se hizo regularmente y que será a partir de ese momento cuando el juez requerido deberá apreciar si en función de todas las circunstancias (tanto las objetivas como las relativas al comportamiento de las partes), el demandado pudo defenderse o no.

Sólo cuando el juez requerido estime que concurrieron determinadas circunstancias que impidieron al demandado preparar su defensa procesal ocasionándole una lesión de su derecho de defensa entrará en juego el art. 27.2, denegándose eficacia a la resolución.

Las circunstancias excepcionales, a nuestro juicio, no tendrían la virtualidad de retrasar el punto de partida del plazo, sino que serían un dato más a tener en cuenta por el juez requerido para apreciar la suficiencia del

---

[249] P. ABARCA JUNCO, «El artículo 27.2 del Convenio...», ob. cit., pág. 28.

plazo. Por ejemplo, el juez requerido podría estimar en un supuesto concreto de notificación ficticia que el demandado no pudo preparar su defensa, no porque el medio en sí de notificación sea una circunstancia excepcional sino porque en función de todas las circunstancias, el demandado no pudo preparar su defensa.

En aras del principio de seguridad jurídica y de confianza en los jueces comunitarios estimamos que lo mejor es que en materia de punto de partida del plazo, éste comience a correr a partir de la notificación regular (ya que fue esta fecha la que tuvo en cuenta el juez de origen) y que en función de las circunstancias concretas del caso corresponda al juez requerido valorar si el plazo concedido al demandado fue o no suficiente para preparar su defensa (noción autónoma del Convenio).

Todos los problemas que estamos analizando derivan, en definitiva, del amplio poder de apreciación condedido al juez requerido, cuestión que pasamos a analizar.

III. *MODUS OPERANDI* DEL JUEZ REQUERIDO. ¿DEL CONTROL A LA REVISIÓN?

Una vez estudiado el contenido y alcance de las garantías enumeradas en el art. 27.2 (art. 34.2 del Reglamento), procede realizar en este momento un análisis de cómo realiza el juez requerido el control que le es autorizado. Lo que se trata de saber, en definitiva, es si el juez requerido realiza un mero examen (control formal) de las dos garantías enumeradas en la norma o si lo que realiza es una revisión de la resolución extranjera. Se trata de una cuestión polémica que ha suscitado opiniones en diferentes sentidos.

1. Alcance de la prohibición de revisión de fondo de la resolución extranjera

La Sección Primera del Título III del Convenio, tras establecer el principio general del reconocimiento automático de las resoluciones extranjeras y enumerar los motivos por los que se puede denegar dicho reconocimiento, enuncia en el artículo 29 la siguiente regla: «la resolución extranjera en ningún caso podrá ser objeto de una revisión en cuanto al fondo» [250]. En un Tratado doble como el de Bruselas era necesario establecer una disposición de este tenor ya que si los jueces han respetado las previsiones establecidas en el Título II, que precisamente han permitido reducir los motivos de denegación y facilitar el procedimiento de exequátur, era absurdo que el juez del reconocimiento pudiera poner en tela de juicio lo juzgado por su colega comunitario. De lo contrario, el reconocimiento, lejos de ser un procedimiento de control formal, se convertiría en una nueva ins-

---

[250] Prohibición que es repetida en términos idénticos en el art. 34.3 al regular el procedimiento de exequátur. Tras la reforma, el principio se mantiene (arts. 36 y 45.2 del Reglamento).

tancia de examen en la que el juez requerido podría revisar la fundamentación de la resolución extranjera con la finalidad de saber si el juez de origen había juzgado y resuelto de manera correcta el asunto.

Prohibiendo la revisión se impide que el juez del reconocimiento pueda sustituir la voluntad del juez de origen, denegando el reconocimiento porque existe una divergencia, de derecho o de hecho, entre sus apreciaciones y las que fueron hechas (o debían haber sido hechas) por aquél, de modo que él hubiese decidido en sentido diferente[251], entendiéndose que la prohibición alcanza no sólo a lo juzgado en el procedimiento de origen sino también a lo que no lo fue (así, por ejemplo, el juez requerido no puede admitir excepciones ya planteadas o que debieron plantearse en el procedimiento de origen).

Si se parte del principio de que el juez de origen era competente y cumplió con las previsiones del Convenio no hay por qué revisar el fondo del asunto.

El principio de cooperación y confianza entre las administraciones de justicia de los Estados parte permite considerar la actividad jurisdiccional desarrollada en cada uno de ellos como equivalente, de modo que la resolución emitida por uno de ellos se considera ajustada a Derecho y dictada conforme a las disposiciones convencionales, por lo que el juez del reconocimiento no tiene por qué realizar un nuevo examen de la misma, debiendo, en principio, reconocer y declarar ejecutiva dicha resolución. Permitir la revisión habría estado en contradicción con la finalidad última del Convenio de facilitar y simplificar el reconocimiento y exequátur de las resoluciones y conseguir la plena integración jurídica y política.

Este principio ha sido una constante en los Convenios de reconocimiento y ejecución de resoluciones extranjeras, aunque en algunos con una formulación menos rígida que la contenida en el de Bruselas (la resolución extranjera *en ningún caso...*)[252].

Del mismo modo el derecho común de los Estados miembros ha experimentado, en ocasiones gracias a la labor de la jurisprudencia, una evolu-

---

[251] Como afirma el Informe JENARD, ob. cit. pág. 163, «el juez ante el que se invoca el reconocimiento de una resolución extranjera no puede apreciar si la resolución se ajusta a derecho, no puede sustituir con su voluntad la del juez extranjero ni denegar el reconocimiento si considera que se ha juzgado mal cualquier punto de hecho o de derecho». Tradicionalmente, la revisión de fondo ha significado la posibilidad para el juez requerido de poder rechazar el exequátur «s'il estime qu'un point quelconque, de fait ou de droit, a été mal jugé», H. BATIFFOL y P. LAGARDE, *Droit international privé,* Tome II, septième édition, Paris, L.G.D.J., 1993, pág. 593,

[252] Art. 8 del Convenio de La Haya de 1971 sobre reconocimiento y ejecución de resoluciones extranjeras; art. 2 del Convenio de La Haya sobre reconocimiento y ejecución de sentencias en materia de obligaciones alimenticias respecto a menores de 15 de abril de 1958; art. 12 del Convenio de La Haya de 2 de octubre de 1973 relativo al reconocimiento y ejecución de resoluciones relativas a obligaciones alimentarias; art. 9.3 del Convenio de Luxemburgo de 20 de mayo de 1980 relativo al reconocimiento y ejecución de decisiones en materia de custodia de menores. Vid., G. FRANCHI, «Convenzione internazionali sulla delibazione e riesame del merito», Giur.it., 1982, I, pp. 914 ss.

ción en favor de la confianza en lo juzgado por un juez extranjero, condenándose posturas herméticas y prohibiéndose con carácter general que el juez del reconocimiento pueda revisar lo ya juzgado (aunque en ocasiones quedan resquicios en materia de ley aplicada o derechos de defensa), limitándose su actividad a controlar la concurrencia de las condiciones que todos los sistemas exigen para el reconocimiento/exequátur de la resolución[253].

Nuestro ordenamiento no ha permanecido ajeno a la condena de la revisión de fondo. Todos los Convenios bilaterales firmados por España en la materia contienen una norma que expresamente prohíbe al juez del reconocimiento revisar el fondo de la resolución extranjera[254]. Del mismo modo, en el régimen común de condiciones, régimen de control formal, el juez español se debe limitar a constatar que la resolución extranjera cumple con las condiciones enumeradas en el art. 954 de la L.E.C[255].

---

[253] Únicamente parece que ha sido el derecho belga el que ha conservado un poder de revisión respecto de las resoluciones extranjeras en materia patrimonial, tal como establece el art. 570 del Code judiciaire belge; En derecho francés, las críticas formuladas contra el derecho de revisión hicieron que se abandonase este sistema. La sentencia de la Cour de Cassation de 7 de enero de 1964, en el asunto Munzer (comentada por H. BATIFFOL, Rev.crit.dr.int.pr., 1964, pp. 344 ss y por B. GOLDMAN, Journ.dr.int., 1964, pp. 302 ss), condenó la falta de confianza en los jueces extranjeros, considerando que para conceder el exequátur el juez francés debía asegurarse de que la sentencia extranjera cumplía con determinadas condiciones. Sobre el conjunto del problema y la desaparición de la revisión de fondo en derecho francés, vid., con carácter general, J.D. BREDIN, «Le contrôle du juge de l'exequatur au lendemain de l'arrêt Munzer», Trav.Com.fr.dr.int.pr., 1964-1966, pp. 19 ss; D. ALEXANDRE, Les pouvoirs du juge de l'exequatur, L.G.D.J., Paris, 1970; M. ISAAD, Le jugement étranger devant le juge de l'exequatur, de la révision au contrôle, L.G.D.J., Paris, 1970; En derecho inglés esta prohibición se corresponde con los principios del Common Law y con la posición del Foreign Judgments (Reciprocal Enforcement) Act 1933; Del mismo modo, la jurisprudencia luxemburguesa ha experimentado una evolución en la materia hacia posturas más flexibles; Respecto del derecho alemán, el art. 328 ZPO enumera las condiciones del reconocimiento de decisiones extranjeras, no admitiéndose la revisión de fondo; En el derecho italiano vigente antes de la reforma, la revisión de fondo no era permitida, salvo en los supuestos de decisiones dictadas en rebeldía, en virtud de lo establecido en el art. 798 CPC, vid., entre otros, A. MIGLIAZZA, «Riesame dei requisiti e riesame del merito in sede di delibazione», Riv.dir.int.pr.proc., 1969, núm. 1, pp. 103 ss; S. CARBONE, «Giudizio di riesame del merito e delibazione di sentenze straniera», Riv.dir. int.pr.proc., 1972, núm. 2, pp. 509 ss; Tras la reforma (Ley 31 de mayo de 1995) se ha suprimido toda revisión de fondo de la resolución extranjera; El sistema griego tras la reforma de la Ley de Enjuiciamiento Civil elimina la revisión de fondo; Respecto del sistema holandés, vid., R. van ROOIJ y M. V. POLAK, Private international law in the Netherlands, Kluwer, 1987, pp. 45 ss; Finalmente, el derecho portugués también condena la revisión de fondo (arts. 1096 ss Código procesal civil, modificado por Decreto-Ley núm. 329-A/95, de 12 de diciembre, vid., R.J.C., 1999, núm.3, pp. 804 ss) .

[254] Art. 5 del Convenio con Suiza; art. 6 del Convenio con Francia; art. 16 del Convenio con Italia; art. 9.1 del Convenio con la R.F. de Alemania; art. 11.1 del Convenio con Austria; art. 25.1 del Convenio con Checoslovaquia; art. 6 del Convenio con Israel; art. 22 del Convenio con México; art. 24 del Convenio con Brasil; art. 11.1 del Convenio con la República Oriental de Uruguay; art. 24.5 del Convenio con la Unión de Repúblicas Socialistas Soviéticas; art. 23.2 del Convenio con la República Popular de China; art. 20.2 del Convenio con Bulgaria; art. 13 del Convenio con Rumanía.

[255] La única quiebra de este principio general se produciría en el régimen de reciprocidad (art. 952 L.E.C), cuando el ordenamiento extranjero someta a revisión a las sentencias españolas.

La jurisprudencia del Tribunal Supremo se ha pronunciado en contra de la revisión de fondo de la resolución extranjera. Así, el Auto de 19 de marzo de 1986 afirmó que «...para resolver sobre la homologación postulada, es preciso tener en cuenta que sin vulnerar en lo esencial el principio que excluye la revisión de fondo de la decisión extranjera...» [256]. Afirmaciones que serán reiteradas por el TS en el Auto 22 de diciembre de 1993 en el que consideró que «la cuestión radica en si ante la petición de exequátur puede el órgano judicial a quien corresponda resolver sobre el reconocimiento adentrarse en el fondo de la resolución cuya ejecución se interesa, esto es, revisarla; o limitarse para conceder o denegar dicho reconocimiento a comprobar si la misma ha sido dictada por el juez competente, si adolece de algún defecto formal, o si es contraria al orden público; pudiendo señalarse a tales efectos que el criterio actualmente predominante en esta materia es el últimamente indicado» [257].

En sentido análogo, el Tribunal Constitucional español condena la revisión de fondo al considerar que el procedimiento de exéquatur «no es un procedimiento contencioso articulado sobre una demanda, sino un trámite de homologación», insistiendo en que la función del juez del exequátur es comprobar si, al dictarse la resolución cuya ejecución se solicita, se han respetado las garantías constitucionales. El Tribunal considera que dichas garantías exigen un análisis de los resultados de la decisión para saber los hechos que fundamentan la sentencia y si han sido objeto de prueba, pero «comprobar si en la resolución extranjera se cumple con esa exigencia de que se ha realizado una prueba razonable de los hechos no tiene por qué implicar una revisión del fondo del asunto, y no desborda, en consecuencia, la función homologadora que corresponde al juez del exequátur» [258].

Ahora bien, si todos los Convenios en la materia y el derecho común de los Estados se muestran contrarios a la revisión de fondo, todos coinciden también en mantener un conjunto de condiciones que la resolución extranjera debe cumplir para ser reconocida y obtener el exequátur.

En sentido análogo se pronuncia el Convenio de Bruselas ya que ausencia de revisión no significa ausencia de crítica ni que el juez del reconocimiento carezca de todo poder de control de la resolución extranjera. De hecho, el Convenio en los artículos 27 y 28 (arts. 34 y 35 del Reglamento), al enumerar los motivos por los que se puede denegar el recono-

---

[256] La Ley 1986-2, núm. 6369. En sentido análogo, Auto TS 8 de marzo 1982, Col.Leg.Jurisp.Civ., marzo-abril, 1982, núm. 101, nota de A.L. CALVO CARAVACA, R.C.E.A., 1985, pp. 175 ss.

[257] La Ley 1994, núm. 13.673, nota de J. MASEDA RODRIGUEZ, R.E.D.I., 1994, núm. 1, pp. 321 ss.

[258] Sentencia del TC 54/1989, de 23 de febrero, B.O.E., 14 de marzo, comentada por M. DESANTES REAL, R.E.D.I., 1989, núm. 2, pp. 625 ss; vid., también las precedentes sentencias del TC 98/1984, de 24 de octubre, B.O.E., 28 de noviembre, comentada por A.L. CALVO CARAVACA y F. CASTILLO RIGABERT, R.E.D.I., 1986, núm. 1, pp. 272 ss, y STC 43/1986, de 15 de abril, comentada por M. AMORES CONRADI, R.E.D.I., 1987, núm. 1, pp. 190 ss.

cimiento, permite expresamente un control de la resolución extranjera ya que sólo serán reconocidas y declaradas ejecutivas aquellas resoluciones que se consideren regulares.

La correcta coordinación entre los arts. 27 y 28 y el principio base del Convenio de la prohibición de la revisión de fondo llevaría a la conclusión de que el juez requerido no puede denegar el reconocimiento porque considere que la resolución extranjera está viciada por un error de derecho o por una errónea apreciación de los hechos por el juez de origen, es decir, se prohibe al juez requerido rechazar el reconocimiento en cuanto considere que existe una divergencia entre sus apreciaciones y las del primer juez. El juez del Estado requerido sería simplemente una instancia de control, de modo que puede realizar todas las verificaciones necesarias para saber si concede o no eficacia a la resolución, estándole vedado juzgar si el derecho del Estado de origen ha sido bien aplicado o si los hechos han sido correctamente apreciados.

Pues bien, si así es como hay que entender este principio nos resulta difícilmente compatible con la intepretación que del art. 27.2 ha hecho el Tribunal de Justicia. En el marco del Convenio, el respeto de los derechos de defensa ha sido confiado tanto al juez de origen como al juez requerido, instaurándose la denominada «teoría del doble control», que ha sido expresamente confirmada y desarrollada por la jurisprudencia del Tribunal de Justicia.

Por tanto, si el juez requerido realiza un nuevo control no es difícil que llegue a un resultado diferente del que mantuvo el juez de origen, denegando eficacia a la resolución extranjera. ¿Hasta qué punto puede el juez requerido estimar que el juez de origen aplicó mal su propio ordenamiento en materia de notificación o que apreció mal las circunstancias fácticas del caso?, ¿no está reconsiderando el juez del reconocimiento dos cuestiones ya examinadas por el juez de origen? Estas cuestiones tuvieron que ser dilucidadas por el TJCE en el asunto Pendy Plastic/Plusplunkt.

2. La teoría del doble control. La jurisprudencia comunitaria en el asunto Pendy Plastic/Pluspunkt

La sentencia del Tribunal de Justicia de 15 de julio de 1982 en el asunto Pendy Plastic/Pluspunkt[259] confirma expresamente la teoría del doble control y la autonomía del juez requerido que, en su examen no está vinculado por las apreciaciones del juez de origen[260].

---

[259] Sentencia del TJCE 15 de julio de 1982, Pendy Plastic Products BV/Pluspunkt Handelsgesellschaft mbH, asunto 228/81, Rec. 1982, pp. 2723 ss. Vid., comentarios de G.A.L. DROZ, Rev.crit.dr.int.pr., 1983, núm. 3, pp. 521 ss; A. HUET, Journ.dr.int., 1982, núm. 2, pp. 960 ss; H. VERHEUL, N.I.L.R., 1987, pp. 111 ss; R.GEIMER, IPrax., 1985, pp. 6 ss.

[260] En la primavera de 1979, la empresa Pendy Plastic, con sede en Helmond, Países Bajos, entabla un procedimiento civil ante el tribunal de Bois-le-Duc (Países Bajos) contra la firma Pluspunkt, con sede social en Neuss, República Federal de Alemania. La cédula de emplazamiento

En efecto, el Tribunal considera que en cumplimiento de la finalidad del art. 27.2 el control de los derechos de la defensa ha sido confiado a la vez al juez de origen y al juez del Estado requerido, estando éste obligado a verificar que en el procedimiento de origen se respetaron los derechos de defensa del demandado con independencia de la decisión dictada por el juez que conoció del asunto. El juez requerido debe realizar un nuevo examen independiente, no estando ligado por la decisión del juez de origen ni en lo que se refiere a la valoración de los hechos ni en lo que se refiere a los fundamentos de derecho [261].

Hecha esta afirmación, el Tribunal debía compatibilizar este doble control con el principio de la prohibición de revisión de fondo de la resolución extranjera y lo hace de la manera más sencilla posible (lo cual no significa que no haya planteado problemas de interpretación en la doctrina), diciendo que «este control sólo tiene un límite expresado en el art. 34.3 del

---

debía ser notificada a la demandada en su dirección conocida en Neuss pero como no fue posible encontrarla allí, el Landesgericht de Neuss expidió el 17 de mayo de 1979 una certificación, conforme a lo dispuesto en el art. 6 del Convenio de La Haya de 15 de noviembre de 1965, sobre la imposibilidad de realizar dicha notificación. Ante la incomparecencia de la parte demandada el tribunal de Bois-le-Duc, en cumplimiento de las estipulaciones combinadas del art. 20.2 del Convenio de Bruselas y art. 15 del Convenio de La Haya, ordena el 8 de junio de 1979 a la parte demandante que pruebe que la demandada había tenido la posibilidad de recibir la notificación en tiempo suficiente o que se habían realizado todas las diligencias oportunas para que la demandada hubiese podido defenderse. La parte demandante presenta, a este efecto, las declaraciones del servicio encargado del Registro de habitantes de Neuss y un extracto del Registro de comercio de dicha localidad, acreditando que la demandada tenía su domicilio en la dirección conocida. El tribunal de Bois-le-Duc considera que estos documentos prueban que la parte demandante había hecho todo lo necesario para alertar al demandado. El 14 de septiembre de 1979 dicho tribunal condena a Pluspunkt a pagar una determinada cantidad a la empresa Pendy Plastic (observemos que el juez holandés no ha cumplido correctamente con el mandato del párrafo 2 del art. 15 del Convenio de La Haya porque, de una parte, dicta resolución antes de haber transcurrido 6 meses desde la fecha del envío del documento, y, por otra parte, no quedaba acreditado que se hubiesen realizado todas las diligencias oportunas ante las autoridades del Estado requerido).

La empresa Pendy Plastic solicita la declaración de ejecutividad de la sentencia en Alemania, conforme a los arts. 31 y ss del Convenio, que fue denegada por el Landgericht de Düsseldorf, decisión que es confirmada en apelación por el Oberlandesgericht de Düsseldorf. Frente a esta decisión la empresa Pendy Plastic interpone un recurso ante el Bundesgerichtshof, que decide someter al TJCE la siguiente cuestión prejudicial: «¿Es igualmente posible rechazar el reconocimiento de una decisión en virtud del art. 27.2 del Convenio de Bruselas cuando el demandado no ha comparecido en el Estado de origen y cuando la cédula de emplazamiento no le había sido notificada regularmente y en tiempo suficiente para defenderse, en cuanto que conforme a las disposiciones combinadas del art. 20.3 del Convenio de Bruselas y del art. 15 del Convenio de La Haya relativo a la notificación o traslado en el extranjero de documentos judiciales en materia civil o comercial de 15 de noviembre de 1965, la jurisdicción del Estado de origen había decidido que el demandado había tenido la posibilidad de recibir la notificación en tiempo suficiente para defenderse?»

[261] En cuanto a las observaciones presentadas, hemos de destacar como los tres Gobiernos que las hicieron (el alemán, el italiano y el del Reino Unido) coincidieron en afirmar que el art. 27.2 no contiene ninguna limitación respecto de las competencias del juez requerido. En el mismo sentido se pronunciaron, la Comisión y el Abogado General, M.G. Reischl.

Convenio que afirma que en ningún caso la decisión extranjera puede ser objeto de una revisión de fondo» (motivo 13, *in fine*)[262].

En base a estas afirmaciones el Tribunal de Justicia consideró que, «el juez del Estado requerido puede, cuando estima cumplidas la condiciones previstas en el art. 27.2 del Convenio de Bruselas, rechazar el reconocimiento y la ejecución de una decisión incluso si la jurisdicción del Estado de origen ha tenido por establecido, en aplicación de las estipulaciones combinadas del art. 20.3 de este Convenio y del art. 15 del Convenio de La Haya, que el demandado que no ha comparecido, había tenido la posibilidad de recibir comunicación de la cédula de emplazamiento en tiempo suficiente para defenderse».

Si una cosa queda clara, tal y como se desprende de la lectura de la sentencia, es la descoordinación que existe entre la actividad desarrollada en el procedimiento de origen y la ejercida por el juez del Estado requerido.

Si el Convenio autoriza, por el juego de los artículos 20.2 de Bruselas y 15 de La Haya, a dictar resolución en rebeldía cuando determinados requisitos son cumplidos, dicha decisión va a ser sometida al examen del juez requerido que, en todo caso, va a controlar si se cumplieron las dos condiciones exigidas por el art. 27.2[263].

A diferencia de lo que ocurre en materia de competencia del juez extranjero, cuyo control es suprimido con carácter general del Convenio, con la sola excepción de los supuestos expresamente previstos en el párrafo primero del artículo 28[264] (art. 35 del Reglamento), en los supuestos de reso-

---

[262] Estimamos que el Abogado General en sus conclusiones está admitiendo, aunque sea implícitamente, una excepción a la prohibición de revisión de fondo. Varios datos nos llevan a pensarlo ya que, de un lado, afirma que disposiciones del tenor del art. 27.2 no deben ser objeto de una interpretación estricta; por otra parte, considera que el juez requerido desarrolla un control autónomo no estando vinculado por las apreciaciones de hecho o de derecho del juez de origen y, por último, cita a A. Bülow-A. Böckstiegel (Internationaler Rechtsverkehr in Zivil-und Handelssachen, Erläuterungen zu dem Übereinkommen über die gerichtliche Zuständigkeit und die Vollstreckung gerichchtlicher Enstscheidungen in Zivil-und Handelssachen) que consideran que, en razón del carácter excepcional de las decisiones dictadas en rebeldía, el art. 27.2 prevé una excepción a la prohibición de la revisión de fondo para la regularidad de la notificación.

[263] En el caso que estamos estudiando, ya hemos puesto de manifiesto como el juez holandés no cumplió con todas las previsiones establecidas por el segundo párrafo del art. 15 del Convenio de La Haya, pero nos atreveríamos a decir que, incluso si lo hubiera hecho, el juez requerido podría haber denegado el reconocimiento si hubiera considerado que la notificación no fue regular o que el demandado, en función de las circunstancias, no tuvo tiempo suficiente para defenderse.

[264] Este principio juega incluso cuando el proceso directo no está vinculado al Convenio por los criterios de competencia judicial internacional enumerados en el Título II, es decir, en los supuestos en que la competencia del juez que ha dictado la resolución resulta del derecho común de este juez (art. 4 del Convenio). Solución igualmente aplicable cuando la competencia del juez de origen resultase de una de las competencias exorbitantes del artículo 3. Sólo en el supuesto previsto por el artículo 59 del Convenio se puede controlar la competencia del tribunal que dictó la resolución (art. 28.1 del Convenio).

luciones dictadas en rebeldía, y en *pro* de los derechos de defensa del demandado, no ha sido posible suprimir un nuevo control. De este modo, el peso que tradicionalmente ha tenido el control de la competencia del juez de origen, tanto en derecho común como en derecho convencional[265], ha cedido su importancia, en el marco del Convenio de Bruselas, al control del respeto de los derechos de defensa.

El principio básico del que arranca el Convenio de Bruselas de confianza en los jueces comunitarios, llevado a sus últimas consecuencias implicaría, lógicamente, que si el juez de origen cumplió con las previsiones del artículo 20 del Convenio de Bruselas comprobando que la cédula de emplazamiento o documento equivalente fue notificado regularmente y que el demandado tuvo tiempo suficiente para defenderse, el juez requerido no examinase de nuevo estas cuestiones. De este modo sí que el juez requerido confiaría en lo que decidió el juez extranjero. Sólo en los supuestos en los que no se veló por el respeto de los derechos de defensa en el procedimiento de origen, estaría justificado un control por el juez requerido en cumplimiento de la finalidad del art. 27.2[266].

Reduciendo el ámbito de aplicación del art. 27.2 (o, *a sensu contrario,* ampliando el del art. 20) se habría evitado el doble control y las consecuencias que de él se derivan, facilitándose la libre circulación de resoluciones judiciales en el espacio judicial europeo. El doble control es de por sí contrario al espíritu de confianza y perjudica notablemente al demandante que confió en el sistema convencional[267].

Ahora bien, esta interpretación es rechazada tanto por la letra del art. 27.2 (que no hace distinciones en cuanto a su ámbito de aplicación) como por el Tribunal de Justicia, que ha confirmado expresamente que corresponde al juez requerido realizar el examen de las dos garantías enumeradas por la norma a pesar de la decisión que dictó el juez de origen.

Una vez admitido el doble control, la cuestión que surge de inmediato es saber el alcance que tiene en la actividad desarrollada por el juez requerido, la resolución dictada por el juez de origen. Es incontestable que se está concediendo al juez requerido un poder de revisión en un doble sentido:

a) revisión de derecho porque puede estimar que el juez de origen aplicó mal su propio ordenamiento considerando que la notificación o entrega de la cédula de emplazamiento fue irregular. Parece como si el juez requerido le estuviera «dando una lección» al juez de origen de cómo debía

---

[265] Vid., A.L. CALVO CARAVACA, *La sentencia extranjera en España y la competencia del juez de origen,* Tecnos, Madrid, 1986.

[266] Vid., en este sentido las consideraciones de P. KAYE, *Civil jurisdiction and judgments...,* ob. cit., pp. 1478 ss y nuestras afirmaciones realizadas en el Capítulo I.

[267] Vid., B. COSTANTINO y A. SARAVELLE, «Il regime della notificazione all'stero...», ob. cit., pág. 479; A. DASHOWOOD, R. HACON y R. WHITE, *A Guide to the Civil Jurisdiction and Judgments Convention,* Kluwer, Deventer, 1987, pág. 149.

aplicar su propio ordenamiento. Desde los primeros comentarios al Convenio se puso de manifiesto que este control de la regularidad se asemejaba a una verdadera revisión. Lo lógico sería que si el juez de origen consideró, conforme a su ordenamiento, que la notificación fue realizada de forma regular, que el juez de requerido no controlase de nuevo este aspecto[268]. No cabe duda de que el principio de confianza en el juez extranjero sufre una importante fisura en estos supuestos.

En conexión con estas afirmaciones debemos recordar la la Sentencia del Tribunal de Justicia en el asunto Bernardus Hendrikman et Maria Feyen/Magenta Druck, donde el Tribunal afirmó que correspondía al juez requerido examinar aquellas circunstancias que le lleven a determinar que una resolución que se presume dictada en un procedimiento contradictorio está comprendida dentro del ámbito del art. 27.2. En el caso concreto, la cuestión de la validez de la representación de los abogados de los esposos Hendrikman, cuestión regida por la *lex fori* y que debió ser comprobada por el juez de origen, debía ser examinada por el juez requerido, lo que advertimos era difícilmente compatible con el principio de prohibición de revisión de fondo [269]. Aunque el juez de origen estime, en aplicación de sus normas procesales, que el procedimiento adquirió carácter contradictorio, su decisión no vincula para nada al juez requerido que puede rectificarla sustancialmente considerando que se trata de una resolución dictada en rebeldía (de hecho, el Hoge Raad al someter el asunto al Tribunal de Justicia insistió sobre el problema de la compatibilidad con el art. 29 del Convenio).

Con estas afirmaciones el Tribunal está poniendo en duda la vigencia del principio de prohibición de revisión de fondo cuando están en juego los derechos de defensa del demandado.

b) revisión de hecho porque puede estimar, en función de la apreciación de las circunstancias del caso, que la notificación no se hizo con tiempo suficiente para que el demandado pudiera defenderse. El juez requerido valorará de nuevo todos los datos fácticos, no estando vinculado por las apreciaciones en las que el juez de origen fundó su decisión.

Debe tenerse en cuenta que el propio Bundesgerichtshof al someter, en el asunto Pendy Plastic, la cuestión prejudicial al Tribunal de Justicia, sostuvo que, teniendo en cuenta el art. 34.3, el resultado al que llegó el tri-

---

[268] En este sentido, P. NORTH & J.J. FAWCET, *Cheshire and North's Private...*, ob. cit., pp. 427 ss, se han mostrado contrarios al nuevo control que tiene que hacer el juez requerido de la regularidad de la notificación considerando que éste debería sentirse vinculado por la apreciación que hizo el juez de origen.

[269] El propio Arrondissementsrechtbank te 's-Gravenhage, denegó el recurso interpuesto por los esposos Hendrikman porque el art. 29 del Convenio le prohibía apreciar si los tribunales alemanes podían considerar que la representación de que se trataba era válida. La sentencia del TJCE ha sido duramente criticada por G.A.L. DROZ, comentario a la sentencia, ob. cit., pág. 561 que afirma «le principe sacro-saint de l'exclusion de toute révision au fond est gravement remis en cause».

bunal de origen, en aplicación del art. 20 del Convenio de Bruselas, debería ser aceptado sin un control suplementario por el tribunal del Estado requerido.

Consideraciones análogas pueden realizarse respecto del control de la competencia judicial permitido por el artículo 28 (en que el juez requerido está autorizado a realizar una revisión de derecho ya que revisará la aplicación que hizo el juez de origen de las normas convencionales en materia de competencia, aunque le está prohibido realizar una revisión de hecho) o de los motivos recogidos en el párrafo 1 y cuarto del art. 27 [270] (este último suprimido en la reciente reforma del Convenio)

Por tanto, si se está concediendo al juez requerido este poder de revisión ¿por qué dice el Tribunal en la sentencia Pendy Plastic que el control efectuado por el juez requerido está limitado por la prohibición de los arts. 29 y 34.3?

La doctrina ha disentido en la manera de interpretar esta afirmación, existiendo diferentes tesis contrapuestas que van desde negar todo poder de revisión [271], hasta admitir que existe una revisión de la resolución extranjera pero no del fondo, sino a los fines de control [272], pasando por aquélla que sostiene que el juez requerido no realiza una revisión de fondo sino del procedimiento porque las irregularidades procesales no tocan el fondo de una resolución [273].

Razonar conforme a esta última tesis significa entender que la prohibición en cuanto al fondo sólo afecta al contenido de la resolución y no al

---

[270] Que la prohibición de revisión de fondo no sea absoluta fue manifestado por el Informe de los profesores D. EVRIGENIS y K.D. KERAMEUS al Convenio de adhesión de la República Helénica al Convenio de Bruselas..., ob. cit., pág. 277. Recuérdese que el párrafo 4 del art. 27 fue enormemente discutido durante las negociaciones del Convenio de Lugano ya que la delegación suiza propuso su supresión al sostener que dicho motivo de denegación encubría una revisión de fondo de la resolución, Vid., *Lugano Convention, Travaux préparatoires,* Institut Suisse de Droit Comparé, Schulthess Polygraphischer, Zürich, 1991, pp. 15 ss.

[271] Vid., en este sentido, principalmente, L. DANIELE, «La notificazione della domanda giudiziale...», ob. cit., pp. 494 ss.

[272] Vid., H. GAUDEMET-TALLON, *Les Conventions de Bruxelles et de Lugano...,* ob. cit., pp. 241 ss; Cour de Cassation 1 de abril de 1997, Rec. D.S., 1997, pp. 116 ss; Cour d'appel de Poitiers 1 de junio de 1994, I.L.Pr., 1996, pp. 104 ss; Cour d'appel de Chambéry 3 de marzo de 1998, Sem. Jur., núm. 37, 9 septiembre de 1998, pág. 1567.

[273] Vid., A. HUET, comentario a la sentencia Pendy Plastic, ob. cit., pp. 964 ss; L. FOCSANEANU, «Convention de Bruxelles du 27 septembre 1968, concernant la compétence judiciaire et l'exécution des décisions en matière civile et commerciale», R.M.C., núm. 284, février 1985, pág. 113; J. CARRASCOSA GONZALEZ, «Notificación irregular de la demanda...», ob. cit., pág. 6; E. ESTRADA DE MIGUEL, «Competencia judicial internacional. Reconocimiento y ejecución de decisiones judiciales extranjeras en la Comunidad Europea. Incidencia de su régimen en Derecho Español», *Liber Amicorum. Colección de estudios jurídicos en homenaje al profesor José Pérez Montero,* Universidad de Oviedo, 1988, pág. 425. A esta tesis pueden adscribirse las conclusiones del Abogado General Sr. Jacobs a la sentencia Bernardus Hendrikman et Maria Feyen/Magenta Druck ya que, a su juicio, no puede interpretarse el concepto de revisión en cuanto al fondo en el sentido de que comprende elementos procesales como la notificación o la representación.

modo cómo se elaboró [274]. A nuestro juicio, aspectos tales como la notificación, la representación, el plazo concedido al demandado para defenderse..., fundamentan la toma de posición del tribunal de origen y sustentan su decisión final, ¿cómo se puede decir que el juez del reconocimiento no pone en duda lo decidido por el juez extranjero?

Por ello, no compartimos este punto de vista y consideramos que realmente lo que el juez requerido realiza es una revisión de la resolución extranjera. En este sentido se ha pronunciado un gran sector de la doctrina siendo el principal exponente G.A.L. DROZ, que no ha dudado en afirmar que todo control de la manera como el juez extranjero ha apreciado sea su propio derecho, sean las circunstancias que han justificado su toma de posición sólo puede ser una revisión de fondo, y ya que el derecho de revisión está permitido en el plano de los derechos de defensa, estima que debe ser lo más amplio posible permitiendo al juez requerido controlar todas las circunstancias del caso, sean favorables o no al demandado, para conceder o rechazar el exequátur [275].

Si el juez requerido deniega el reconocimiento porque considera que el derecho del Estado de origen en materia de notificación fue mal aplicado o porque la apreciación de las circunstancias no fue correcta, está indirectamente poniendo en duda la solución de su colega extranjero. Es como si estuviera rehaciendo el procedimiento de fondo ya que si él hubiera conocido del caso, habría actuado en sentido diferente a como lo hizo el primer juez. Como ha puesto de manifiesto D. HOLLEAUX, «la revisión prohibida comienza aquí, cuando una simple divergencia de apreciación entre los dos jueces provoca el rechazo de la decisión extranjera» [276].

Desde el momento en que el juez requerido está obligado a realizar una verificación de los hechos y del derecho del procedimiento de origen (sin estar vinculado por la decisión del primer juez), se le está permitiendo la posibilidad de una revisión en cuanto al fondo, revisión que en cierta medida es lógica si se quiere cumplir con la finalidad de la norma y con

---

[274] P. ABARCA JUNCO, «El artículo 27.2 del Convenio de Bruselas...», ob. cit., pág. 22, se ha pronunciado en contra de esta interpretación considerando que los términos revisión en cuanto al fondo se refieren a ambos aspectos de la revisión.

[275] G.A.L. DROZ, *Compétence judiciaire...*, ob. cit., pág. 317; *íd.,* comentario a la sentencia Pendy Plastic, ob. cit., pág. 528; *íd.,* comentario a las sentencias del Tribunal de Grande instance de Paris de 6 de enero de 1982 y Cour d'appel de Paris de 4 de enero de 1983, Rev.crit.dr.int.pr., 1984, pp. 139 ss; *íd.,* «Les droits de la demande...», ob. cit., pág. 112; *íd.,* Comentario a la sentencia Bernardus Hendrikman, ob. cit., pp. 560 ss. En el mismo sentido, vid., B. AUDIT, *Droit international privé, Economica,* Paris, 1997, pág. 456; A. BÜLOW-A. BÖCKSTIEGEL (citados por el Abogado General en las conclusiones a la sentencia Pendy Plastic); P. ABARCA JUNCO, «El artículo 27.2 del Convenio de Bruselas...», ob. cit., pp. 22 ss; Mª ANGELES SANCHEZ JIMENEZ, «Comentario al artículo 29 del Convenio de Bruselas», *Comentario al Convenio de Bruselas...,* ob. cit., pág. 513.

[276] D. HOLLEAUX, «Les conséquences de la prohibition de la révision», Trav.Com.fr.dr.int.pr., 1980-1981, pág. 67; vid., las consideraciones del citado autor en la Nota a la sentencia de la Cour d'appel de Paris de 18 enero de 1980, Rev.crit.dr.int.pr., 1981, pp. 116 ss.

la doctrina sentada por el Tribunal de Justicia. Si el juez requerido está obligado a realizar un nuevo control de las garantías que rodearon el emplazamiento del demandado en el procedimiento de origen lo normal es que se le deje un poder de apreciación.

No tiene sentido afirmar que el juez requerido ejerce su actividad sin estar vinculado por las consideraciones del juez de origen y que puede apreciar de nuevo todos los elementos de hecho y de derecho, para decir a renglón seguido que dicho control está limitado por los artículos 29 y 34.3. Es querer conciliar dos cosas que se excluyen. O se le permite dicho poder de revisión o se suprime el control en fase de reconocimiento y exequátur.

La realidad demuestra que se permite al juez requerido revisar y que si existe esta revisión es precisamente para que ejerza mejor la función que tiene asignada. Incluso P. JENARD, que al elaborar el Informe del Convenio de Bruselas se mostró partidario de una postura inflexible considerando que la resolución extranjera en ningún caso podía ser objeto de una revisión de fondo, ha reconocido que la jurisprudencia del Tribunal de Justicia en interpretación del artículo 27.2 concede al juez requerido un poder de revisión de fondo, que estaba excluido, en principio, y con carácter general, del Convenio [277].

A nuestro juicio, la prohibición del Convenio, aunque regla general, no es absoluta [278]. El peso que tiene en el Convenio de Bruselas el respeto de los derechos de la defensa y la interpretación que ha realizado el Tribunal de Justicia han hecho que quiebre la filosofía que inspiró la elaboración del Convenio: la confianza en los jueces comunitarios. Sin lugar a dudas, el art. 27.2 (art. 34.2 del Reglamento) constituye una fisura de dicho principio.

---

[277] P. JENARD, «Le cas de refus de l'exequatur le plus souvant retenu: l'art. 27.2», *Les Conventions de Bruxelles et de La Haye...*, ob. cit., pág. 78. En el mismo sentido G. DE LEVAL, «La prevention grâce au mode de signification...», *Les Conventions de Bruxelles et de la Haye...*, ob. cit., pág. 81.

[278] De modo análogo puede afirmarse que en la práctica de derecho común de los Estados miembros, donde aparece recogido con carácter general el principio de la prohibición de revisión de fondo, existen algunos trazos de revisión cuando están en juego los derechos de defensa del demandado. Así, y por lo que respecta a nuestro sistema autónomo J.C. FERNANDEZ ROZAS y S. SANCHEZ LORENZO, *Curso de Derecho...*, ob. cit., pág. 561, han afirmado que «el control de las garantías constitucionales a que se refiere el T.C provoca un control de fondo... Existe un control constitucional de fondo, limitado al respeto de las garantías constitucionales previstas en el artículo 24 y a la protección de los derechos fundamentales recogidos en el texto constitucional».

CAPÍTULO IV

LOS DERECHOS DE LA DEFENSA Y EL ORDEN PÚBLICO

I. PLANTEAMIENTO DEL PROBLEMA

Como hemos analizado, el párrafo 2 del artículo 27 (art. 34.2 del Reglamento) establece como motivo de denegación del reconocimiento la lesión de los derechos de defensa del demandado. *Grosso modo,* la citada norma contempla un supuesto específico de lesión de dichos derechos (resolución dictada en rebeldía del demandado si no se hubiere entregado o notificado al mismo la cédula de emplazamiento o documento equivalente, de forma regular y con tiempo suficiente para defenderse) y en un momento determinado del proceso desarrollado en el Estado de origen (el de su inicio). Aquí terminan las previsiones del Convenio en materia de denegación de eficacia por lesión de los derechos de defensa del demandado. No existe ninguna referencia en el texto de Bruselas, ni al control del procedimiento desarrollado en el Estado de origen ni a la posibilidad de que se pueda denegar dicho reconocimiento porque se haya lesionado un derecho de defensa distinto del supuesto expresamente contemplado en el Convenio.

Por ello, queda justificado, a nuestro juicio, realizar un análisis de si es posible y, en su caso, por qué vía, en el marco del Convenio, denegar eficacia a una resolución en la que exista una lesión de los derechos de defensa que no se pueda enmarcar en el supuesto contemplado en el párrafo 2 del artículo 27.

El silencio del Convenio en esta materia ha sido puesto de relieve tanto por la doctrina como por la jurisprudencia, que han coincidido en formularse las siguientes cuestiones: ¿se agotan en el artículo 27.2 todas las posibilidades de denegación del reconocimiento por violación de los derechos de defensa?, ¿podría denegarse la eficacia de una resolución extranjera dictada en lesión de los derechos de defensa del demandado fuera del supuesto del artículo 27.2, acudiendo a la cláusula del orden público contemplada en el párrafo 1 del art. 27?

La importancia y trascendencia de estas cuestiones justifica que abordemos el análisis de la solución del problema al que nos enfrentamos, es decir, la posibilidad de invocar en el sistema del Convenio la cláusula de orden público para rechazar el reconocimiento de una resolución si el demandado sufrió una lesión de sus derechos de defensa distinta a la falta de notificación o notificación defectuosa de la cédula de emplazamiento.

II. EL ORDEN PÚBLICO EN EL CONVENIO DE BRUSELAS

1. El párrafo 1 del artículo 27 (art. 34.1 del Reglamento): sentido y justificación de la disposición

1.1. La contrariedad del reconocimiento de la resolución al orden público del Estado requerido

Tradicionalmente tanto la normativa interna como la convencional han contemplado como condición de regularidad internacional de la resolución extranjera la no contrariedad con el orden público del Estado requerido, es decir, si la decisión contraviene los principios esenciales del Estado requerido el solicitado reconocimiento/exequátur es denegado [280]. Por ello, era de esperar que el Convenio de Bruselas (y el de Lugano) no permaneciera ajeno a esta práctica e incluyese en el artículo 27 como motivo de denegación de la resolución extranjera: «si el reconocimiento fuere contrario al

---

[280] En el derecho interno la conformidad de la sentencia extranjera con el orden público como condición para conceder eficacia es exigida por el artículo 570.1 Código procesal civil belga; art. 328.4 ZPO; art. 64.g de la Ley de reforma de Dereho internacional privado italiano (antiguo art. 797.7 CPC); en Francia es exigida a partir de la sentencia Munzer; la jurisprudencia luxemburguesa ha exigido constantemente este requisito; en Reino Unido, section 9 Administration of Justice Act 1920, par.2.d) y Foreign Judgments (Reciprocal Enforcement) Act 1933, s 4; art. 323 de la Ley de Enjuiciamiento civil griega; art. 1096 f) del Código de Proceso Civil portugués; art. 954.3 de la Ley de Enjuiciamiento civil española. En el plano de los Convenios multilaterales en materia de reconocimiento y ejecución de sentencias vid., art. 5.1 del Convenio de La Haya de 1 de febrero de 1971 sobre reconocimiento y ejecución de sentencias extranjeras en materia civil y mercantil; artículo 5 del Convenio de La Haya de 2 de octubre de 1973 relativo al reconocimiento y a la ejecución de las resoluciones relativas a las obligaciones alimentarias; artículo 10 del Convenio de Luxemburgo de 20 de mayo de 1980 relativo al reconocimiento y ejecución de decisiones en materia de custodia de menores, así como al restablecimiento de dicha custodia. Respecto a los Convenios bilaterales firmados por España, vid., art. 6.3 del Convenio con Suiza; art. 4.2 del Convenio con Francia; art. 14.2 del Convenio con Italia; art. 5.1.1º del Convenio con la RFA; art. 5.1.a) del Convenio con Austria; art. 20.h) del Convenio con Checoslovaquia; art. 11.i) del Convenio con México; art. 4.2 del Convenio con Israel; art. 21.a) y b) del Convenio con Brasil; el Convenio entre España y la República Popular China no lo exige expresamente pero se desprende de un estudio del articulado del mismo; art. 19.5 del Convenio con Bulgaria; art. 18.6 del Convenio con la Unión de Repúblicas Socialistas Soviéticas; art. 23.4 del Convenio con Marruecos de cooperación judicial en materia civil, mercantil y administrativa; art. 8.b) del Convenio con la República Oriental de Uruguay y art. 12.1.a) del Convenio con Rumanía.

orden público del Estado requerido» (párrafo que ha sufrido alguna ligera modificación tras la reforma del Convenio) [281].

La presencia de esta cláusula en el Convenio suscitó numerosas críticas, dirigidas principalmente a poner de relieve los siguientes aspectos: por un lado, se considera que es poco compatible con el espíritu del Convenio de recíproca confianza en los jueces comunitarios y con el objetivo de asegurar la libre circulación de resoluciones; por otro lado, se afirma que en un Convenio cuyo ámbito está restringido a la materia patrimonial el orden público tendría poco juego, al quedar excluidas de su ámbito de aplicación las materias que son más susceptibles a la intervención del orden público —cuestiones relativas al estado y capacidad de las personas, así como el derecho de familia—[282]; se temía, también, que mediante la cláusula de orden público reapareciera la revisión de fondo, condenada por el Convenio; por último, se argumenta que los verdaderos casos graves e importantes de contrariedad al orden público son los contemplados en el resto de los párrafos del art. 27.

Es por estas razones por lo que la mayoría de la doctrina condenó, en su momento, la presencia del orden público en el Convenio y propuso su eliminación[283]. Pero ni siquiera hoy día, y concluido el proceso de revisión del Convenio, ha sido posible suprimirlo[284].

Tradicionalmente se ha justificado su presencia en el Convenio en dos factores, en primer término, seguir la línea de los Convenios en la materia que han incluido dicha cláusula y, en segundo lugar, considerar que era un elemento, una «herramienta», que facilitaría la ratificación del Tratado al perfilarse como un reflejo de la soberanía estatal que permitiría a los Estados rechazar el reconocimiento en los supuestos de resoluciones que consideraban inaceptables[285].

---

[281] El párrafo 1 del art. 27 ha quedado redactado del siguiente modo: «si el reconocimiento fuere manifiestamente contrario al orden público del Estado miembro requerido» (art. 34.1 del Reglamento.

[282] Significativas son las palabras del Abogado General Sr. Darmon en la sentencia 4 de febrero de 1988, asunto Hoffman/Krieg, Rec. 1988, pág. 656, respecto del art. 27.1 al afirmar que «en la mecánica del Convenio sólo se prevé esta cláusula para casos excepcionales tanto más raros cuanto que las decisiones de índole patrimonial son *estadísticamente* ajenas al orden público».

[283] Vid., principalmente, T. CATHALA, «La Convention communautaire de Bruxelles du 27 septembre 1968 sur la compétence judiciaire et l'exécution des décisions en matière civile et commerciale», Rec. D.S., 1969, pág. 258; P. BELLET, «Reconnaissance et exécution des décisions en vertu de la Convention du 27 septembre 1968», Rev.trim.dr.eur., 1975, núm. 1, pág. 37; G. FRANCHI, «Sulla riforma della Convenzione di Bruxelles 27 settembre 1968 per una disciplina più completa, penetrante e autonoma», Riv.dir.proc., 1984, núm. 2, pág. 235.

[284] En los trabajos de reforma de los Convenios de Bruselas y de Lugano, la Comisión, «Hacia una mayor eficacia...», en el proyecto de Convenio que presentó propuso la eliminación del orden público como motivo de denegación, porque, a su juicio, «...el motivo de la denegación basado en el concepto de orden público, actualmente sin fundamento en relación con el proceso de integración y la materia civil y mercantil en cuestión». Sin embargo, hubo una fuerte resistencia de los Estados a suprimir el apartado 1 del art. 27 (en contra, la delegación española).

[285] Así, G.A.L. DROZ, *Compétence judiciaire...*, ob. cit., pág. 309, se refiere al orden público

La cláusula de orden público se configura, pues, como un motivo de denegación destinado a evitar situaciones que vulneren los principios esenciales del Estado requerido.

Lo que sí queda claro, tanto si se lee el Informe JENARD como la doctrina más autorizada, es que el orden público debe actuar en casos excepcionales y sólo cuando se trate de una contrariedad manifiesta, es decir, una auténtica violación de los principios del Derecho del foro[286]. Aunque en la redacción originaria del precepto no aparecía la tradicional fórmula «manifiesta contrariedad» con el orden público del Estado requerido la doctrina entendía que debía sobreentenderse incluida[287]. Esta duda queda disipada tras la reforma del Convenio ya que en la nueva redacción del art. 27.1 se incluye el término «manifiestamente» incompatible con el orden público del Estado requerido[288] (art. 34.2 del Reglamento). El momento, pues, en que debe apreciarse la existencia de contrariedad es el del reconocimiento y no aquél en que la decisión fue dictada (carácter de actualidad del orden público).

Una concepción restrictiva del orden público aparece reflejada en el Informe JENARD, que afirma que no es la resolución la que debe ser contraria al orden público, sino el reconocimiento, ya que «entre las funciones del juez no figura el emitir una apreciación en cuanto a la compatibilidad de la decisión extranjera con el orden público de su país... pero sí el verificar si el reconocimiento de esta decisión puede atentar contra su orden público»[289].

Aunque esta afirmación ha sido objeto de críticas[290], la mayoría de la doctrina ha coincidido en afirmar que realmente a lo que se está haciendo referencia con dicha distinción es al denominado «efecto atenuado» del orden público[291], es decir, un orden público que actúa con un menor grado

---

como «element tendant à faciliter la ratification du Traité»; para M. WESER, *Convention communautaire sur la compétence...*, ob. cit., pág. 330, es una «soupape de sécurité» y T. HARTLEY, *Civil Jurisdiction and Judgments,* Sweet & Maxwell, Londres, 1984, pág. 89, lo define como «escape clause».

[286] El Informe JENARD, ob. cit., pág. 161, afirma que la cláusula de orden público «en opinión del Comité sólo deberá funcionar en casos excepcionales».

[287] F. MOSCONI, «Qualchi riflessione in tema di ordine pubblico nel progetto di riforma e nella Convenzione di Bruxelles del 1968», Riv.dir.int.pr.proc., 1992, núm. 1, pág. 7; F. KROPHOLLER, *Eurӧpaisches...*, ob. cit., art. 27, parar. 5.

[288] Como han señalado M. AGUILAR BENITEZ DE LUGO y A. RODRIGUEZ BENOT, «La revisión de los Convenios de Bruselas de 1968 y de Lugano de 1988 sobre competencia judicial y ejecución de resoluciones judiciales en materia civil y mercantil: una primera lectura», R.E.D.I., 1998, núm. 2, pág. 57, la inclusión de dicho término obedece al influjo de los Convenios de La Haya.

[289] Informe JENARD, ob. cit., pág. 161.

[290] Vid., D. HOLLEAUX, «Les conséquences de la prohibition...», ob. cit., pp. 74 ss; P. KAYE, *Civil jurisdiction and judgments...*, ob. cit., pág. 1438.

[291] En este sentido, N. PARISI, «Spunti in tema di ordine pubblico e Convenzione giudiziaria di Bruxelles», Riv.dir.int.pr.proc., 1991, núm. 1, pág. 20; P.M. PATOCCHI, «La reconnaissance et l'exécution des jugements étrangers selon la Convention de Lugano du 16 septembre 1988», en

de intensidad y que se refleja sobre el concreto efecto que el reconocimiento de la resolución produciría en el foro[292]. Se intenta limitar el efecto perturbador del orden público ante una situación creada válidamente en el extranjero. El juez requerido debe, en función de las concretas circunstancias del caso, valorar los efectos que en el ordenamiento del foro se van a derivar de dicho reconocimiento.

Así, por ejemplo, en el supuesto de inconciliabilidad de resoluciones, y haciendo abstracción del motivo de denegación recogido en los párrafos 3 y 5 del art. 27, cuando se solicita el reconocimiento de una resolución que es contradictoria a una dictada en el foro, la sentencia extranjera en sí misma no es contraria al orden público, pero sí el efecto que se derivaría de su reconocimiento en el Estado requerido, ya que afectaría a su homogeneidad y coherencia interna[293]. De este modo, el orden público en el ámbito del reconocimiento atiende al resultado concreto que el efecto de la resolución desplegaría en el Estado requerido si fuese reconocida.

Junto a la doctrina, también la jurisprudencia nacional, en aplicación del artículo 27.1, ha hecho referencia expresamente al efecto atenuado del orden público[294]. Por su parte, el Abogado General Sr. Darmon en las con-

---

L'espace judiciaire européen, Cedidac, Lausanne, 1992, pág. 119; Y. DONZALLAZ, *La Convention de Lugano...,* ob. cit., pág. 403; G. PLUYETTE, «L'exécution des décisions de justice de la Communauté en application du Titre III de la Convention de Bruxelles du 27 septembre 1968 (bilan de 15 ans d'application au Tribunal de Grande Instance de Paris», L'exequatur en Europe, Gaz.Pal., núm.2-3 (especial), 2-3 enero 1991, pág. 9; J.P. BERAUDO, *Convention de Bruxelles...,* ob. cit., pág. 7; P. GOTHOT y D. HOLLEAUX, *La Convención de Bruselas...,* ob. cit., pág. 161; B. AUDIT, *Droit international...,* ob. cit., pág. 454.

[292] En el ámbito del reconocimiento y ejecución de resoluciones extranjeras la teoría del efecto atenuado tuvo uno de sus primeros reflejos en la jurisprudencia francesa en la sentencia de la Cour de Cassation de 7 de enero de 1964 (asunto Munzer), distinguiéndose entre la creación de derechos en el extranjero y su eficacia en el foro, admitiéndose el exequátur en este segundo supuesto. Se pueden conceder efectos a una sentencia que el juez del foro no podría haber dictado si dichos efectos son compatibles con el orden público del foro. Un ejemplo típico de efecto atenuado del orden público es la consideración del vínculo conyugal en un supuesto de matrimonio poligámico para que la segunda esposa pueda reclamar alimentos. Para un estudio detallado del efecto atenuado del orden público en la práctica de la jurisprudencia francesa vid., P. LAGARDE, *Recherches sur l'ordre public en Droit international privé,* L.G.D.J., Paris, 1959, pp. 13 ss. La teoría del efecto atenuado del orden público también ha sido aplicada en la jurisprudencia de nuestro Tribunal Supremo en materia de reconocimiento y exequátur de resoluciones extranjeras Vid., por ejemplo, Auto del TS de 22 de diciembre de 1993, La Ley, 18 de abril de 1994, núm. 13.675, nota de J. MASEDA RODRIGUEZ, R.E.D.I., 1994, núm. 1, pp. 322 ss.

[293] G.A.L. DROZ, *Compétence judiciaire...,* ob. cit., pág. 313, pone el siguiente ejemplo: una sentencia extranjera que condene a una pensión alimentaria no es en sí misma contraria al orden público pero podría ver rechazado el reconocimiento en el país requerido si, por ejemplo, condena al demandado a una pensión que sobrepasa excesivamente sus recursos.

[294] Vid., Tribunal de Grande instance de Troyes 4 de octubre de 1978, Journ.dr.int., 1979, pp. 623 ss, nota de A. HUET y R. KOVAR; Cour d'appel de Douai 7 de octubre de 1982, Gaz. Pal., 1983, núm. 159-160, pp. 309 ss, nota de A. DAMIEN; Cour de Cassation 28 de febrero de 1984, Rev.crit.dr.int.pr., 1985, pp. 131 ss, comentario de E. MEZGER; Tribunal de Première instance de Liège 9 de octubre de 1995, Act.Dr., 1996, núm. 1-2, pp. 80 ss; Cour de Cassation 11 de marzo de 1997, Rev.crit.dr.int.pr., 1998, pág. 721.

clusiones en el asunto Hoffman/Krieg, afirmó respecto del artículo 27.1 que «no se trata de examinar si la decisión es por sí sola contraria al orden público, sino si su reconocimiento o su exequátur produciría tal efecto. Se trata de una aplicación de la teoría denominada del efecto atenuado del orden público, de acuerdo con la cual el juez nacional puede conceder el exequátur para sentencias que no habría podido pronunciar él mismo» [295].

El artículo 27.1 se limita a enunciar el motivo de denegación del reconocimiento sin calificar ni definir el orden público al que se está refiriendo [296].

Este silencio de la norma ha originado no pocas cuestiones ya que se puede plantear el dilema de si el orden público es una cláusula cuyo contenido corresponde fijar al Estado requerido o si, por el contrario, sería viable que el Tribunal de Justicia fuese competente para pronunciarse sobre su contenido, en el marco del Convenio. Dicho con otras palabras, ¿sería competente el Tribunal de Justicia para dar una interpretación autónoma del concepto en cuestión? [297].

Una interpretación literal de la norma nos lleva a la consideración de que sólo las autoridades del Estado requerido serían competentes para determinar lo que contraviene «su» orden público, de acuerdo con los principios y valores fundamentales de su sistema.

Por otra parte, si atendemos al origen histórico de la norma, a la función que el orden público ha desplegado tradicionalmente en materia de reconocimiento de resoluciones y a las razones que movieron a los negociadores a incluirlo en un Convenio con las características del de Bruselas, observamos como dicha cláusula se configuraba como una reserva de soberanía de los Estados que les permitía negarse al reconocimiento de una resolución cuando ésta conculcaba los principios que el Estado del foro considera esenciales. Nótese que desde esta mentalidad el orden público aparece como «una válvula de seguridad», donde los Estados podían ampararse, para negarse a cumplir las obligaciones impuestas por el Convenio, invocando la aplicación de su orden público. No hay duda de que los Estados

---

[295] Rec. 1988, pp. 645 ss.

[296] Lo que sí está claro, aunque el Convenio no lo diga, es que se trata del orden público internacional del Estado requerido. Principalmente las diferencias entre orden público interno e internacional son dos: el orden público internacional es más restringido porque está constituido por aquellos principios tan esenciales del foro que son irrenunciables y, en segundo lugar, mientras que el orden público internacional actúa en el marco de las situaciones internacionales, el interno lo hace en las de tráfico jurídico interno. Sobre dicha distinción vid., S. SANCHEZ LORENZO, «Orden público internacional (Derecho internacional privado)», E.J.B., vol. III, Civitas, Madrid, 1995, pág. 4637.

[297] El Bundesgerichtshof en la sentencia de 26 de septiembre de 1979 (Rép. Série D, I-27.3-B.2) rechazó plantear al TJCE una cuestión prejudicial relativa a la interpretación del art. 27.1 al considerar que se trata de una cuestión nacional y que el Tribunal de Justicia no tiene competencia para definir la noción de orden público de los diferentes Estados contratantes de un modo que les vincule.

han querido reservarse la posibilidad de negar el reconocimiento cuando se conculquen sus principios, aún en materia patrimonial.

En opinión de H. LINKE, «la cuestión de si el reconocimiento de una resolución extranjera es contrario a los juicios de valor fundamentales del Estado de reconocimiento sólo puede ser resuelta por los tribunales de dicho Estado» [298].

Es difícil negar que el orden público tenga un contenido eminentemente nacional y que cada Estado sea, en principio, el único competente para definirlo [299]. En este sentido, el Abogado General Sr. Darmon, en las conclusiones en el asunto Hoffman/Krieg, afirmó, respecto del artículo 27.1, que «corresponde exclusivamente a los órganos jurisdiccionales nacionales definir el contenido del orden público» [300].

Ahora bien, en la medida en que el Tribunal de Justicia tiene competencia para interpretar el articulado del Convenio puede interpretar el art. 27.1 como norma convencional que es pero, a nuestro juicio, lo que el Tribunal podría hacer es encuadrar el párrafo 1 del art. 27 en el marco general de los principios inspiradores del Convenio, establecer su relación con el resto de los motivos de denegación del reconocimiento, así como su alcance, en aras de garantizar el buen funcionamiento y aplicación uniforme del Convenio, evitándose, de este modo, riesgos de abuso. Desde nuestra óptica la noción de orden público se sustraería a una interpretación autó-

---

[298] H. LINKE, «Algunas cuestiones relativas a la litispendencia...», ob. cit, pág. 190. También son partidarios de que el orden público del art. 27.1 es un concepto nacional cuyo contenido corresponde delimitar a cada Estado, N. PARISI, «Spunti in tema di ordine...», ob. cit., pág. 18; S. O'MALLEY & A. LAYTON, European Civil..., ob. cit., par. 10.28 y par. 27.15; P. NORTHS & J.J. FAWCETT, Cheshire & Norths Private..., ob. cit., pág. 424; P. KAYE, Civil jurisdiction and judgments..., ob. cit., pág. 1438; J. KROPHOLLER, Euröpaisches... art. 27; H. GAUDEMET-TALLON, Les Conventions de Bruxelles..., ob. cit., pág. 248; Y. DONZALLAZ, La Convention de Lugano..., ob. cit., pág. 409; P. GOTHOT y D. HOLLEAUX, La Convención de Bruselas..., ob. cit., pág. 161; M. FORDE, «The ordre public exception and adjudicative jurisdiction conventions», I.C.L.Q., 1980, núm.2-3, pág. 273; G.A.L. DROZ, Compétence judiciaire..., ob. cit., pág. 309. En nuestro ordenamiento, P. ABARCA JUNCO, «La excepción de orden público en el Convenio de Bruselas de 1968», B.F.D.UNED, segunda época, verano-otoño 1994, núm. 6, pág. 15; J. CARRASCOSA GONZALEZ, «Comentario al artículo 27 del Convenio...», ob. cit., pág. 481; A.L. CALVO CARAVACA y J. CARRASCOSA GONZALEZ, Introducción al Derecho internacional..., ob. cit., pág. 498; Mª T. ECHEZARRETA FERRER, «El Convenio de Bruselas de 1968 ante un supuesto...», ob. cit., pág. 36.

[299] En la medida que el orden público es una noción dinámica en la que se incluyen los principios fundamentales del Derecho del foro, incluye principios fundamentales del Derecho Comunitario. Vid., conclusiones del Abogado General, Sr. Siegbert Alber, en el asunto 38/98, SA Régie nationale des Usines Renault/ Maxicar SpA et Orazio Formento; S. SPADATORA, «Les principes fondamentaux de l'ordre juridique communautaire et la notion d'ordre public au sens de la Convention de Bruxelles concernant la compétence judiciaire et l'exécution des décisions en matière civile et commerciale», Ass.Eur., 1984, fevreiro, pp. 73 ss; E. RODRIGUEZ PINEAU, Public policy in the EEC in the EEC; The Community ordre public. A proposal with integrative effects, Tesis Doctoral, Florencia, 1996, pp. 215 ss.

[300] Sentencia del TJCE de 4 de febrero de 1988, Hoffman/Krieg, asunto 145/86, Rec. 1988, pp. 645 ss.

noma por parte del Tribunal de Justicia, correspondiendo al juez requerido apreciar, en un juicio de valor, si conceder eficacia a una determinada resolución es compatible con su sistema y con los principios que lo inspiran.

Expresamente, el Abogado General Sr. Saggio, en sus conclusiones al asunto 7/98 (Dieter Krombach/ André Bamberski) ha afirmado que, por regla general, no corresponde al juez comunitario sino al juez nacional identificar los principios que tienen el valor de orden público[301]. Las dudas sobre esta cuestión han sido aclaradas por el Tribunal de Justicia que ha afirmado que «si bien no corresponde al Tribunal de Justicia definir el contenido del concepto de orden público de un Estado contratante, sí le corresponde controlar los límites dentro de los cuales los tribunales de un Estado contratante pueden recurrir a este concepto...» (motivo 23, Sentencia Kronbach)[302].

1.2. Materias excluidas de la intervención del orden público. La cláusula de orden público como integradora de las lagunas de la regulación del Convenio

El Convenio de Bruselas, que se abstiene en su artículo 27.1 de definir el concepto de orden público, sí determina, por el contrario, ciertas materias en las que entiende que no puede intervenir. Existen una serie de cuestiones que, a juicio de los negociadores, no pueden fundar la invocación de la cláusula de orden público para que el tribunal del Estado requerido pueda rechazar el reconocimiento de la resolución, cuestiones que seguidamente pasamos a analizar.

— Así, en primer lugar, el orden público no puede invocarse para rechazar el reconocimiento de una decisión en materia civil dictada por una jurisdicción penal, desde el momento que el Protocolo anexo al Convenio en el artículo II prevé un específico motivo de rechazo[302] (art. 61 del Reglamento).

---

[301] Conclusiones presentadas el 29 de septiembre de 1999.

En el mismo sentido se ha pronunciado, implícitamente, el Abogado General en las conclusiones al asunto 38/98, al considerar que la noción de orden público sólo puede englobar principios fundamentales y que una interpretación errónea del derecho por parte del juez de origen no permite considerar como contrario al orden público, el reconocimiento de la resolución extranjera. Respecto a las observaciones presentadas tenemos que afirmar que mientras que el Gobierno francés se ha mostrado contrario a la posibilidad de una noción autónoma, el Gobierno holandés sostiene que la noción de orden público no puede ser definida por cada Estado individualmente, sino que debe ser erigida como un concepto autónomo, interpretado de forma uniforme en todos los Estados contratantes en aras a reforzar la protección jurídica del individuo y garantizar una aplicación uniforme del Convenio. En sentido análogo, la Comisión es partidaria de que no es posible dejar a las autoridades nacionales la misión de interpretar el ámbito de actuación de una noción susceptible de tener un impacto notable sobre la consecución del objetivo del Convenio.

[302] Sentencia TJCE de 28 de marzo de 2000, Dieter Kronbach/André Banberski, asunto 7/98, Rec. 2000, pp. 1935 ss. En el mismo sentido, Sentencia de 11 de mayo de 2000, Renault/Maxican, asunto 38/98, Rec. 2000, pp. 2973 ss.

[302] El artículo II del Protocolo, cuyo origen se encuentra en el Tratado Benelux, autoriza a las personas domiciliadas en un Estado contratante y perseguidas por infracciones involuntarias

— Por otra parte, el Convenio excluye expresamente que se pueda invocar el orden público para controlar la competencia del juez de origen, ya que el tercer párrafo del artículo 28 afirma que «el orden público contemplado en el párrafo 1 del artículo 27 no afectará a las reglas relativas a la competencia judicial» [303] (art. 35.3 del Reglamento).

El artículo 28 del Convenio establece, como regla general, la supresión en sede de reconocimiento y exequátur del control de la competencia judicial del tribunal que dictó la resolución, permitiéndolo sólo en determinadas materias. Con esta regla se evita la posibilidad de restablecer el control de la competencia judicial mediante su compatibilidad con el orden público, ya que de lo contrario el espíritu de mutua confianza que inspira el Convenio quebraría.

El Convenio parte de la idea de que el juez de origen se declaró competente respetando y aplicando correctamente las disposiciones convencionales. Como ha afirmado M.ª T. ECHEZARRETA FERRER, «...la competencia del tribunal de origen, salvo en casos excepcionales, es una presunción *iuris et de iure,* por lo que siempre que haya dictado sentencia un Tribunal de un Estado contratante en rebeldía o no del demandado se entiende que ha actuado con competencia para conocer del asunto» [304].

Prohibiendo, como regla general el control de la competencia del tribunal de origen, es perfectamente posible que se reconozca y declare ejecutiva una resolución dictada por un juez que se declaró competente violando lo preceptuado en el Convenio [305].

---

ante los órganos jurisdiccionales sancionadores de otro Estado contratante, del que no son nacionales, a defenderse por medio de las personas autorizadas a tal fin, sin necesidad de que comparezcan personalmente. No obstante, y conforme a lo dispuesto en el párrafo 2, si el órgano que conociere del asunto ordenase la comparecencia personal, una resolución dictada sin que la persona encausada hubiera tenido la posibilidad de defenderse por el hecho que no se presentó podrá no ser reconocida o ejecutada en los demás Estados contratantes.

[303] El Abogado General Sr. Capotorti, en sus conclusiones en el asunto Rohr/Ossberger, Sentencia TJCE de 22 de octubre de 1981, Rec. 1981, pp. 2431 ss, manifestó que «la excepción de orden público no puede ser invocada para obtener, en el marco del procedimiento relativo a la ejecución, una forma de control de la competencia de los jueces del Estado de origen de la sentencia». En sentido análogo, Cour de Cassation 3 de febrero de 1987, Journ.dr.int., 1988, pp. 135 ss (y jurisprudencia en ella citada).

[304] M.ª T. ECHEZARRETA FERRER, «El Convenio de Bruselas de 1968 ante un supuesto...», ob. cit., pág. 34. La citada autora considera que la exclusión del control de la competencia del tribunal de origen de la cláusula de orden público no está justificada en el supuesto en que la infracción por parte del tribunal de origen de las reglas convencionales ocasione una lesión de los derechos de defensa porque en dicho supuesto no estaríamos ante una infracción de una regla de competencia, causa prohibida de oposición, sino ante una lesión de un derecho fundamental. Esta cuestión fue planteada al Tribunal de Justicia en el asunto Rohr/ Ossberger y no fue aceptada, solución que ha sido profundamente criticada por P. KAYE, *Civil Jurisdiction...,* ob. cit., pp. 1440 ss.

[305] Vid., en este sentido,Cour Supérieure de Luxemburgo 5 de marzo de 1974, (citada por P. LELEUX, «Jurisprudence relative à l'application de la Convention du 27 septembre 1968 sur la compétence judiciaire et l'exécution des décisions en matière civile et commerciale», C.D.E, 1977, pág. 164), Cour Supérieure Luxemburgo 11 de noviembre de 1975 (Rép. Série D, I-28-B 1); Président de l'Arrondissementsrechtbank de Rotterdam 15 de enero de 1982 (Rép. Série D, I-28-B 4).

— Tampoco puede recurrirse al orden público para invocar que el juez de origen aplicó una ley diferente de la que sería aplicable con arreglo a las normas de Derecho internacional privado del Estado requerido. Sería contrario al sistema y a los objetivos del Convenio que los tribunales requeridos estuvieran autorizados a rechazar el reconocimiento, alegando su orden público, porque el tribunal de origen aplicó una ley distinta[306]. En la redacción originaria de Bruselas el control de la ley aplicada al fondo del litigio sólo estaba previsto para determinadas materias excluídas de un modo general del Convenio en el artículo 1, pero de las que el juez de origen conocía a título previo o incidental (artículo 27.4). No obstante, dicha disposición ha sido suprimida por lo que la cuestión no plantea problemas.

De las consideraciones hasta ahora realizadas, puede afirmarse que el Convenio parte de la idea de que no autoriza recurrir al orden público del artículo 27.1 cuando existe un motivo específico de denegación del reconocimiento. Y así lo ha confirmado el Tribunal de Justicia en la Sentencia Hoffman/Krieg, en la que afirmó que «dentro del sistema del Convenio, el recurso a la cláusula de orden público... queda excluído en todo caso cuando, como ocurre en el presente, el problema planteado es el de la compatibilidad de una resolución extranjera con una resolución nacional, problema que debe resolverse con arreglo a una disposición específica como la recogida en el número 3 del artículo 27»[307].

Pero a esta afirmación se le pueden realizar dos objeciones importantes que deben, a nuestro juicio, ser analizadas. La primera, que el Convenio guarda silencio respecto de determinados motivos de denegación del reconocimiento (por ejemplo, el artículo 27.1 no dice nada respecto del fraude), y la segunda, que aún existiendo un motivo de denegación específico su regulación puede resultar insatisfactoria porque no contempla todos los supuestos que puede plantear la aplicación práctica del Convenio.

a) Decíamos, en primer lugar, que un supuesto no contemplado expresamente por el Convenio es la posibilidad de invocar el fraude para denegar al reconocimiento, ¿puede englobarse en el orden público el hecho de que una resolución se haya obtenido fraudulentamente?

El Informe JENARD guardaba silencio sobre esta cuestión, pero el problema se planteó con la adhesión de los países del Common Law al Convenio de Bruselas ya que en dichos sistemas, a diferencia de lo que ocurría en los Estados originarios, el fraude es considerado como un motivo de denegación del reconocimiento diferente al del orden público[308].

---

[306] Vid., Corte di Cassazione italiana en la sentencia 26 de junio de 1986, Riv.dir.int.pr.proc., 1987, pp. 767 ss.

[307] Sentencia de 4 de febrero de 1988, asunto 145/86, Rec. 1988, pp. 645 ss; afirmación reiterada en la Sentencia de 10 de octubre de 1996, Bernardus Hendrikman et María Feyen/Magenta Druck, asunto 78/95, Rec. 1997, pp. 4945 ss.

[308] Sección 9, parágrafo 2, punto d, de la Administration of Justice Act 1920; art. 4 (1) (a) (IV) Foreign Judgments (Reciprocal Enforcement) Act 1933. Un estudio del fraude como motivo

El silencio del Convenio fue puesto de manifiesto por el Informe SCH-LOSSER en el que se reconoce que un fraude cometido en el curso del procedimiento puede constituir, en principio, un atentado contra el orden público del Estado requerido [309]. No obstante, se plantea el problema de que todos los ordenamientos conocen vías de recursos que permiten hacer valer, incluso después de los plazos de los recursos normales, que la sentencia fue obtenida mediante fraude, «en consecuencia, el juez del Estado requerido siempre deberá interrogarse sobre si verdaderamente existe atentado contra su orden público, habida cuenta de que la sentencia que supuestamente se ha obtenido mediante fraude por el adversario puede ser, o podría haber sido, objeto de recurso ante los tribunales del Estado de origen» [310].

Lo que está en juego realmente en esta materia es el alcance de la compatibilidad de la prohibición de revisión de fondo de la resolución extranjera contenida en el artículo 29 del Convenio (art. 36 del Reglamento) con la alegación del fraude como motivo para rechazar el reconocimiento de la resolución.

Para aclarar y perfilar lo que estamos diciendo vamos a distinguir varias posibilidades que pueden plantearse:

— Un primer supuesto sería aquél en que el fraude fue alegado en el procedimiento desarrollado ante el juez de origen. En este caso, no es posible que el juez requerido se pronuncie sobre una cuestión ya resuelta o que debió serlo en la primera fase, ya que de lo contrario estaría revisando lo decidido por su colega comunitario. La misma prohibición alcanza al supuesto en que el fraude era conocido antes de dictarse la resolución y el demandado no lo alegó. La pasividad del demandado juega en su contra [311].

— Un segundo supuesto que puede plantearse es aquél en que el demandado, ante las maniobras fraudulentas del demandante, decide no comparecer ante el tribunal de origen para luego, en la fase indirecta, alegar el fraude del que fue objeto (por ejemplo, el demandante, mediante maniobras, simula el domicilio del demandado en un determinado Estado y éste no comparece).

La solución lógica de este supuesto en el mecanismo del Convenio es conceder eficacia a dicha resolución ya que el demandado debería haber

---

de denegación del reconocimiento en el Common Law puede consultarse en P. NORTHS & J.J. FAWCETT, *Cheshire & North's Private international law...*, ob. cit., pp. 377 ss. Podría pensarse que el Convenio guarda silencio en la materia porque se alinea con la tradición de la mayoría de los sistemas de los Estados miembros que no contemplan el fraude como un motivo específico de denegación del reconocimiento, sino que lo subsumen en la cláusula general del orden público.

[309] Informe SCHLOSSER, ob. cit., pág. 235. A diferencia del Convenio de Bruselas, el fraude aparece expresamente recogido como motivo de denegación en el artículo 5.2 del Convenio de La Haya de 1971 y en el art. 5.2 del Convenio de La Haya de 2 de octubre de 1973. En el plano de los Convenios bilaterales sólo el art. 4.4 del Convenio entre España e Israel hace referencia al fraude como motivo de denegación del reconocimiento.

[310] Informe SCHLOSSER, ob. cit., pp. 235 ss.

[311] Vid., en este sentido, Bundesgerichtshof 16 de mayo de 1979, Rép. Série D, I-34-B 3 y Court of Appeal Inglaterra 15 de julio de 1993, I.L.Pr., 1994, pp. 55 ss.

comparecido ante el tribunal de origen alegando dicho fraude. El reconocimiento se presenta como un mecanismo simplificado, no pudiéndose resolver en la fase indirecta las cuestiones que debieron plantearse ante el juez de origen y que debieron ser resueltas antes de dictarse la resolución que se pretende reconocer.

Es necesario limitar la invocación del fraude cuando el demandado no compareció ante el tribunal de origen. Las maniobras fraudulentas del demandante no deben disuadir al demandado de comparecer ante el tribunal de origen para hacer valer sus derechos y poner en evidencia ante dicho tribunal los hechos fraudulentos [312].

— Supuesto diferente se plantea cuando los hechos fraudulentos son descubiertos por el demandado en un momento posterior, tras dictarse la resolución por el primer tribunal. Por ejemplo, se descubre posteriormente que los documentos en los que apoyó el demandante su pretensión no eran correctos, que los testimonios eran falsos, que el demandante había mantenido una conducta dolosa en el procedimiento de origen... [313].

En este caso es necesario examinar las posibilidades que el Derecho del Estado de origen ofrece para poder hacer valer dichos hechos fraudulentos descubiertos *a posteriori*.

Si la resolución puede ser objeto de un recurso en el Estado de origen, lo aconsejable es que el juez requerido no rechace la decisión por violación del orden público, ya que se corre el riesgo de que dicha decisión sea anulada o modificada en el Estado de origen y es mejor que la cuestión sea resuelta en dicho Estado. Esto no plantea problemas cuando todavía no han expirado los plazos para interponer recursos ordinarios, ya que en virtud de lo dispuesto en los arts. 30 y 38 el juez requerido puede aplazar su decisión hasta que el primer juez se pronuncie sobre si realmente la resolución fue o no obtenida fraudulentamente [314] (en sentido análogo, arts. 37 y 46 del Reglamento).

La situación cambia cuando ya han expirado dichos plazos. La cuestión que surge de inmediato es ¿está legitimado el juez requerido para rechazar el reconocimiento en nombre del orden público?

La mayoría de la doctrina se ha mostrado recelosa ante dicha posibilidad porque se considera que lo aconsejable en esta situación es ser cautos y saber si en el Estado de origen existe la posibilidad de interponer un recurso, incluso extraordinario, una vez ejercitados los recursos ordinarios o expirados los plazos para interponerlos, ya que el tribunal que mejor

---

[312] En este sentido, Cour d'appel de Paris de 15 de diciembre de 1987, Journ.dr.int., 1989, pp. 102 ss, nota de A. HUET. En contra, Bundesgerichtshof 10 de julio de 1986, Rép. Série D I-27.1-B 15.

[313] El Informe SCHLOSSER reconoce expresamente que no hay que dudar que un fraude respecto del juez puede constituir un atentado del orden público.

[314] En este sentido se pronunció la High Court of Justice Inglaterra en la decisión de 1 de mayo de 1991, E.C.L., 1994, núm. 61.

puede resolver este problema es el del Estado de origen[315]. No obstante, estimamos que esta posibilidad es poco viable en el marco del Convenio porque en él sólo se permite al juez requerido suspender el procedimiento en el supuesto de interposición de un recurso ordinario, aunque no han faltado argumentos para hacer viable esta posibilidad[316].

De hecho, el Tribunal de Justicia en la Sentencia de 20 de enero de 1994, reconoció expresamente que la alegación del fraude tiene cabida en el procedimiento de exequátur y que se trata de un problema destinado a determinar si «según el Derecho del Estado requerido o, en su caso, según las normas de competencia aplicables... existe un motivo de rechazo del reconocimiento o ejecución de la resolución en cuestión»[317].

A nuestro juicio, cuando no sea posible recurrir la sentencia en el procedimiento de origen y ante la necesidad de dar una solución al problema sí podría invocarse el orden público para denegar el reconocimiento, ya que sólo ante dicho tribunal el fraude puede ser invocado y considerado[318]. El recurso al orden público se configura, pues, como el último remedio para denegar eficacia a dicha resolución, porque no existe duda de que una sen-

---

[315] Respecto a la distinción entre recurso ordinario y extraordinario, vid, Sentencia TJCE 22 de noviembre de 1977, asunto 43/77, Industrial Diamond Sipplies/Luigi Riva, Rec. 1977, pp. 2175 ss, en la que el Tribunal ha dado una interpretación autónoma de la noción recurso ordinario.

[316] J.P. BERAUDO, *Convention de Bruxelles...*, ob. cit., pág. 9, ha sido el principal defensor de esta solución considerando que el juez requerido podría suspender el procedimiento de modo análogo al supuesto de un recurso ordinario, teniendo en cuenta el tenor dispositivo de los artículos 30 y 38 del Convenio; G.A.L. DROZ, *Compétence judiciaire...*, ob. cit., pág. 312, también se ha mostrado partidario de que el juez requerido aplace su decisión a la espera de que el juez de origen resuelva el recurso.

[317] Sentencia del TJCE de 20 de enero de 1994, asunto 129/94, Owens Bank Ltd/Fulvio Bracco y Bracco Industria Chimica SpA, Rec. 1994, pp. 9 ss. Vid., comentarios de G. BRIGGS, «Foreign Judgments, Fraud and the Brussels Convention», L.Q.Rev., 1991, pp. 531 ss y P. ABARCA JUNCO, «Sentencia del Tribunal de Justicia de las Comunidades Europeas de 20 de enero de 1994 (Asunto Owens Bank LTD/ Fulvio Bracco y Bracco Industria Chimica SpA)», G.Jca., abril de 1994, pág. 18.

[318] Son partidarios de recurrir al orden público en los términos indicados, G.A.L. DROZ, *Compétence judiciaire...*, ob. cit., pp. 312 ss; O'MALLEY & A. LAYTON, *European Civil procedure...*, ob. cit., par. 27.20; P.M. NORTH & J.J. FAWCETT, *Cheshire & North's Private international...*, ob. cit., pág. 425; P. KAYE, *Civil jurisdiction...*, ob. cit., pág. 1448; T. HARTLEY, *Civil jurisdiction...*, ob. cit., pp. 85 ss; S. CARBONE, *Lo spazio giudiziario europeo,* Torino, 1995, pág. 126; J.P. BERAUDO, *Convention de Bruxelles...*, ob. cit., pág. 9; H. GAUDEMET-TALLON, *Les Conventions de Bruxelles...*, ob. cit., pág. 255; P. GOTHOT y D. HOLLEAUX, *La Convención de Bruselas...*, ob. cit., pág. 163; J. KROPHOLLER, *Europäisches...* ob. cit., art. 27 parar. 11; P. VLAS, «The principle of fair trial in international civil procedure», *Law and reality. Essays on national and international procedural law in Honour of Cornelis Carol Albert Voskuil,* T.M.C. Asser Institut, 1992, pág. 407; L. COLLINS, *The Civil Jurisdiction and judgments Act 1982,* Butterworths, Londres, 1983, pág. 108; E. RODRIGUEZ PINEAU, *Public policy...,* ob. cit., pág. 205; P. ABARCA JUNCO, «Sentencia del Tribunal de Justicia de las Comunidades Europeas...», ob. cit., pág. 18; J.Mª ESPINAR VICENTE, «Competencia judicial y reconocimiento y ejecución de resoluciones judiciales en materia civil y mercantil en el ámbito de la Comunidad Europea», *Hacia un nuevo orden internacional y europeo. Estudios en Homenaje al profesor D. Manuel Díez de Velasco,* Tecnos, Madrid, 1993, pág. 890.

tencia obtenida fraudulentamente es contraria al orden público del Estado requerido.

En la mayor parte de las ocasiones el fraude se traducirá en una lesión de los derechos de la defensa del demandado, por lo que es posible incluirlo en la dimensión procesal del orden público como motivo de denegación del reconocimiento.

b) En segundo lugar, como decíamos, puede plantearse el supuesto de que, aún existiendo un específico motivo de denegación, la regulación del Convenio no sea del todo completa y satisfactoria.

El Convenio parte de la idea de que, existiendo un motivo de denegación del reconocimiento, no es posible acudir al orden público pero, podría argumentarse *a contrario sensu* que cuando el específico y concreto motivo de denegación contiene lagunas y no cubre todos los supuestos que pueden plantearse, se puede recurrir a la cláusula de orden público del Estado requerido. Vamos a ilustrar esta afirmación estudiando dos casos concretos.

— Tomemos como primer ejemplo el supuesto contemplado en el párrafo 3 del artículo 27, que dispone que el reconocimiento será denegado «si la resolución fuere inconciliable con una resolución dictada en un litigio entre las mismas partes en el Estado requerido» [319]. Dicha disposición tiene como objetivo impedir que en un Estado pueda reconocerse una resolución que sea inconciliable con una dictada en el foro, ya que la seguridad jurídica y la unidad que todo ordenamiento exige, impide que puedan invocarse decisiones inconciliables [320].

Para que la disposición sea aplicable es necesario que se cumplan los requisitos que exige: la resolución dictada en un Estado contratante debe ser inconciliable con una dictada en el Estado requerido entre las mismas

---

[319] A pesar de las diferentes propuestas para reformar la redacción del párrafo 3 del art. 27, la disposición ha quedado inalterada (art. 34.3 del Reglamento).

[320] El artículo 27.3 se configura como un motivo de denegación de aplicación residual ya que el Convenio, en sede de competencia, establece unos mecanismos procesales preventivos que persiguen evitar que se dicten resoluciones judiciales contrarias. Esta es la finalidad perseguida por los artículos 21 y 22 del Convenio, que regulan respectivamente la litispendencia y la conexidad y que tienen como principal finalidad impedir que las jurisdicciones de varios Estados contratantes sean competetentes para conocer de un mismo asunto. La aplicación correcta de dichas disposiciones reducirá, en gran medida, la contradicción de decisiones y así lo ha reconocido el Tribunal de Justicia de las Comunidades Europeas al interpretar el artículo 21 del Convenio. Vid., entre otras, Sentencia 30 de noviembre de 1976, Wolf/Cox, asunto 42/76, Rec. 1976, pp. 1759 ss; Sentencia 8 de diciembre de 1987, Gubisch Maschinenfabrik/Palumbo, asunto 144/86, Rec. 1987, pp. 4861 ss; Sentencia 11 de enero de 1990 Dumez France y Tracoba/Hessische Landesbank y otros, Rec. 1990, asunto 220/88, pp. 49 y ss; Sentencia 27 de junio de 1991, Overseas Union Insurance Ltd y otros/New Hamsphire Insurance Company, asunto 351/89, Rec. 1991, pp. 3317 ss. Para un estudio detallado del mecanismo del artículo 21 vid., E. CANO BAZAGA, *La litispendencia comunitaria*, Eurolex, Madrid, 1997; sobre el artículo 22, vid., A. QUIÑONES ESCAMEZ, *El foro de la pluralidad de demandados en los litigios internacionales*, Eurolex, Madrid, 1996; Un estudio conjunto de ambas disposiciones puede consultarse en A. DI BLASE, *Connessione e litispendenza nella Convenzione di Bruxelles*, Cedam, Padova, 1993.

partes[321]. Como puede observarse, la norma no exige ni el requisito de la cosa juzgada ni que la resolución del Estado requerido haya sido dictada con anterioridad a la sentencia cuyo reconocimiento se solicita[322]. Tampoco se requiere la triple identidad de objeto, causa y partes, sino únicamente la identidad de partes, es decir, no es necesario que se trate del mismo litigio fundamentado en la misma causa[323].

Ahora bien, se puede plantear el problema de resoluciones contradictorias sin que las partes sean las mismas[324]. Así, por ejemplo, en materia de asuntos conexos y dado el tenor facultativo del art. 22, es posible que se dicten resoluciones inconciliables sin identidad de partes[325].

¿Qué solución hay que dar a un supuesto de resoluciones inconciliables en que no existe identidad de partes? No dudamos en estimar que en este supuesto el juez requerido podría denegar el reconocimiento invocando el orden público del Estado requerido ya que de lo contrario se perturbaría la homogeneidad jurídica de su sistema[326].

— Un segundo ejemplo que ha planteado problemas es el previsto en el artículo 28 del Convenio (art. 35 del Reglamento), que, como ya hemos adelantado, prohíbe la invocación del orden público para controlar la competencia del tribunal de origen.

La exclusión del orden público en materia de competencia ha suscitado la duda de si también alcanza a las resoluciones dictadas en base a un foro de competencia exorbitante, es decir, ¿cuándo el artículo 28.3 excluye del orden público las reglas relativas a la competencia, se está refiriendo

---

[321] El Tribunal de Justicia en la sentencia Hoffman/Krieg consideró que «para determinar si dos sentencias son inconciliables en el sentido de la disposición del artículo 27.3, ha de examinarse si las resoluciones de que se trata implican consecuencias jurídicas que se excluyen recíprocamente». En la sentencia de 2 de junio de 1994, Solo Kleinmotoren GmbH/Emilio Boch, asunto 414/92, Rec. 1994, pp. 2237 ss, el TJCE interpretó el concepto «resolución» excluyendo de su ámbito las transacciones judiciales.

[322] En los trabajos de reforma, la propuesta de la Comisión otorgaba preferencia a la decisión que hubiera sido dictada con anterioridad, con independencia de cuándo se hubiese iniciado el procedimiento. Del mismo modo, y tras la tercera reunión del Grupo *ad hoc* para la reforma del Convenio (Doc. 8796/98, Justciv. 52, Bruselas 12 de junio de 1998), en todos los textos se venía exigiendo el requisito de la anterioridad, modificación que, sorprendentemente y tras la última reunión, no fue admitida.

[323] De modo análogo, la exigencia de la triple identidad, que ha sido una constante en todas las reuniones del Grupo *ad hoc*, no ha visto definitivamente la luz.

[324] La doctrina se ha mostrado, en general, muy crítica con la exigencia de la identidad de partes, vid., G.A.L. DROZ, *Compétence judiciaire...*, ob. cit., pág. 322; H. GAUDEMET TALLON, *Les Conventions de Bruxelles...*, ob. cit., pág. 269; J.P. BERAUDO, *Convention de Bruxelles...*, ob. cit., pág. 14; P. GOTHOT y D. HOLLEAUX, *La Convención de Bruselas...*, ob. cit., pág. 179; P. KAYE, *Civil jurisdiction...*, ob. cit., pág. 1486; S. O'MALLEY & A. LAYTON, *European civil...*, ob. cit., pág. 719.

[325] P. GOTHOT y D. HOLLEAUX, *La Convención de Bruselas...*, ob. cit., pág. 174, ponen el ejemplo de dos decisiones que obligan a una persona a dos conductas que no puede mantener a la vez.

[326] Partidaria de esta solución se muestra P. ABARCA JUNCO, «La excepción de orden público...», ob. cit., pág. 30.

únicamente a los foros de competencia fijados en el Convenio o también alcanza a las resoluciones dictadas sobre la base de un foro de competencia exorbitante?, ¿puede el juez requerido controlar la competencia del juez de origen que dictó la resolución en base a un foro exorbitante y puede denegar el reconocimiento invocando la cláusula de orden público? [327].

La supresión de las reglas de competencia exorbitante establecidas en el artículo 3 del Convenio (art. 3 del Reglamento) sólo ha sido posible en beneficio de los demandados domiciliados en el territorio de uno de los Estados contratantes. En el caso de que el demandado no esté domiciliado en un Estado parte del Convenio de Bruselas, no serán de aplicación las reglas de competencia establecidas convencionalmente, sino las fijadas en la legislación procesal interna, incluidos los foros exorbitantes (artículo 4). El demandante, domiciliado en un Estado parte, puede invocar contra dicho demandado las mismas reglas de competencia que los nacionales de dicho Estado [328]. Por tanto, «no existe un sistema de competencia judicial uniforme en Europa más que para aquellos que viven y trabajan en los Estados que forman parte de la Unión Europea, incluidas también las personas jurídicas y las sociedades...» [329].

De este modo, el principio de no discriminación sólo ha sido logrado por el Convenio respecto de los domiciliados en un Estado parte. Así, por ejemplo, un ciudadano español domiciliado temporalmente en un tercer Estado estaría sujeto a los criterios de competencia exorbitante, mientras que no lo estaría si su domicilio estuviera en un Estado parte.

Que la resolución haya sido dictada en base a un foro de competencia establecido en la legislación interna de un Estado no significa que dicha resolución no vaya a ser reconocida por el mecanismo del Título III del Convenio. Para la aplicación del sistema de reconocimiento y exequátur regulado convencionalmente, lo que importa es el origen de la decisión,

---

[327] Ha sido principalmente la doctrina americana la que ha criticado profundamente la solución adoptada por el Convenio de Bruselas. Así, F. JUENGER, «La Convention de Bruxelles du 27 de septembre 1968 et la courtoisie internationale. Réflexions d'un américain», Rev.crit.dr.int.pr., 1983, núm. 1, pp. 37 ss, califica la solución del Convenio como xenófoba; En sentido análogo, vid., P. SCHLOSSER, «Jurisdiction in international litigation. The issue of human rights in relation to national law and to the Brussels Convention», Riv.dir.int., 1991, núm. 1, pág. 5; A.T. VON MEHREN, *Recognition and enforcement of foreign judgments. General theory and the role of jurisdictional requirements,* Rec. des C., 1980, II, tomo 167, pp. 98 ss; B.M CARL, «The Common Market Judgments Convention-Its Threat and Challenge to Americans», Int. L., 1974, pp. 446 ss; K. NADELMANN, «The Common Market judgments Convention and a Hague Conference Recommendation: What Stepts Next?, Harv.L.Rev., 1969, pp. 1282 ss; L.S. BARTLETT, «Full Faith and Credit comes to the Commom Market: an Analysis of the Provisions of the Convention on Jurisdiction and Enforcement of Judgments in Civil and Commercial Matters», I.C.L.Q., 1975, pp. 44 ss.

[328] Vid., H. GAUDEMET-TALLON, «Les frontières extérieures de l'Europe judiciaire européen: quelques repères», *Liber Amicorum G.A.L.DROZ, Sur l'unification progressive du Droit international privé,* Martinus Nijhoff Publishers, 1996, pág. 93.

[329] I. GUARDANS CAMBO, «Comentario al artículo 4 del Convenio de Bruselas», *Comentario al Convenio de Bruselas...,* ob. cit., pp. 74 ss.

estando el juez requerido obligado a reconocer la resolución dictada en base a dicho foro exorbitante[330]. Como han afirmado J.L. IGLESIAS BUHIGHES y M. DESANTES REAL, «he aquí, en definitiva, la deficiencia más acusada del texto que estudiamos, deficiencia que contradice su espíritu internacionalista y abierto: la posibilidad de ejecutar en un país contratante sentencias dictadas en otro país contratante cuando la competencia de este último se ha fundamentado en criterios claramente exorbitantes»[331].

Es esta una prueba más del desajuste entre los Títulos II y III del Convenio (si, como ya dijimos, resoluciones dictadas en base a criterios de competencia establecidos convencionalmente no se benefician del sistema de reconocimiento previsto en el sistema de Bruselas por haberse dictado en procedimientos unilaterales, lo que provocaba una descoordinación entre el artículo 24 y los correspondientes en materia de reconocimiento, ahora nos encontramos con que resoluciones que no son dictadas en base a los criterios de competencia fijados convencionalmente, sí se benefician del mecanismo del Título III).

Sin embargo, la cuestión no nos parece tan clara ya que si las razones que llevaron a los negociadores a excluir del orden público del art. 27.1 (art. 34.1 del Reglamento) las reglas relativas a la competencia están plenamente justificadas en los supuestos en que la resolución se haya dictado en base a un foro de competencia fijado convencionalmente, no lo están tanto, a nuestro juicio, en el caso de los foros exorbitantes[332].

En los supuestos de foros exorbitantes es evidente que la competencia del tribunal de origen no se basa en una conexión suficiente con las circunstancias del supuesto, lo que contradice totalmente el principio de proximidad que debe inspirar la regulación del sector del reconocimiento de resoluciones extranjeras[333].

Tradicionalmente los foros exorbitantes han sido indeseables porque constituyen un privilegio jurisdiccional, son abusivos y suponen una carga gravosa para el demandado que se traduce en una lesión de sus derechos de defensa y un atentado contra el principio de no discriminación (artículo 6 TCE que establece el principio de no discriminación por razón de la

---

[330] La única posibilidad que el Convenio prevé para denegar dicho reconocimiento es la existencia de un Convenio bilateral en los términos del art. 59, en combinación con el art. 28.1 (vid. art. 72 del Reglamento).

[331] J.L. IGLESIAS BUHIGUES y M. DESANTES REAL, «Competencia judicial y ejecución de sentencias...», ob. cit., pág. 1096.

[332] En la elaboración del Convenio de La Haya de 1971 fue el tema de los foros exorbitantes el que originó una profunda crisis en el proceso de negociación. De hecho, se elaboró un Protocolo adicional, que no tenía carácter obligatorio, y en virtud del cual si la sentencia fue dictada en base a uno de los foros exorbitantes recogidos en una lista, no era reconocida en el resto de los países.

[333] Sobre la operatividad del principio de proximidad en los conflictos de jurisdicciones vid., con carácter general, P. LAGARDE, *Le principe de proximité dans le Droit international privé contemporain. Cours général de droit international privé.* Rec. des C., 1986, I, tomo 196, pp. 13 ss, especialmente, pp. 128 ss.

nacionalidad, y art. 6.1 CEDH que establece el principio de igualdad de las partes en el desarrollo del procedimiento) [334]. Como ha afirmado P.A. de MIGUEL ASENSIO, «cabe dudar acerca de la compatibilidad con el art. 6.1 C.E.D.H. de la atribución de competencia en situaciones en las que no existe vinculación razonable con el foro, cuando supone imponer una carga desproporcionada al demandado, que menoscaba sus garantías procesales» [335].

De hecho, algún sector de la doctrina francesa ha afirmado expresamente la contrariedad de los foros contenidos en los arts. 14 y 15 del Código Civil francés con el artículo 6 CEDH y con el artículo 6 TCE, al constituir privilegios jurisdiccionales basados en la nacionalidad [336].

Aceptar una resolución dictada en base a uno de esos foros puede contravenir, en la medida que se lesionen derechos de la defensa del demandado, principios esenciales del ordenamiento jurídico del juez del Estado requerido, lo que se presenta como una solución inaceptable. A nuestro juicio, los foros exorbitantes, contradicen el derecho fundamental de toda persona a un proceso justo.

Permitir la libre circulación de resoluciones dictadas en base a foros exorbitantes resulta contrario al sistema de muchos Estados que, de aplicar sus soluciones internas, denegarían el reconocimiento de dichas resoluciones al controlar la competencia del tribunal de origen [337]. Así, por ejemplo, el juez requerido español estaría obligado a reconocer una sentencia dictada por un tribunal alemán basándose en el artículo 23 ZPO contra un ciudadano español domiciliado en un tercer Estado y no la reconocería si la resolución procediese de un tribunal ajeno al sistema de Bruselas. Esta solución estaría totalmente en contradicción con el orden público constitucional español en la medida que se violan los derechos constitucionales de la

---

[334] F. JUENGER, «La Convention de Bruxelles...», ob. cit., pp. 50 ss, propuso, en su momento, que, ante la imposibilidad del TJCE de suprimir el artículo 4 del Convenio, el único recurso que le queda a la parte domiciliada fuera de la Comunidad, víctima de una denegación de justicia flagrante, es acudir al Tribunal Europeo de Derechos Humanos.

[335] P.A. de MIGUEL ASENSIO, «Derechos humanos, diversidad cultural y Derecho internacional privado», R.D.P., julio-agosto 1998, pág. 554. Para un estudio de las exigencias derivadas del art. 6 del TCE en el sector de la competencia judicial vid., P.A. de MIGUEL ASENSIO, «Integración europea y Derecho internacional privado», Rev.dr.com.eur., 1997, núm. 2, pp. 438 ss.

[336] Vid., D. COHEN, «La Convention européenne des droits de l'homme et le droit international privé français», Rev.crit.dr.int.pr., 1989, núm. 3, pp. 454 ss; C. KOHLER, «La Cour de Justice des Communautés Européennes et le Droit international privé», Trav.Com.fr.dr. int.pr., 1993-1994, pp. 71 ss, especialmente, pp. 73-75.

[337] En nuestro sistema, A.L. CALVO CARAVACA, La sentencia extranjera en España..., ob. cit., pp. 37 ss, ha señalado que aunque la letra del art. 954 no exige el control de la competencia del tribunal de origen, dicho control ha sido realizado por nuestros tribunales a través de diferentes vías. En ocasiones, el Tribunal Supremo ha recurrido a la cláusula de orden público para denegar el reconocimiento de resoluciones dictadas en base a un foro exorbitante. En este sentido, A. VON MEHREN, Recognition and enforcement of foreign..., ob. cit., pág. 101, propone que una solución posible sería permitir a los Estados aplicar sus sistemas de control de la competencia judicial frente al reconocimiento de dichas sentencias.

defensa [338]. En efecto, el TC ha afirmado reiteradamente que el orden público español ha adquirido una nueva dimensión a partir de la vigecia de la C.E. de 1978, impregnado en particular por las exigencias del art. 24. No se pueden reconocer ni recibir resoluciones dictadas por autoridades extranjeras que supongan una vulneración de los derechos fundamentales y libertades públicas garantizadas constitucionalmente [339].

A nuestro juicio, y a pesar del silencio del Convenio en la materia, es totalmente legítimo que el juez requerido pueda recurrir al orden público para denegar el reconocimiento de una resolución dictada en base a un foro exorbitante [340]. No obstante, hay que afirmar que el TJCE en la sentencia Krombach ha negado esta posibilidad (solución que no compartimos) [341].

---

[338] M. VIRGOS SORIANO, «Reconocimiento y ejecución de decisiones judiciales extranjeras», *Derecho internacional privado,* E. Pérez Vera (dir,), vol. 1, 2ª ed., UNED, 2000, pág. 437, ha afirmado que «en la medida en que admitir foros de competencia exorbitante implica imponer una carga excesiva sobre los demandados, afectando negativamente sus derechos de defensa, sería contrario a la propia lógica del Convenio de Bruselas (=contradicción valorativa no justificable) y, desde la perspectiva española, al mandato del art. 24 CE (=tutela judicial efectiva) y, por tanto, inaceptable (lo diga o no un Convenio internacional).

[339] Vid., STC 43/86, de 15 de abril, B.O.E., de 29 de abril, nota de M. AMORES CONRADI, R.E.D.I., 1987, núm. 1, pp. 190 ss; STC 54/1989, de 23 de febrero, B.O.E., de 14 de marzo de 1989, nota de M. DESANTES REAL, R.E.D.I., 1989, núm. 2, pp. 625 ss; STC 132/1991, de 17 de junio, B.O.E., de 8 de julio de 1991. En palabras de E. PEREZ VERA, «El concepto de orden público en el Derecho internacional», Anuario IHLADI, vol. 7, 1984, pág. 285, «la Constitución constituye el elemento reformador básico del orden público al articular el esquema estructural del ordenamiento del que emana el conjunto de valores que constituyen el núcleo de los principios indeclinablemente tutelados por el sistema».

[340] Que la solución establecida por el Convenio es polémica lo muestra el hecho de que el Bundesgerichtshof haya planteado al Tribunal de Justicia esta cuestión en el asunto 7/98. El Abogado General Sr. Saggio ha considerado que el art. 27.1 del Convenio debe ser interpretado en el sentido de que la ejecución de una resolución no puede ser contraria al orden público del Estado requerido por el motivo de que el juez de origen se haya declarado competente únicamente en base a la nacionalidad de la víctima para conocer de una acción civil ejercida en el marco de un procedimiento penal contra un demandado domiciliado en el extranjero.

[341] Vid. Mª A. RODRIGUEZ VAZQUEZ, «Los derechos de la defensa y el orden público en el Convenio de Bruselas de 27 de septiembre de 1968», La Ley/U.T., 28 de abril de 2000, pp. 1 ss.

[341] Doc. 13301/97, Justciv. 91, Bruselas 15 de diciembre de 1997, pág. 35. A modo ilustrativo, la delegación del Reino Unido, puso el siguiente ejemplo: actualmente, cualquier ciudadano de EE.UU, con tal de que pueda serle notificada la demanda, puede ser demandado en Inglaterra, aun cuando carezca de punto de conexión con este país. El tribunal inglés podrá inhibirse alegando *forum non conveniens,* pero, si no lo hace, la sentencia que en su día se dicte contra el demandado estadounidense será ejecutable en cualquiera de los Estados contratantes.

En los trabajos de la Conferencia de La Haya para la elaboración de un Convenio mundial sobre reconocimiento y ejecución de decisiones se establece la prohibición de los foros exorbitantes, que aparecen recogidos en una lista «negra». Sobre dicha propuesta de Convenio vid., A. BOGGIANO, «Perspectivas de una nueva Convención de La Haya sobre reconocimiento y ejecución de sentencias extranjeras. Universalidad o Regionalidad del Convenio de Bruselas», *La Escuela de Salamanca y el Derecho internacional en América. Del pasado al futuro,* Salamanca, 1993, pp. 273 ss; C. KESSEDJIAN, «Vers une Convention à vocation mondiale en matière de compétence jurisdictionnelle internationale et d'effet des jugements étrangers», Rev.dr.unif., 1997, núm. 4, pp. 675 ss; A. PHILLIP, «Global Convention of foreign judgments», *Liber Amicorum G.A.L. DROZ, Sur l' unification progressive du Droit international privé,* Martinus Nijhhoff Publis-

Las críticas que se derivan de la solución acogida por el Convenio de Bruselas originaron que en los trabajos de reforma, la delegación del Reino Unido propusiera introducir una modificación al artículo 27 destinada a evitar el reconocimiento de una resolución dictada contra una persona no domiciliada en la Unión Europea basada en un foro exorbitante [341]. Y, quizás, en esta línea podía interpretarse la propuesta que, en la tercera reunión, realizó la mesa del Grupo de Trabajo «Revisión de los Convenios de Bruselas y de Lugano», de introducir junto a la prohibición del control de la competencia del tribunal de origen (salvo en determinadas materias), un nuevo artículo, el 28 bis, que permitía al juez requerido rechazar la eficacia de una resolución si resultaba que su ejecución sería manifiestamente contraria al orden público. No obstante, y a pesar de estas propuestas, la disposición no ha sido modificada (art. 35 del Reglamento).

Desde nuestra óptica, es legítimo acudir al orden público no debiendo reconocerse en el espacio judicial europeo resoluciones dictadas en base a dichos foros, en la medida que supongan una carga gravosa para el demandado lesionándose sus derechos de defensa [342].

De las afirmaciones realizadas en este epígrafe se deduce claramente que la cláusula de orden público puede intervenir en determinados supuestos ante la falta de solución específica y concreta del Convenio.

Cuestión análoga a la que hemos estudiado respecto de los artículos 27.3 y 28 puede plantearse respecto de los derechos de defensa del demandado, ¿estaría legitimado el recurso al orden público cuando existe una lesión de los derechos de defensa del demandado a la que el artículo 27.2 no da solución?

hers, 1996, pp. 337 ss; P.D. TROOBOFF, «Proposed Hague Conference General Convention on jurisdiction and the recognition and enforcement of judgments-Some thoughts of finding solutions to tough issues», *Liber Amicorum G.A.L. DROZ...,* ob. cit., pp. 461 ss; A.T. von MEHREN, «Recognition of United States Judgments Abroad and Foreign Judgments in the United States: Would an International Convention be useful?», RabelsZ, 1993, núm. 57, pp. 449 ss; A. BORRAS RODRIGUEZ, «La XVIII Sesión de la Conferencia de La Haya de Derecho internacional privado (30 septiembre-17 octubre 1996)», R.E.D.I., 1996, núm 1, pp. 357 ss; J.J. FORNER, *Hacia un Convenio mundial de exequátur. Algunos aspectos del Derecho estadounidense de interés para España,* Barcelona, 1999; C. KESSEAJIAN, *Jurisdiction and Foreign Judgments in civil and commercial mattters: the draft Convention proposed by the Hague Conference on Private Internatio- nal Law,* 2000.

[342] En este sentido se ha pronunciado, parte de la doctrina española y extranjera. Vid., A. MARIN LOPEZ, «El reconocimiento y la ejecución de las resoluciones judiciales en materia civil y mercantil en los Convenios de Bruselas de 1968 y Lugano de 1988», R.G.D., núm. 633, 1997, pág. 6979; M. VIRGOS SORIANO, «Reconocimiento y ejecución...», ob. cit., pp. 437 ss; F. GAR- CIMARTIN ALFEREZ, «La adhesión española al Convenio de Bruselas», Gaceta Jca de la CEE, enero 1992, B. 70, pág. 17, nota 27; E. RODRIGUEZ PINEAU, *Public policy in the EEC...,* ob. cit., pp. 201 ss; M. AMORES CONRADI, *Eficacia de resoluciones...,* ob. cit. pág. 47; F. KROP- HOLLER, *Europäisches...,* ob. cit., art. 28 parar.3; P. SCHLOSSER, «Jurisdiction and internatio- nal...», ob. cit., pág. 34.

III. EL ORDEN PÚBLICO Y LOS DERECHOS DE DEFENSA: LA DENEGACIÓN DEL RECONOCIMIENTO DE UNA RESOLUCIÓN DICTADA EN LESIÓN DE LOS DERECHOS DE LA DEFENSA

La cuestión que nos planteamos es si es posible en el marco del Convenio denegar eficacia a una resolución en la que se haya producido una lesión de los derechos de la defensa del demandado distinta a la contemplada expresamente en el artículo 27.2 (art. 34.2 del Reglamento).

En las líneas que siguen se expondrán los principales argumentos que, a nuestro juicio, se pueden invocar para que esta posibilidad sea viable en el marco del Convenio.

1. La normativa de Bruselas sólo contempla un aspecto limitado de la lesión de los derechos de la defensa

El principal argumento invocado, por los que se oponen a la posibilidad planteada es su inviabilidad, dada la sistemática del Convenio, en general, y la del Título III, en particular.

En la medida que el art. 27 constituye una disposición derogatoria de la regla general del reconocimiento automático, obstaculizando el fin del Convenio de facilitar la libre circulación de resoluciones, su interpretación debe ser restrictiva y su aplicación excepcional. Por tanto, los párrafos 1 y 2 del artículo 27, como motivos de denegación que son, deben ser interpretados en este sentido.

Si nos movemos en este plano, interpretación restrictiva y aplicación excepcional de los motivos de denegación, no es posible acudir a la cláusula de orden público para denegar el reconocimiento de una resolución cuando están en juego los derechos de defensa y ello por dos razones principales: la primera, si el tribunal era competente y el demandado compareció en el procedimiento de origen, pudo y debió hacer valer sus derechos de defensa. En segundo lugar, en los supuestos en que el demandado no pudo defenderse en el procedimiento de origen, existe una disposición específica que da solución a dicho problema.

Desde esta óptica el artículo 27.2 se configuraría como la única vía que permite la denegación de eficacia de una resolución por lesión de los derechos de defensa del demandado y, por tanto, no es posible recurrir al orden público cuando la cuestión está resuelta por una disposición específica del Convenio [343].

---

[343] Partidarios de la tesis negativa son principalmente, P. NORTH & J.J. FAWCETT, *Cheshire & North's Private international...*, ob. cit., pág. 426; A. DASHWOOD, R. HACON, R. WHITE, *A Guide to the Civil...*, ob. cit., pág. 39; COLLINS, *The Civil Jurisdiction...*, ob. cit., pág. 108; F.C. JEANTET, «Un droit européen des conflits de compétence judiciaire et de l'exécution des décisions en matière civile et commerciale», C.D.E., 1972, núm. 4-5, pág. 412; P. GOTHOT y D. HOLLEAUX, *La Convención de Bruselas...*, ob. cit., pp. 171 ss; A. HUET, Comenta-

Ahora bien, si esta es la filosofía que ha de inspirar la interpretación de los motivos de denegación del reconocimiento, creemos que el Tribunal de Justicia no la ha seguido al pie de la letra cuando se ha tratado del art. 27.2. Recordemos que, el Tribunal ha procedido a una interpretación extensiva y amplia de la norma, justificando su postura en el carácter fundamental de los derechos que están en juego [344], y ello con independencia de los resultados que se puedan producir en la práctica (que se dé paso a determinados comportamientos fraudulentos del demandado, que la norma se haya aplicado a supuestos para los que no estaba pensada...). El carácter excepcional de los motivos de denegación no ha impedido que el Tribunal haya adoptado una interpretación amplia del art. 27.2. El Tribunal de Justicia ha afirmado insistentemente que la protección del demandado, con arreglo a dicha disposición, prevalece sobre el objetivo de una mayor libertad de circulación de las resoluciones.

Al contrario, cuando se trata del orden público el Tribunal sí ha respetado y seguido la interpretación restrictiva insistiendo en que su aplicación debe ser «excepcional» [345].

Ahora bien, los derechos de la defensa tienen para el Tribunal un carácter fundamental sólo en el supuesto de que el demandado no haya tenido la oportunidad de defenderse en el procedimiento de origen y que dicha imposibilidad se haya derivado de un defecto de la notificación o de la ausencia de tiempo para poder defenderse.

Del estudio de la jurisprudencia del Tribunal de Justicia interpretando dicha disposición podría deducirse que el Tribunal está presuponiendo un doble orden de ideas:

a) Que cuando se trata de una decisión dictada en rebeldía del demandado, no pueden existir otras infracciones procesales diferentes al defecto de notificación o falta de tiempo suficiente para defenderse. Pero, por ejemplo, se puede plantear el supuesto de que el demandado, a pesar de haber recibido la notificación de la demanda o documento equivalente y haber gozado de tiempo suficiente, no haya podido comparecer en el procedimiento de origen por causas de fuerza mayor, dictándose en su contra reso-

---

rios de jurisprudencia; G.A.L. DROZ, *Compétence judiciaire...*, ob. cit., pág. 310.; M. MARKIEWICZ, «Portée spécifique de l'exigence de l'ordre public en cas d'exequatur», Act. Dr. 1991, núm. 1, pp. 201 ss; En cambio, H. GAUDEMET-TALLON, *Les Conventions de Bruxelles...*, ob. cit, pp. 264 ss, muestra una postura ambigua. En nuestro ordenamiento, no son partidarios de acudir al orden público, J. CARRASCOSA GONZALEZ, «Comentario al artículo 27...», ob. cit., pp. 483 ss; P. ABARCA JUNCO, «La excepción de orden público...», ob. cit., pp. 15 ss; A.L CALVO CARAVACA y J. CARRASCOSA GONZALEZ, *Introducción al Derecho internacional...*, ob. cit. pág. 498.

[344] En la sentencia de 21 de mayo de 1980, asunto Denilauler/Couchet, Rec. 1980, pp. 1553 ss, el Tribunal afirmó que el respeto de los derechos de la defensa del demandado es un «principio fundamental» del Convenio.

[345] Sentencias del Tribunal de Justicia en los asuntos Hoffman/Krieg y Bernardus Hendrikman et Maria Feyen/Magenta Druck.

lución en rebeldía ¿se puede denegar el reconocimiento por lesión de los derechos de defensa del demandado?

b) Que en los supuestos de que no se trate de una resolución dictada en rebeldía el demandado pudo defenderse y que, en consecuencia, no se puede denegar el reconocimiento por lesión de los derechos de defensa del demandado. Pero incluso en estos casos el demandado puede haber resultado perjudicado (piénsese por ejemplo, en los supuestos de ausencia de motivación o motivación arbitraria de la resolución, pruebas insuficientes, imposibilidad de acceder a los recursos, resoluciones dictadas en base a un foro exorbitante...), hipótesis sobre las que guarda silencio el Convenio [346].

O se sigue interpretando la norma en sentido extensivo, de modo que se entienda que contempla todos los supuestos de indefensión del demandado (y no sólo uno de ellos), o bien hay que dar una solución al problema. Pero tanto la jurisprudencia del Tribunal de Justicia interpretando el artículo 27.2 como la letra de la disposición, sólo se refieren al supuesto contemplado en la norma [347].

Que el respeto de los derechos de la defensa sea un principio fundamental es una cuestión indiscutible cuyo cumplimiento está asegurado no

---

[346] De hecho en la sentencia del TJCE de 10 de octubre de 1996, en el asunto Bernardus Hendrikman et María Feyen/ Magenta Druck, una de las cuestiones prejudiciales sometidas al Tribunal fue la siguiente: ¿debe interpretarse el número 1 del artículo 27 del Convenio de Bruselas en el sentido de que esta disposición se opone al reconocimiento de una resolución dictada en otro Estado contratante, cuando el demandado en el referido proceso no haya estado representado válidamente y no haya tenido conocimiento de dicho proceso, aunque posteriormente haya tenido conocimiento de la resolución dictada y no haya ejercitado contra ésta ningún recurso que le ofrece el Derecho procesal del Estado de origen? Con esta pregunta el Hoge Raad cuestionaba al Tribunal de Justicia la posibilidad de denegar el reconocimiento por una infracción de un derecho de defensa distinta a la contemplada en el art. 27.2. El Tribunal de Justicia no respondió a la cuestión porque consideró que, en el caso concreto, el demandado se encontraba en una situación procesal de rebeldía, y, por tanto, la lesión del derecho de defensa quedaba encuadrada en el ámbito del art. 27.2.

[347] De modo análogo en el sistema autónomo español de eficacia extraterritorial de resoluciones extranjeras, el art. 954.2 sólo hace referencia a una de las causas que pueden provocar la indefensión del demandado por lo que la denegación del reconocimiento de resoluciones dictadas en lesión de derechos de la defensa (distintos a los contemplados en el párrafo 2 del art. 954) se realizará acudiendo a la cláusula de orden público. En este sentido se han pronunciado J.C. FERNANDEZ ROZAS y S. SANCHEZ LORENZO, *Curso de Derecho internacional...,* ob. cit., pp. 553 ss; M. VIRGOS SORIANO, «Reconocimiento y ejecución...», ob. cit., pág. 440. En contra, A.L. CALVO CARAVACA y J. CARRASCOSA GONZALEZ, *Introducción al Derecho internacional...,* ob. cit., pág. 538. Desde nuestra óptica, y atendiendo a la jurisprudencia del TC, la denegación del reconocimiento por infracción de los derechos de defensa distinta a la contemplada en el art. 954.2, debe articularse en base al orden público.

Del mismo modo, el artículo 18.1.b) del Anteproyecto de Ley de Cooperación jurídica internacional en materia civil (texto 3 de septiembre de 1997) recoge como motivo de denegación un aspecto parcial de la lesión de los derechos de la defensa (cuando la resolución se hubiera dictado en rebeldía del demandado y no se acredite que fue emplazado en forma y con plazo suficiente para defenderse). La redacción del precepto nos parece criticable.

sólo en el Convenio de Bruselas, sino también en otros Convenios internacionales y tanto a nivel comunitario como a nivel nacional[348].

Pero los derechos de defensa tienen un contenido más amplio que la notificación en forma y tiempo al demandado para que pueda defenderse, articulándose en todos los sistemas vías para dar solución a infracciones distintas de las mencionadas y contempladas en el Convenio de Bruselas[349]. Resulta absurdo que determinadas infracciones protegidas tanto en el ámbito supranacional como nacional, no lo sean en el Convenio de Bruselas.

La normativa de Bruselas es más reducida porque sólo contempla un aspecto determinado de las posibles lesiones de los derechos de defensa del demandado y en un momento concreto del procedimiento (su inicio). Es cierto que se trata de un aspecto importantísimo al estar directamente vinculado con el principio de tutela judicial efectiva pero, el listón del respeto de los derechos de defensa está limitado a dicho supuesto y nada más.

A nuestro juicio, no puede perderse de vista el dato de que si la simplificación del procedimiento de reconocimiento y exequátur es uno de los objetivos del Convenio, dicho objetivo no puede alcanzarse debilitando los derechos de defensa del demandado[350]. Es cierto que el Convenio de Bruselas no tiene como finalidad unificar los sistemas procesales de los Estados miembros ya que en principio, la ley procesal del Estado de origen es la que habrá inspirado y regido todo el procedimiento desarrollado en el Estado de origen. De lo que se trata es de que dicho procedimiento haya respetado un conjunto de principios fundamentales considerados como esenciales por el ordenamiento jurídico del Estado donde va a ser reconocida la resolución[351].

Si en algunos sistemas autónomos, incluido el español, la lesión de dichos derechos queda protegida por la acción de la cláusula del orden

---

[348] Prueba de ello son el art. 10 de la Declaración Universal de los Derechos Humanos de 10 de diciembre de 1948, el art. 14 del Pacto Internacional de Derechos Civiles y Políticos, art. 6 del Convenio Europeo de los Derechos Humanos de 1950, el art. 6 del TCE (que ha pasado a ser el art. 12 tras Amsterdam), así como las Constituciones de los Estados miembros que consagran como principio constitucional dicho respeto (art. 24 CE).

[349] De hecho, el Abogado General, Sr. Jacobs, en las conclusiones a la sentencia Bernardus Hendrikman et Maria Feyen/Magenta Druck, consideró que una interpretación demasiado restrictiva del art. 27.2 podía ir en contra del derecho de defensa, no siendo ésta una forma aceptable de alcanzar los objetivos del Convenio de Bruselas. A su juicio, el punto de vista contrario comportaría el riesgo de tener que reconocer en el conjunto de los Estados parte una resolución en un proceso en el que no se hayan respetado las garantías exigidas por el art. 6 CEDH.

[350] Así lo reconoció el Tribunal de Justicia en la Sentencia Debaecker/Bouwman.

[351] Está claro que una simple diferencia de los Derechos procesales de los Estados miembros no puede justificar un rechazo del reconocimiento. Vid., Oberlandesgericht de Sarrebruck 3 de agosto de 1987, Rép. Série D, I-31-B 12; Corte di Cassazione 12 de marzo de 1984, Rép. Série D, I-54-B 6. De modo análogo, en el Convenio de La Haya de 1971, el Informe FRAGISTAS, ob. cit., pág. 381, afirmó que «el simple hecho que las reglas procesales del Estado de origen no se correspondan con las del Estado requerido no justifica tal denegación. Pero si entre los sistemas de los dos países existe un contraste sobre nociones fundamentales se podría denegar el reconocimiento por motivo de orden público».

público, en su vertiente procesal, en el Convenio se consideró oporturno separarlo de dicha claúsula, dada la trascendencia de los mismos[352]. Así lo manifestó el Abogado General en el Asunto Rohr/Ossberger, al afirmar que «los autores del Convenio de Bruselas se han preocupado de la protección de los derechos de la defensa, en una de sus aplicaciones particulares, por una disposición diferente de la relativa al orden público»[353].

Que los derechos de la defensa estén íntimamente conectados con el orden público, asimilándose en ocasiones, fue manifestado por el Tribunal de Justicia en la Sentencia Denilauler/Couchet[354]. Por su parte, el Abogado General Sr. Jacobs en el asunto Minalmet/Brandeis afirmó que el art. 27.2 constituía una aplicación particular del orden público[355].

Por tanto, si el art. 27.2 sólo contempla determinados aspectos de los derechos de defensa y no todos, podría interpretarse *a sensu contrario* que el resto de los aspectos están protegidos por la cláusula de orden público. Los derechos de defensa deben haber sido respetados durante todo el transcurso del procedimiento, no sólo en su momento inicial y su infracción debe tener alguna sanción. Estimamos que en el artículo 27.2 no se agotan todas las posibilidades de denegación del reconocimiento por lesión de los derechos de defensa, porque junto a la fase inicial, los derechos de defensa deben haber sido respetados durante la fase probatoria (que la resolución

---

[352] Muchos han sido los sistemas que han exigido y controlado en nombre del orden público procesal la regularidad del procedimiento desarrollado en el extranjero y el respeto de los derechos de defensa del demandado. Excede del objetivo de una obra de esta naturaleza hacer una referencia a toda la jurisprudencia comparada. Centrándonos en nuestro sistema hay que afirmar que la distinción entre orden público procesal y orden público material, en el ámbito del reconocimiento y ejecución de resoluciones judiciales, es conocida tanto por la doctrina como por la jurisprudencia. El TC ha reconocido un alcance procesal (junto al aspecto material que contempla) al orden público encarnado en el art. 954.3. El Alto Tribunal resalta, sobre todo, la influencia del art. 24 CE en la configuración del orden público que asume, de este modo, un contenido constitucional. De un estudio de la jurisprudencia constitucional se deduce que nuestros tribunales, a la hora de conceder el reconocimiento y exequátur a una resolución, deben comprobar que se hayan respetado los derechos fundamentales y libertades públicas reconocidos constitucionalmente. Para que la resolución extranjera despliegue efectos en nuestro país es imprescindible que haya sido dictada en el marco del respeto de los derechos y garantías procesales del demandado. Vid., las ya citadas SsTC 43/1986, de 15 de abril, 54/1989, de 23 de febrero y 132/1991, de 17 de junio.

[353] Sentencia del Tribunal de Justicia de 22 de octubre de 1981, Etablissements Rohr Société anonyme/Diana Ossberger, asunto 27/81, Rec. 1981, pág. 2444.

[354] Sentencia del Tribunal de Justicia de 21 mayo de 1980, Denilauler/Couchet, asunto 125/79, Rec. 1980, pp. 1553 ss.

[355] En el mismo sentido, anteriormente, el Gobierno italiano, en sus observaciones escritas en el asunto Pendy Plastic, afirmó el carácter de orden público del procedimiento de exequátur y de los derechos de la defensa. El Abogado General Sr. Reischl, en sus conclusiones a dicho asunto, manifestó que frecuentemente la protección de los derechos de la defensa es asimilada al orden público. El Abogado, que defiende una concepción del orden público en el sentido del respeto del principio contradictorio, cita a Geimer (Anerkennung gerichtlicher Enscheidungen nach dem EWG-Übereinkommen vom 27 September 1968, Recht der Internationalen Wirtschaft, 1976, pp. 139 ss), que sostiene que el control del respeto del orden público implica igualmente el examen de saber si en el curso del procedimiento ante la jurisdicción extranjera, exigencias esenciales de equidad en el proceso han sido violadas.

se haya fundamentado en una prueba aunque fuese mínima), y la fase final (notificación de la resolución, fundamentación jurídica y posibilidad de ejercer recursos) [356, 357].

Partidaria de esta interpretación se ha mostrado principalmente, aunque no exclusivamente, la doctrina alemana considerando que el art. 27.2 es una *lex specialis* y el párrafo 1 de dicha disposición la ley general, de modo que todos los aspectos no cubiertos por aquélla, lo son por ésta [358].

A nuestro juicio, y siempre respetando el mecanismo lógico de la normativa convencional, no se puede conceder eficacia a una resolución en la que se haya producido una infracción de los derechos de la defensa, y ello con independencia del dato de que no aparezca contemplada expresamente entre los motivos de denegación del reconocimiento. De este modo, el juez del reconocimiento se reserva el poder de controlar o verificar que determinadas exigencias de justicia hayan sido respetadas durante el desarrollo del procedimiento. Con ello no queremos decir que dicho juez controle la aplicación de la ley procesal extranjera, sino los efectos que se derivarían en el foro del reconocimiento de dicha resolución.

La formulación del art. 27.2 es poco compatible con el art. 6 del CEDH. Como ha afirmado P. HAMMJE, «la limitación del control del respeto de los derechos de defensa a las modalidades de la notificación y el inicio del procedimiento parece estar poco de acuerdo con la noción extensiva del derecho a un proceso equitativo consagrado por el artículo 6 del CEDH. El conflicto entre los dos Convenios debe resolverse en favor de la norma fundamental que es, la que defiende los principios materialmente superiores» [359].

---

[356] Vid.,B. GOLDMAN, «Un traité fédérateur: La Convention entre les Etats membres de la CEE», Rev.trim.dr.eur., 1971, núm. 1, pág. 33; G. DE LEVAL, «Reconnaissance et exécution dans la Convention de Bruxelles du 27 septembre 1968», Act. Dr, 1994, núm. 1, pág. 76; P. VLAS, «The principle of fair trial...», ob. cit., pág. 405.

[357] Tenemos que advertir que somos perfectamente conscientes de dos datos: en primer lugar, que la existencia de principios comunes en los Estados miembros limita la operatividad de la cláusula de orden público y, en segundo término, que en la mecánica del Convenio, el tribunal que mejor puede conocer de las infracciones cometidas en el curso del procedimiento es el del Estado de origen, debiendo el demandado haber hecho valer en el procedimiento de origen sus derechos de defensa y alegar las infracciones de las que fue objeto.

[358] Vid., J. KROPHOLLER, *Europäisches...*, ob. cit. par. 27.13; P.M. PATOCCHI, «La reconnaissance et l'exécution des jugements...», *L'Espace judiciaire européen...*, ob. cit., pág. 120. Un importante sector de la doctrina se ha mostrado contrario a considerar que el art. 27.2 constituya una disposición exhaustiva de todas las circunstancias en que el reconocimiento puede ser denegado por infracción de los derechos de defensa, vid., P. KAYE, *Civil jurisdiction...*, ob. cit., pp. 1443 ss; S. O'MALLEY & A. LAYTON, *European civil...*, ob. cit., par. 27.17; A. DI BLASE, *Connessione e litispendenza...*, ob. cit., pág. 122.

[359] P. HAMMJE, *La contribution des principes généraux du Droit à la formation du Droit International Privé*, Thèse, Université Paris-I, 1995; *íd.* «Droits fondamentaux et ordre public», Rev.crit.dr.int.pr., 1997, núm. 1, pp. 28 ss. En sentido análogo, Y. DONZALLAZ, *La Convention de Lugano...*, ob. cit., pág. 446. En nuestra doctrina, P.A. de MIGUEL ASENSIO, «Derechos humanos, diversidad cultural...», ob. cit., pág. 556 ha afirmado que «...la exclusión del reconoci-

De sumo interés son, a nuestro juicio,las conclusiones del Abogado General Sr. Saggio al asunto 7/98 porque afirma que es necesario admitir que en los supuestos de lesión de los derechos fundamentales reconocidos y garantizados en el Estado requerido se puede invocar la cláusula de orden público para denegar eficacia a una resolución extranjera y que la disposición del art. 27.2 no excluye otras hipótesis de lesión de los derechos de la defensa. De hecho, el Tribunal de Justicia, que por fin se ha enfrentado a esta cuestión, ha confirmado expresamente que el art. 27.2 no es una disposición exclusiva en materia de denegación de eficacia por lesión de los derechos de defensa y que puede acudirse al artículo 27.1 (sentencia Krombach). En concreto, el Tribunal ha afirmado que «la aplicación de la cláusula del orden público es posible en los casos excepcionales en los que las garantías establecidas en la legislación del Estado de origen y en el propio Convenio no bastan para proteger al demandado de una violación manifiesta de su derecho a defenderse, tal como está reconocido por el CEDH».

Si los derechos procesales de la defensa son garantizados tanto a nivel comunitario como a nivel nacional, no tiene sentido excluirlos del Convenio de Bruselas[360].

Resultaría paradójico que un Estado reconociese una resolución en la que se lesionaron derechos fundamentales de la defensa, porque el sistema de Bruselas no contempla ningún motivo específico de rechazo del reconocimiento y no la reconociera en base a su derecho autónomo[361]. Por ejemplo, en el caso del ordenamiento español y en base a la noción de orden público constitucional (impregnado en particular de las exigencias del artículo 24 CE) nuestros tribunales no pueden reconocer una resolución dictada en violación de los derechos de la defensa y ello con independencia de la letra del Convenio. Se concederá o no el reconocimiento en función del cumplimiento de las garantías procesales consagradas constitucionalmente. Toda resolución dictada en el ámbito del Convenio de Bruselas que infrinja derechos fundamentales de defensa distintos a los contemplados expresamente en el artículo 27.2, no será reconocida en nuestro ordenamiento por la operatividad del orden público. La aplicación del Convenio

---

miento se impone tratándose de decisiones adoptadas en un proceso en el extranjero si en el mismo se vulneraron las garantías procesales básicas del art. 6.1 del CEDH...». La Cour de Cassation francesa en su sentencia de 16 de marzo de 1999 ha reconocido que la limitación del derecho consagrado en el artículo 6 CEDH debe ser sancionado, en el plano del exequátur, por el artículo 27.1 del Convenio de Bruselas, Rev.crit.dr.int.pr., 2000, nº 2, pp. 223 ss., Comentario, G.A.L. DROZ que admite, ahora, que puede acudirse al orden público cuando son infringidos derechos de la defensa distintos de los contemplados en el artículo 27.2.

[360] Vid., S. SPADATORA, «Les principes fondamentaux de l'ordre...», ob. cit., pág. 66; E. RODRIGUEZ PINEAU, *Public policy in the EEC...*, ob. cit., pág. 200.

[361] Respecto al sistema italiano se ha pronunciado en el sentido que apuntamos M. MARESCA, «Prime note sui poteri di controllo della sentenza straniera del giudice del riconoscimento nella riforma del Diritto internazionale privato», Dir.com.int., luglio-dicembre, 1995, pág. 834.

de Bruselas no se puede convertir en un medio para enervar los derechos y libertades reconocidos constitucionalmente [362].

2. El recurso al artículo 27.1 del Convenio por parte de las jurisdicciones nacionales para denegar el reconocimiento de una resolución dictada en lesión de los derechos de defensa

La jurisprudencia de los Estados miembros ha recurrido al orden público del artículo 27.1 para denegar el reconocimiento de resoluciones dictadas en el ámbito de Bruselas en aquellos supuestos en que se hayan infringido determinados aspectos de los derechos de la defensa no contemplados en el artículo 27.2 [363].

a) Así la jurisprudencia alemana, ha declarado expresamente que el artículo 27.2 sólo asegura el derecho a ser oído en el inicio del procedimiento, por lo que si existe lesión de los derechos de defensa en el transcurso posterior del procedimiento se puede rechazar el exequátur haciendo jugar la reserva general del orden público [364]. El Bundesgerichtshof ha exigido que el procedimiento extranjero debe desarrollarse en condiciones de «geordnetes rechtsstaatliches Verfahren», es decir, que se trate de un procedimiento regular en el que se haya respetado el principio de legalidad [365].

---

[362] Como ha afirmado, J.M. SUAREZ ROBLEDANO, «Incidencia del art. 24...», ob. cit., pág. 258, «el juez español debe apreciar el orden público cuando se diera una contradicción patente con el orden público constitucional entendido en los términos desarrollados en las STC 54/89 y 132/91».

[363] De hecho, si hacemos un repaso de la jurisprudencia nacional, fuera de los supuestos en que estén en juego los derechos de la defensa, constatamos que no han sido muchos los casos en que se ha denegado el reconocimiento de una resolución por violación del orden público del Estado requerido, vid., Landgericht de Hamburgo 27 de diciembre de 1977, Rép. Série D, I-27.1-B 2; Bundesgerichtshof 16 de septiembre de 1993, IPrax, 1994, pp. 85 ss, nota de J. BASEDOW; Corte d'appello de Milán 5 de junio de 1990, Riv.dir.int.pr.proc., 1992, pp. 1001 ss.

[364] Bundesgerichtshof 21 de marzo de 1990, IPRax, 1992, pp. 33 ss, comentario de R. GEIMER; Bundesgerichtshof 10 de julio de 1986, Rép. Série D, I-27.1-B 15; Oberlandesgericht Düsseldorf 11 de septiembre de 1991, citada por E. RODRIGUEZ PINEAU, *Public policy...*, ob. cit., pág. 210; Oberlandesgericht Köln 6 de octubre de 1994, EuZW 1995, pp. 381 ss; Oberlandesgericht Dusseldorf 13 noviembre de 1996, E.C.L., 1997, pág. 140; Bundesgerichtshof, 24 de febrero de 1999, E.C.L., 2000, pág. 101.

El Derecho internacional privado alemán asegura el respeto de los derechos de la defensa por el juego de la cláusula de orden público (art. 328 ZPO), denegándose el reconocimiento de una resolución extranjera si conlleva un resultado claramente incompatible con los derechos constitucionales o los principios esenciales de la ley alemana (vid., Bundesgerichtshof 4 de junio de 1992, I.L.Pr., 1994, pp. 602 ss).

[365] El Bundesgerichtshof en la sentencia de 4 de marzo de 1993, I.L.Pr., 1994, pp. 703 ss, consideró que conforme al artículo 27.1 del Convenio de Bruselas, se puede denegar el reconocimiento de una resolución extranjera cuando se han infringido las concepciones fundamentales de justicia.

En los Países Bajos, el Hoge Raad en la sentencia de 2 de mayo de 1986, Rép. Série D, I-27.1-B 14, reconoce que se podría denegar el exequátur en el supuesto de que se llegase a la conclusión de que la sentencia dictada por el juez de origen hubiera infringido los principios de la

b) En la jurisprudencia belga, el Tribunal de Commerce de Liège, en la sentencia de 8 de marzo de 1984, consideró que era contrario a los derechos de la defensa dar a una sentencia un alcance que la persona contra la que es invocada no pudo prever cuando litigó [366].

c) También la jurisprudencia francesa, aunque con vacilaciones, se ha mostrado partidaria de controlar el procedimiento desarrollado ante el juez de origen recurriendo al orden público:

— Así se ha considerado contrario al orden público, en el sentido del art. 27.1, conceder eficacia a resoluciones privadas de motivación cuando no se aportan documentos equivalentes [367].

La jurisprudencia francesa extiende, de este modo, al ámbito del art. 27.1 la práctica de derecho común que exige la motivación de las resoluciones extranjeras o, en su defecto, la aportación de documentos equivalentes que permitan al juez del exequátur controlar la regularidad de dicha decisión.

— De modo análogo a su práctica interna, la jurisprudencia francesa ha considerado, en el marco del artículo 27.1, contrarias al orden público francés, las resoluciones fundadas únicamente en las declaraciones de una de las partes [368]. Esta manifestación se ha producido sobre todo en las sentencias que condenan a un padre a pagar una pensión alimenticia a un hijo natural, estando fundada dicha paternidad exclusivamente en las declaraciones de la madre, sin ningún otro elemento corroborante. La incompatibilidad con el orden público desaparece cuando son aportados otros elementos corroborantes [369].

— La Corte de casación francesa, en el ámbito de Bruselas, ha admitido que la sola mención de las vías de los recursos en la resolución que devino ejecutoria sin ser notificada al demandado rebelde, no constituye una

---

buena administración de justicia que revisten en el orden jurídico holandés una importancia fundamental, ya que de lo contrario se violaría su orden público.

[366] Rép. Série D, I-26-B 5.

[367] Cour de Cassation 17 de mayo de 1978, Journ.dr.int., 1979, pp. 380 ss, nota de D. HOLLEAUX; Cour d'appel de Paris 16 de marzo de 1979, Rev.crit.dr.int.pr., 1980, pp. 121 ss, comentario de E. MEZGER; Cour d'appel de Paris 18 de enero de 1980, Rev.crit.dr.int.pr., 1981, pp. 113 ss; Cour de Cassation 9 de octubre de 1991, Journ.dr.int., 1993, pp. 157 ss, Nota de A. HUET; Cour d'appel de Versailles 26 de septiembre de 1991, Rev.crit.dr.int.pr., 1992, pp. 517 ss, Comentario de C. KESSEDJIAN.

En contra, Cour d'appel de Paris 31 de mayo de 1980 (citada por G. PLUYETTE, «L'exécution des décisions de justice...», ob. cit., pág. 9); Cour de cassation 11 de junio de 1991, Rev.crit.dr.int.pr., 1992, pp. 809 ss; Cour d'appel de Paris de 28 de enero de 1994, Rec.D.S., 1994, pág. 66.

[368] Respecto a la práctica interna, vid., entre otras, Cour de Cassation 7 de marzo de 1978, Journ.dr.int., 1979, pp. 609 ss, nota de J. FOYER; Cour de Cassation 2 de diciembre de 1992, Gaz.Pal., 25-26 de junio de 1993, pág. 16.

[369] Cour d'appel de Paris 24 de noviembre de 1977, Journ.dr.int., 1978, pp. 623 ss, nota de J. FOYER; Cour d'appel de Lyon 18 de abril de 1978, Journ.dr.int., 1979, pp. 383 ss, nota de D. HOLLEAUX.

protección suficiente y que el reconocimiento puede ser rechazado desde el punto de vista del orden público [370, 371].

Estos ejemplos demuestran como el juez requerido, sólo concederá el reconocimiento y exequátur a las decisiones que hayan sido el resultado de un procedimiento en el que se hayan respetado los derechos de defensa. Que el Convenio no establezca ninguna disposición no significa que lo prohíba.

Queda patente, pues, como la jurisprudencia nacional, siguiendo su práctica interna, reconoce que se pueden plantear casos a los que el Convenio no da solución, puesto que no se corresponden con el supuesto tipificado por el art. 27.2. Porque el Convenio guarde silencio en dicha materia no hay que presuponer que dichas resoluciones vayan a tener eficacia fuera del Estado donde fueron dictadas ya que para ello es imprescindible el cumplimiento de un requisito, que los derechos de defensa hayan sido respetados durante todo el procedimiento y no sólo en el momento inicial. El artículo 27.2 se configuraría como un mínimo, un núcleo duro, del orden público que se impone expresamente a todos los Estados.

También tenemos que resaltar que la labor interpretadora del Tribunal de Justicia se ha mostrado siempre preocupada por el respeto de los derechos fundamentales en general y, en particular, del respeto de los derechos de la defensa. El Tribunal de Justicia ha afirmado que los derechos fundamentales forman parte integrante de los principios generales del Derecho por cuyo respeto vela, siendo numerosas las referencias en su jurisprudencia al Convenio Europeo de los Derechos Humanos y Libertades fundamentales de 1950 [372].

Del mismo modo el Tribunal Europeo de Derechos Humanos ha elaborado una vasta jurisprudencia en interpretación de las garantías del

---

[370] Cour de Cassation 7 de abril de 1992, Sem.Jur., 1992, IV, 1810. D. HOLLEAUX, en la nota a la sentencia de la Cour d'appel de Versailles de 26 de noviembre de 1980, Journ.dr.int., 1981, pp. 852 ss, sostuvo que un caso de atentado a los derechos de defensa fuera del art. 27.2 puede ser el caso del demandado que en el supuesto del art. 18 se limite a contestar la competencia, pudiendo ser condenado sin haberse defendido sobre el fondo. Esta posibilidad, como ya hemos estudiado, fue planteada al TJCE en el asunto Rohr/Ossberger y fue denegada.

[371] En contraposición otro sector de la jurisprudencia francesa se ha mostrado contrario a la posibilidad de invocar el orden público para denegar el reconocimiento de una resolución en la que se haya producido una infracción de los derechos de la defensa distinta a la contemplada en el art. 27.2. Vid., entre otras, Cour de Cassation 10 de marzo de 1981, Rev.crit.dr.int.pr., 1981, pp. 553 ss, comentario de E. MEZGER; Cour d'appel de Paris 2 de octubre de 1987, Journ.dr.int., 1989, pp. 100 ss, nota de A. HUET; Cour d'appel de Paris 28 de enero de 1994, Rec. D.S., 1994, pág. 66.

[372] El derecho de defensa constituye un principio fundamental asegurado por el Tribunal de Justicia. En este sentido se garantiza el derecho a ser juzgado por un tribunal predeterminado por la ley, el derecho a ser oído y poder defenderse, el derecho a ser informado de las razones que fundamentan la decisión, el derecho a tener representación legal, el carácter discriminatorio de la *cautio iudicatum solvi*... Un estudio detallado de la jurisprudencia del Tribunal de Justicia en esta materia puede consultarse en E. RODRIGUEZ PINEAU, *Public policy in the EEC...*, ob. cit., pp. 216 ss; J. BOULOIS, *Droit institutionnel de l'Union Européenne*, 5ª ed., Montchrestien, Paris, 1995, pp. 226 ss.

artículo 6 del Convenio Europeo de 1950 (que es el más invocado ante dicho Tribunal) [373]. Como ha afirmado P. A. de MIGUEL ASENSIO, «el reconocimiento en cualquier Estado parte del CEDH (es decir, también España) de una resolución extranjera adoptada infringiendo las garantías procedimentales integradas en la reserva de orden público (*ex* art. 6.1 CEDH) implica una violación del propio art. 6.1 CEDH, por parte del Estado que otorga eficacia en su territorio a la decisión tomada vulnerando el derecho a un proceso justo...» [374].

Por otra parte, tenemos que añadir que el valor constitucional de los derechos de la defensa prohíbe al juez requerido reconocer dichas resoluciones porque, si bien estaría cumpliendo el Convenio, estaría incumpliendo su propia Constitución.

Así, en nuestro ordenamiento jurídico el límite del orden público constitucional, impide al juez español reconocer una resolución dictada en el ámbito del Convenio de Bruselas en la que se haya producido una infracción de los derechos de la defensa y ello con independencia de que el Convenio prevea o no una solución expresa para este problema. Si el juez español respeta en dicho caso el Convenio incumple su propia Constitución [375]. Como han afirmado J.C. FERNANDEZ ROZAS y S. SANCHEZ LORENZO, «no resulta de recibo, pues, la doctrina que interpreta restrictivamente el artículo 27.2 del Convenio de Bruselas, en el sentido de que no cabe denegar el reconocimiento por incumplimiento de garantías procesales diversas a las allí contempladas. Una interpretación semejante implicaría la contradicción del Convenio de Bruselas con la Constitución. Dado que su ratificación no implicó la reforma del art. 24 C.E. tal tesis abocaría a la inaplicación del Convenio de Bruselas al primar los derechos fundamentales recogidos en la C.E. Por ello es preferible interpretar que la indefensión o falta de tutela judicial por razones distintas a la incomparecencia del demandado se hallan recogidas implícitamente en el artículo 27.1, referido a la excepción de orden público» [376].

---

[373] Excede de nuestro estudio un análisis de la jurisprudencia del Tribunal Europeo de Derechos Humanos. Vid., con carácter general, J.C. SOYER et M. de SALVIA, «Commentaire à l'article 6», *La Convention Européenne des droits de l'homme,* dir. L.E. PETTITI, E. DECAUX, P.H. IMBERT, Economica, Paris, 1995, pp. 239 ss; J. VELU et R. ERGEC, *La Convention europeénne des droits de l'homme,* Bruylant, Bruxelles, 1990, pp. 334 ss; M. FABRE, «Le droit à un procès équitable. Etude de la jurisprudence sur l'application de l'article 6.1 de la Convention EDH», Sem.Jur., núm. 31-35, 29 de julio de 1998, pp. 1425 ss.

[374] P. A. de MIGUEL ASENSIO, *Eficacia de resoluciones extranjeras de jurisdicción voluntaria,* Eurolex, Madrid, 1997, pp. 187-188; íd., «Derechos humanos, diversidad cultural...», ob. cit., pág. 556.

[375] En palabras de M. AMORES CONRADI, *Eficacia de resoluciones judiciales...,* ob. cit., pág. 51, «los principios fundamentales del ordenamiento español no es posible que fluctúen dependiendo de cuál sea la concreta reglamentación aplicable por imperativo convencional o ausencia de ella».

[376] J.C. FERNANDEZ ROZAS y S. SANCHEZ LORENZO, *Curso de Derecho internacional...,* ob. cit., pp. 556-557. En sentido análogo, R. ARENAS GARCIA y P. JIMENEZ BLANCO,

Es innegable que el orden público incluye el respeto de los derechos de defensa.

3. La dimensión procesal del orden público del artículo 27.1 del Convenio de Bruselas (art. 34.1 del Reglamento)

También se ha argumentado por aquellos que se oponen al recurso al orden público que los dos párrafos del artículo 27 tienen diferentes ámbitos de aplicación. Así, el primer párrafo se referiría al orden público material y el segundo al orden público procesal, por lo que la única posibilidad de controlar este último sería por la vía del párrafo 2 del artículo 27, cuyo contenido es más restringido [377].

Estimamos, no obstante, que esta restricción del ámbito del art. 27.1 no puede presumirse y ello por varios motivos:

— En primer lugar, si atendemos a una interpretación literal de la norma, no encontramos en ella ninguna limitación como refiriéndose exclusivamente al orden público material. Si la intención del Convenio era excluir del art. 27.1 todos los aspectos procesales, lo debería haber hecho expresamente, pero no ha sido así y sólo ha excluído de él un aspecto determinado, el de la competencia (art. 28.3 del Convenio) [378]. Si el Convenio ha realizado dicha exclusión en una materia determinada, lo podía haber hecho también para el resto de los supuestos, ya que estimamos que son aspectos trascendentales que no pueden presumirse excluídos del mismo [379]. Es cierto que la competencia cubre un aspecto determinado del procedimiento, pero también lo es que no abarca todo su conjunto.

Por otra parte, tenemos que tener en cuenta que se tuvo una gran ocasión para excluir los aspectos procesales de la cláusula de orden público durante la elaboración del Convenio de Lugano. En dichas negociaciones la delegación suiza propuso introducir un motivo que permitiese denegar el

---

«Nota a la propuesta de la Comisión...», ob. cit., pág. 6; M. VIRGOS SORIANO, «Reconocimiento y ejecución...», ob. cit., pp. 440 ss;

En el ordenamiento italiano, N. PARISI, «Spunti in tema di ordine...», ob. cit., pág. 21, afirma que recurrir al art. 27.1 para colmar los aspectos no contemplados en el párrafo 2 de dicha disposición es una operación perfectamente lícita para el juez italiano desde el momento que los derechos de defensa, inviolables según el art. 24.2 de la Constitución republicana, sustancian un principio de orden público.

[377] Son partidarios de esta consideración, A. MARKIEWICZ, «Portée spécifique de l' exigénce...», ob. cit., pp. 200 ss; P. GOTHOT y D. HOLLEAUX, *La Convención de Bruselas...*, ob. cit., pp. 162 ss. En nuestro ordenamiento P. ABARCA JUNCO, «La excepción de orden público...», ob. cit., pp. 15 ss; J. CARRASCOSA GONZALEZ «Comentario al artículo 27 del Convenio...», ob. cit., pág. 482; E. ESTRADA DE MIGUEL, «Competencia judicial internacional...», ob. cit., pág. 431.

[378] Y. DONZALLAZ, *La Convention de Lugano...*, ob. cit., pág. 447.

[379] No se encuentra en el Convenio de Bruselas una disposición análoga a la del art. 13.2 del Tratado del Benelux de 24 de noviembre de 1961, que afirma que las reglas relativas a la competencia, la prueba, la acción de justicia y el procedimiento escapan de la cláusula de orden público.

reconocimiento cuando «la decisión hubiera sido adoptada en el procedimiento de origen en violación de los principios fundamentales del procedimiento». Ante dicha propuesta, el grupo conjunto CEE-AELE, durante la segunda sesión de negociaciones, respondió que no era necesario introducir un nuevo motivo de denegación en dicho sentido porque los párrafos 1 y 2 del artículo 27 permitían atender a dicho objetivo[380]. Parece, por tanto, que se tenía conciencia de que se pueden dictar resoluciones que hayan infringido aspectos fundamentales del procedimiento y que se puede denegar el reconocimiento acudiendo a la regulación del artículo 27[381].

De hecho, hoy día y concluido el proceso de revisión del Convenio de Bruselas, no ha sido posible suprimir el orden público como motivo de denegación del reconocimiento. Tenemos que destacar que algunas delegaciones de los Estados miembros se opusieron expresamente a dicha supresión porque se pueden producir lesiones de los derechos de la defensa a los que el Convenio no ofrece solución. Así, la delegación francesa consideró que el derecho de defensa puede verse gravemente violado incluso en supuestos en que la notificación se ha realizado de manera regular y a su debido tiempo. Habida cuenta del art. 6 CEDH, dicha delegación propuso que convendría reflexionar sobre la conveniencia de ampliar el control del orden público en materia procesal[382].

— En segundo lugar, todos los motivos de denegación regulados en el art. 27 se asimilan al orden público pero en ellos no se agotan las posibilidades de infracción del orden público procesal. Hay que tener en cuenta que se pueden plantear otras situaciones de contrariedad al orden público procesal diferentes a las contempladas en los párrafos 2 a 5[383]. La trascendencia de los derechos contemplados en el art. 27.2 justifica la presencia de un motivo de denegación específico que sancione su infracción, pero su importancia no significa, a nuestro juicio, exclusividad.

Como es lógico, aquel sector de la doctrina partidario de recurrir al orden público en los supuestos de infracciones procesales distintas a las contempladas por el art. 27.2, defiende la inclusión en el párrafo 1 del artículo 27 tanto de su dimensión material como de la procesal[384].

---

[380] En concreto se consideró que «les points 1 et 2 de cet article 27 permettaient déjà d'atteindre l'objet ainsi recherché. En outre, le libellé de la proposition suisse suscitait des problèmes d'interprétation car il serait difficile de déterminer ce que recouvre l'expression «principes fondamentaux de la procédure». Vid., *Lugano Convention,* II, Travaux préparatoires. Institut suisse de Droit comparé, Schulthess Polygraphischer, Verlag, Zürich, 1991, pp. 68 ss.

[381] Y. DONZALLAZ, *La Convention de Lugano...,* ob. cit., pág. 448.

[382] Doc. 13301/97, Justciv. 91, Bruselas, 15 de diciembre de 1997, pág. 33.

[383] El uso del orden público en el supuesto del fraude o en el supuesto de la inconciliabilidad de decisiones muestra la dimensión procesal del orden público.

[384] Además de la doctrina ya citada vid. Y. DONZALLAZ, *La Convention de Lugano...,* ob. cit., pp. 416 ss que hace un profundo estudio de las dos dimensiones, sustancial y procesal, del orden público del art. 27.1 del Convenio; S. CARBONE, *Lo spazio giudiziario...,* ob. cit., pp. 125 ss.

Tampoco podemos olvidar que la tradición de los Estados miembros ha demostrado que los derechos de defensa están en íntima conexión con el orden público. Los derechos nacionales se han mostrado partidarios de incluir en el orden público tanto la dimensión material o sustantiva como la procesal[385]. Es el caso de nuestro sistema en el que, como ya hemos estudiado, el TC ha reconocido un alcance procesal (junto al aspecto material que contempla) al orden público del art. 954.3[386].

En tanto que valores de dicho tenor configuran la noción de orden público y se imponen al juez del foro, éste debe velar por su respeto. No se trataría de un control general ni de una revisión del procedimiento desarrollado en el país de origen, sino de controlar si se han respetado aspectos fundamentales, considerado esenciales, del núcleo duro del procedimiento. La intervención del orden público se hará en casos excepcionales puesto que sólo los principios fundamentales serán tomados en cuenta. De hecho, el TJCE en la sentencia Krombach ha reconocido que el artículo 27.1 comprende o incluye el orden público procesal[387].

Que queramos justificar la aplicación del orden público a determinados supuestos no contemplados expresamente en el Convenio, no supone que estemos defendiendo una postura de uso indiscriminado de dicha cláusula que desnaturalice su función en el Convenio, como motivo de denegación del reconocimiento que es. Unicamente defendemos una postura acorde con las necesidades que la aplicación práctica del Convenio puede suscitar.

Somos conscientes de que los motivos de denegación del reconocimiento tienen y, a nuestro juicio, deben tener un carácter excepcional porque suponen una quiebra al principio general del Convenio. Por ello, proponemos un uso cauteloso, que también debe extenderse al artículo 27.2 ya que la norma debe interpretarse en sus justos términos debiéndose atender a su finalidad y evitar que por determinados formalismos se dé amparo a situaciones no queridas.

Paradójicamente, se pueden plantear supuestos en los que verdaderamente se ha producido una lesión de los derechos de la defensa y para los

---

[385] Así, por ejemplo, la Ley de Reforma del Derecho internacional privado italiano ha establecido en el artículo 64.2 que el reconocimiento de la sentencia extranjera está condicionado al hecho de que no se hayan violado los derechos fundamentales de la defensa. M. MARESCA, «Prime note sui poteri di controlle...», ob. cit., pp. 832 ss, ha afirmado respecto de dicho artículo que el poder del juez italiano sobre la sentencia extranjera se manifiesta en la exigencia de motivación, el respeto de los valores fundamentales de la defensa, así como al control de la compatibilidad con el orden público en los supuestos de fraude.

[386] En la STC 43/86, de 15 de abril, B.O.E., de 29 de abril, el TC afirma: «el orden público ha adquirido una nueva dimensión a partir de la vigencia de la C.E. 1978... el orden público del foro ha adquirido así en España un contenido distinto, impregnado en particular por las exigencias del art. 24» (Fundamento Jurídico Cuarto).

[387] Vid. H. MUIR-WATT, «Comentario a la sentencia TJCE de 28 de marzo de 2000», Rev.crit.dr.int.pr., 2000, núm. 3, pág. 492; H. GAUDEMET-TALLON, «Comentario a la sentencia TJCE de 11 de mayo de 2000», Rev.crit.int.pr., 2000, núm. 3, pág. 513.

que no hay en la letra del Convenio, *stricto sensu,* una solución. No tiene sentido negar el reconocimiento a una resolución en la que no se ha producido una verdadera lesión de los derechos de defensa (por ejemplo, cuando el demandado alega un vicio de forma para invocar el desconocimiento de la cédula de emplazamiento cuando sí tenía conocimiento y podía haberse defendido), y conceder eficacia a una resolución en la que sí se haya producido tal violación (por ejemplo, no se dio audiencia a la parte demandada en la fase probatoria), porque dicha lesión no «encaja» en la letra del art. 27.2.

El respeto del derecho fundamental de la defensa debe garantizarse y hacerse realidad en el Convenio de Bruselas. La libre circulación de resoluciones en el espacio judicial europeo sólo es posible si los derechos de defensa no han sido infringidos.

CONCLUSIONES

1. Transcurridos más de treinta años desde la firma del Convenio de Bruselas, su aplicación práctica ha demostrado que las soluciones que aporta al tradicional sector del Derecho internacional privado de los conflictos de jurisdicciones constituyen un cuerpo homogéneo (un *corpus iuris*) de reglas aplicables a los litigios de tráfico jurídico externo en materia civil y mercantil que se desarrollen ante los tribunales de un Estado parte de la Unión Europea. La importancia del Convenio es tal que se puede afirmar que constituye la primera piedra en la construcción de un Código procesal civil europeo.

El establecimiento de la regla del reconocimiento automático, la enumeración de un conjunto de motivos de denegación de dicho reconocimiento y la simplificación del procedimiento de exequátur se constituyen en los principales elementos que permiten hacer de la libre circulación de resoluciones judiciales una realidad.

Ahora bien, simplificación, celeridad y rapidez no son sinónimo de menoscabo de los derechos de la defensa. Al contrario, el Convenio se caracteriza por habler establecido mandatos que obligan tanto al juez que conoce del procedimiento como al del reconocimiento, a velar porque la resolución haya sido dictada en el marco del respeto del derecho de la defensa.

2. La protección de los derechos de defensa del demandado es un principio que inspira la regulación convencional tanto en la fase directa (debiendo el juez de origen, en virtud del mandato de los arts. 20 del Convenio de Bruselas y 15 del Convenio de La Haya de 15 de noviembre de 1965, suspender el procedimiento en el supuesto de que el demandado, emplazado ante los tribunales de otro Estado contratante, no compareciera hasta que quede acreditado que éste ha podido recibir la cédula de emplazamiento o documento equivalente con tiempo suficiente para defenderse), como en la indirecta (denegándose eficacia extraterritorial a la resolución dictada en lesión de dichos derechos).

No ha sido posible suprimir un control de los derechos de defensa del demandado por parte del juez requerido que, por el contrario, debe realizar una nueva verificación de las circunstancias que rodearon el emplazamiento del demandado en el procedimiento de origen y las causas de su incomparecencia. Al control del juez de origen, se sigue el del juez requerido.

3. De entre todas las posibles lesiones de los derechos de defensa que el demandado puede sufrir el Convenio configura como motivo de denegación una de ellas, la resolución fue dictada en rebeldía del demandado si no se le entregó o notificó la cédula de emplazamiento o documento equivalente, de forma regular y con tiempo suficiente para defenderse (tal y como lo enuncia el art. 27.2 en su versión original, redacción que sustancialmente se mantiene tras la reforma, art. 34.2 del Reglamento).

La violación del principio de audiencia y de contradicción en el procedimiento de origen ocasiona la indefensión del demandado, por lo que una resolución dictada en lesión de dichos principios no puede desplegar eficacia en el espacio judicial europeo. Sólo aquellas resoluciones que fueron dictadas en el marco del respeto del principio contradictorio se beneficiarán de los mecanismos regulados en el Título III del Convenio porque en él no tiene cabida la indefensión.

4. Presupuesto de operatividad del motivo de denegación previsto en el artículo 27.2 es que la resolución cuya eficacia se pretende, se haya dictado en el procedimiento de origen en rebeldía del demandado. En este supuesto, el juez requerido debe verificar si la incomparecencia del demandado fue el resultado de una lesión de su derecho a participar en el proceso o bien se debió a su propia voluntad. El demandado tiene derecho a participar en el proceso y a defenderse, debiendo soportar las consecuencias que de su comportamiento se deriven, es decir, la eficacia extraterritorial de las resoluciones judiciales dictadas *inaudita altera parte* queda justificada sólo en el supuesto de que la incomparecencia del demandado se deba a su voluntad o a su actitud negligente.

La rebeldía, cuestión puramente procesal, aparece configurada en el Convenio como una categoría con un sentido propio, por contraposición al que podría tener en las diferentes legislaciones nacionales. La interpretación *legeforista* obstaculiza la aplicación uniforme a la que debe aspirar un Convenio como el de Bruselas, que responde a un espíritu de integración. La interpretación autónoma del concepto rebeldía ha sido construida por el Tribunal de Justicia a partir de la finalidad que inspira la norma: evitar que se reconozca y declare ejecutiva una resolución si el demandado no ha tenido posibilidad de defenderse en el procedimiento de origen. Por tanto, es rebelde aquel demandado que fue privado de su derecho de defensa y ello con independencia de la calificación *lege fori* (Sentencia Bernardus Hendrikman et Maria Feyen/Magenta Druck). Si el demandado no pudo defenderse en el procedimiento de origen (ni personalmente ni a través de su representante), será un demandado rebelde en el sentido que tiene dicho concepto en el Convenio de Bruselas.

Esta interpretación, si bien tiene la ventaja de uniformar la aplicación del Convenio, presenta el inconveniente de conceder al juez requerido la facultad de reconsiderar sustancialmente la decisión dictada por el juez de origen (éste pudo, por ejemplo, estimar que el procedimiento adquirió carácter contradictorio y el juez requerido, por el contrario, puede considerar que el demandado se encontraba en una situación de rebeldía).

5. Ahora bien, no toda resolución dictada en rebeldía verá denegado el reconocimiento. La incomparecencia del demandado en el procedimiento de origen debe conectarse con un elemento subjetivo (la involuntariedad) y con una serie de garantías (emplazamiento en forma y en tiempo).

La imposibilidad de defensa debe haberse producido bien porque el demandado no tuvo conocimiento del procedimiento entablado contra él o tuvo un conocimiento defectuoso del mismo (por lo que no preparó su defensa) o bien porque aún teniendo conocimiento del procedimiento, no pudo preparar su defensa porque no disfrutó de tiempo suficiente para ello.

De este modo, el Convenio sanciona la violación del principio contradictorio, el demandado tiene derecho a estar en el proceso y a defenderse en igualdad de condiciones frente a las pretensiones del demandante.

6. De todo ello se deduce que el primer acto procesal que se debe notificar al demandado, la cédula de emplazamiento o documento equivalente, asume una importancia trascendental ya que es el que le comunica que se ha entablado un procedimiento contra él, cuáles son las pretensiones del demandante, el plazo del que dispone para comparecer...

En el marco del Convenio de Bruselas el concepto de cédula de emplazamiento o documento equivalente tiene un sentido propio gracias a la labor interpretadora del Tribunal de Justicia, que se ha apartado de una interpretación por remisión a la *lex fori*. Se trata de una noción autónoma y designa el/los acto/s cuya notificación al demandado efectuada regularmente y en tiempo útil, le permite hacer valer sus derechos de defensa antes que una resolución ejecutoria sea dictada en el Estado de origen.

El Tribunal se abstiene, con esta definición, de fijar qué documento en concreto (la variedad de las legislaciones nacionales en la materia es notable) es cédula de emplazamiento, limitándose a señalar los rasgos que la caracterizan.

Por tanto, determinar qué documento, de entre todos los posibles, es cédula de emplazamiento se realizará en cada ordenamiento atendiendo a los requisitos que el Tribunal de Justicia considera que debe reunir un acto para que sea considerado como tal. Así, y por lo que respecta a nuestro ordenamiento jurídico, se debe considerar que la demanda es cédula de emplazamiento en el sentido del art. 27.2 del Convenio porque es el documento que pone en conocimiento del demandado que se ha entablado un procedimiento contra él, debe ser notificada de forma regular ofreciéndose al demandado un plazo razonable para comparecer y preparar su defensa procesal y, sólo tras la expiración de dicho plazo, el procedimiento seguirá su curso, declarándose al demandado en rebeldía, dictándose en su día, y si éste no lo evita, resolución en rebeldía.

7. La notificación de la cédula de emplazamiento debe rodearse de unas garantías: de una parte, ha de tratarse de una notificación regular y, por otro lado, tras dicha notificación el demandado debe disfrutar de tiempo para defenderse. Ahora bien, el Convenio no define, en ningún momento, qué debe entenderse por cada una de estas garantías, ni conforme a qué ordenamiento debe el juez requerido valorarlas, por lo que era de esperar que dichas cuestiones fueran sometidas a la interpretación del Tribunal de Justicia. Si respecto de la regularidad se ha decantado por una interpretación *legeforista,* no ha ocurrido lo mismo con la temporalidad, que ha sido objeto de una interpretación autónoma. Se trata, por tanto, de dos condiciones que deben ser apreciadas por el juez requerido en función de parámetros diferentes.

8. El Tribunal de Justicia ha afirmado en reiteradas ocasiones (Sentencias Klomps/Michel, Lancray/Peters...) que la regularidad de la notificación debe valorarse conforme a lo dispuesto en el ordenamiento del juez que dictó la resolución, es decir, se trata de una solución por remisión a lo dispuesto en la *lex fori.* Si conforme a dicha normativa la notificación fue regular, así debe considerarlo el juez del reconocimiento.

La ausencia en el Convenio de Bruselas de un sistema propio y obligatorio de notificación de documentos determina la remisión a lo dispuesto en la normativa convencional y nacional en la materia.

Hasta el momento, la práctica ha demostrado que en la mayor parte de los supuestos, al tener que realizarse la notificación de un Estado a otro, ha sido de aplicación la regulación del Convenio de La Haya de 15 de noviembre de 1965, de modo que una notificación realizada respetando la normativa de este Convenio, que se aplicará como *lex fori,* se considerará realizada de forma regular, en el sentido del Convenio de Bruselas.

La importancia del Convenio de La Haya quedará relegada a un segundo plano tras la reciente entrada en vigor del Reglamento 1348/2000, que mejora y acelera, entre los Estados miembros, la transmisión de documentos judiciales y extrajudiciales en materia civil o mercantil, a efectos de su notificación o traslado. No obstante, el espíritu del Convenio de La Haya seguirá vigente porque su regulación inspira el articulado de aquél.

9. El TJCE, preocupado por el escrupuloso respeto del derecho de la defensa y por la exigencia acumulativa de las dos garantías contempladas en el art. 27.2, ha optado por una interpretación amplia de la norma.

Así, el supremo intérprete del Convenio considera que la notificación debe practicarse siempre de forma regular, no pudiendo el juez requerido dispensar del cumplimiento de dicha garantía en ningún supuesto y aunque existan datos que permitan avalar la idea de que el demandado tenía conocimiento del procedimiento entablado contra él y que se abstuvo de comparecer voluntariamente, es decir, el conocimiento de la cédula de emplazamiento no subsana la irregularidad de la notificación.

La subsanación de las posibles irregularidades de la notificación de la cédula de emplazamiento sólo es posible si la ley del Estado de origen así lo permite (Sentencia Lancray/Peters).

La regularidad de la notificación es concebida por el Tribunal de Justicia como una condición formal y rígida en la que no caben, a su juicio, interpretaciones flexibles que permitan conciliarla con su finalidad, poner en conocimiento del demandado que se ha entablado un procedimiento contra él emplazándole a que comparezca ante un determinado tribunal. Asistimos de este modo a una configuración formal del concepto «lesión de los derechos de defensa».

10. Pero esta afirmación debe ser, desde nuestra óptica, matizada pues no todo defecto procesal ocasiona indefensión del demandado. La irregularidad de la notificación que ha de justificar la denegación de eficacia de la resolución debe traducirse en un perjuicio material para el demandado, es decir, en un perjuicio sobre sus posibilidades de defensa.

A nuestro juicio, es necesario relativizar la exigencia de la notificación regular en *pro* de una interpretación material y sustantiva de la indefensión del demandado. Puesto que el juez requerido goza de amplias facultades en la verificación de este motivo de denegación debería estarle permitido apreciar si realmente la irregularidad de la notificación ocasionó al demandado una lesión de su derecho de defensa o si, por el contrario, fue rebelde por conveniencia.

No tiene sentido que el consenso alcanzado por los Estados y la libre circulación de resoluciones queden comprometidos por defectos procesales. De hecho, no es de extrañar que en los trabajos de reforma del Convenio de Brusela, la disposición del art. 27.2 haya sido una de las que mayores problemas ha planteado, llegándose incluso a plantear, en varias reuniones, la posibilidad de suprimir la garantía de la regularidad como consecuencia de las situaciones de abuso que se han producido, propuesta que no compartíamos en absoluto, por atentar al principio de seguridad jurídica.

Finalmente la solución a la que se llegó en la última reunión fue la posibilidad de sustituir la exigencia de notificación regular por notificación «de forma tal» que permita al demandado defenderse. A nuestro juicio, con esta formulación no se vacía de contenido la garantía sino que lo que se intenta es paliar la rigidez en favor de la flexibilidad, es decir, interpretarla en función del fin para la que fue concebida (que el demandado pueda defenderse). Solución que no ha sido recogida en la versión publicada del Reglamento.

11. Del mismo modo, no existe en el art. 27.2 ninguna referencia a la exigencia de que el demandado, que se opone a la eficacia de la resolución, realizara en el procedimiento de origen las actividades y actuaciones necesarias contra la resolución dictada en su ausencia. Dicho con otras palabras, que el demandado se abstenga en el procedimiento de origen de interponer recursos contra la resolución dictada en rebeldía no impide el rechazo del reconocimiento de la resolución pues, como ha afirmado el Tribunal de Justicia en las Sentencias Minalmet/Brandeis y Bernardus Hendrikman et Maria Feyen/Magenta Druck, el momento oportuno para defenderse es el del inicio de la *litis* y que la notificación regular de la resolución dictada en rebeldía no subsana el defecto de la notificación de la cédula de emplazamiento.

Es cierto que no puede equipararse la defensa en instancias sucesivas (que siempre será más gravosa) a la que puede tener el demandado en primera instancia, pero esta interpretación sólo puede sostenerse, a nuestro juicio, en el supuesto de que el demandado tuviese conocimiento de la existencia de un procedimiento contra él tras la notificación regular de la resolución dictada en su contra, pues en este supuesto sufrió indefensión al no haber podido defenderse ante el juez de origen.

Situación diferente sería aquélla en que el demandado, sabiendo que existía un procedimiento contra él, no comparece porque estima que la notificación de la cédula de emplazamiento no fue regular absteniéndose, en instancias sucesivas, de recurrir. Existen demandados habilidosos que se amparan en la protección de una norma que no estaba pensada para ellos.

Para evitar estas situaciones era necesario limitar la denegación del reconocimiento en los supuestos en que el demandado no recurre la resolución en el procedimiento de origen. Finalmente, y tras un largo debate en las sesiones de trabajo sobre la reforma del Convenio, se ha llegado a la conclusión de que el reconocimiento no será denegado si el demandado que pudo recurrir, no lo hizo (solución ésta que, *de lege ferenda,* venía propugnando un amplio sector de la doctrina).

12. La reforma de la disposición viene, en definitiva, a consagrar una visión sustantiva, no formal, del concepto lesión de los derechos de defensa de modo que, sólo cuando el demandado sufrió un perjuicio material en sus posibilidades de defensa, será legítimo el rechazo del reconocimiento (art. 34.2 del Reglamento).

13. Si la regularidad de la notificación es una cuestión que el juez requerido debe analizar conforme a lo dispuesto en la *lex fori,* la temporalidad, segunda garantía contenida en el art. 27.2, debe ser valorada por dicho juez en función de las circunstancias concretas que concurran en cada supuesto y con independencia de que se hubiera respetado el plazo fijado en el ordenamiento del juez de origen o el dispuesto en su propio ordenamiento.

La suficiencia del plazo es una noción autónoma del Convenio y su finalidad es garantizar que el demandado, en el plazo que se le concedió y en función de todas las circunstancias, pudo haber preparado su estrategia procesal frente a las pretensiones del demandante. Al tratarse de una cuestión fáctica no puede fijarse un plazo común a todos los supuestos ya que variará en función de los circunstancias concretas, tanto objetivas como subjetivas, del caso.

Interpretando de forma autónoma esta noción el Tribunal se abstiene de fijar un plazo que se considere suficiente, evitando, de este modo, la rigidez en favor de la discrecionalidad y la flexibilidad.

14. En la interpretación de esta garantía los mayores problemas se han planteado en materia de punto de partida del plazo ya que concretar en qué momento se practicó la notificación tiene una importancia trascendental porque es a partir del mismo cuando comienza a correr el plazo del que dispone el demandado para comparecer ante el tribunal de origen y presentar su defensa.

Diferentes concepciones existen en la materia en las legislaciones de los Estados parte, por lo que dos soluciones eran posibles. Bien dejarlo a la valoración de la *lex fori,* bien introducir una regla propia en el Convenio, solución ésta a la que se debería aspirar para conseguir la aplicación uniforme del Convenio pero que en el momento actual se presenta casi imposible de alcanzar (ni siquiera en el marco del Reglamento 1348/2000 ha sido posible esta unificación porque si bien se establecen soluciones comunes en materia de punto de partida del plazo, se concede a los Estados la posibilidad de no aplicarlas por lo que, en la práctica, pueden devenir inoperantes).

Si una cosa queda clara, como ha afirmado el TJCE, es que para que comience a correr el plazo, el art. 27.2 no exige la prueba de que el demandado tenga efectivamente conocimiento de la cédula de emplazamiento (solución ésta que se imponía porque, de lo contrario, se hubiera desconocido el mecanismo del Convenio que no exige dicho conocimiento en la fase directa, se hubiera ignorado la existencia de diversos modos de notificación en las legislaciones de los Estados parte, y se habrían comprometido en exceso los intereses del demandante).

Sentada esta premisa, el Tribunal de Justicia considera que, como regla general, el juez requerido debe limitarse a examinar si el plazo, a contar desde la fecha en que la notificación ha sido hecha regularmente, ha dejado al demandado un plazo suficiente para su defensa. La fecha de la notificación regular se considera, pues, punto de partida del plazo.

Pero, esta regla general es una presunción *iuris tantum* porque, a juicio del Tribunal, existen determinados supuestos en que el plazo no comienza a correr tras dicha notificación. Corresponde al juez requerido apreciar, si en un caso concreto, existen determinadas circunstancias excepcionales tales que, la notificación aunque regular, no ha sido suficiente para hacer correr el plazo exigido por el art. 27.2. A nuestro juicio, esta salvedad ocasiona numerosos problemas que contradicen el espíritu del Convenio. Dejar a la apreciación del juez requerido la determinación del punto de partida del plazo atenta contra el principio de seguridad jurídica y pone en tela de juicio el principio base del Convenio de confianza en los jueces comunitarios. Si el juez de origen determinó, conforme a lo dispuesto en la normativa que le vincula y en función de todas las diligencias realizadas en el transcurso del procedimiento, que la notificación fue regular, que el plazo comenzó a correr y que el demandado podía haber comparecido en el tiempo que se le concedió, su decisión no debería ser desautorizada por el juez requerido. A éste sólo le correspondería, tutelando por los derechos de defensa del demandado apreciar si realmente y en función de todos los datos (el modo de notificación sería uno a valorar) el demandado pudo o no preparar su defensa.

Debe imponerse una única solución, que no varíe en función de la concurrencia de lo que el Tribunal denomina «circunstancias excepcionales». Puesto que la notificación regular posibilita al demandado tener conocimiento de que se entabló un procedimiento en su contra, será a partir de dicho momento cuando comience a correr el plazo correspondiendo al juez requerido valorar si fue o no suficiente para la defensa del demandado.

15. El escrupuloso respeto de los derechos de defensa ocasiona consecuencias y resultados poco compatibles con la filosofía del Convenio en general y con la de la norma, en particular.

Si la filosofía que inspira el Convenio de Bruselas es la confianza en los jueces comunitarios no dudamos en afirmar que el supuesto previsto en el art. 27.2 supone una quiebra a dicho principio. La teoría del doble control equivale, a nuestro juicio, a decir que el juez requerido no confía en lo decidido por el juez de origen. Si éste consideró que la notificación fue regular y que el demandado pudo defenderse, dicha decisión debería ser suficiente pero no lo es, porque el juez requerido debe, en todo caso, volver a verificar dichos extremos.

Si el artículo 20 del Convenio fue concebido con la finalidad de reducir el ámbito de operatividad del 27.2 estimamos que, en la práctica, dicha finalidad se ve frustrada porque el juez requerido volverá a examinar en todos los supuestos (y no sólo en los excluidos del art. 20, como sería lo lógico) si el demandado tuvo posibilidades de defenderse.

Si la unificación de los foros de competencia judicial internacional en el Título II permitió reducir a la mínima expresión el control de dicha competencia, en materia de los derechos de defensa no ha sido posible suprimir un nuevo control en fase de reconocimiento ya que el juez requerido debe «vigilar» si el juez de origen resolvió bien el supuesto litigioso. En su examen el juez requerido es su propia instancia de control, no estando vinculado por la decisión de aquél.

16. Si el juez requerido está obligado a este control no resulta difícil que llegue a un resultado distinto del que sostuvo el juez de origen. Por ejemplo, si éste estimó, en aplicación de sus reglas procesales, que el procedimiento adquirió carácter contradictorio, aquél puede considerar que la resolución fue dictada en rebeldía; si a juicio del tribunal de origen la notificación o entrega de la cédula de emplazamiento se hizo de forma regular conforme a lo dispuesto en su ordenamiento, el juez requerido puede estimar lo contrario; si el primer juez consideró que, dadas las circunstancias del caso y las diligencias emprendidas, el demandado en el tiempo que se le concedió pudo haber comparecido y defenderse, el juez requerido puede, por el contrario, considerar que el demandado no pudo preparar su defensa porque ni siquiera comenzó a correr el plazo del que disponía para comparecer...

No existen dudas de que el juez requerido desautoriza la decisión de su colega comunitario, no limitándose a realizar un mero control formal de la resolución extranjera.

17. Diferentes teorías han sido formuladas por la doctrina para explicar la naturaleza del control efectuado por el juez requerido y su compatibilidad con el principio de la prohibición de revisión de fondo de la resolución extranjera, establecida por el Convenio.

A nuestro juicio y como hemos intentado demostrar en las páginas de este trabajo, la teoría del doble control equivale a conceder al juez requerido un poder de revisión de la resolución extranjera. Desde el momento en que el juez requerido puede desautorizar la aplicación que de su ordenamiento ha realizado el juez de origen o puede estimar que los hechos fueron mal juzgados, está revisando la resolución extranjera, tanto su contenido (porque si él hubiera conocido del asunto hubiera decidido en otro sentido), como su elaboración (porque puede estimar que los datos no fueron correctamente apreciados o que las diligencias efectuadas no fueron suficientes).

La aplicación práctica del art. 27.2 y la interpretación que ha realizado el Tribunal de Justicia demuestran que el principio de prohibición de revisión de fondo de la resolución extranjera admite excepciones en el Convenio.

18. La interpretación extensiva del motivo de denegación del art. 27.2, unida a la amplitud de facultades que goza el juez requerido en su apreciación, determinaron que nos planteásemos una cuestión: en el ámbito de Bruselas, ¿sólo puede denegarse la eficacia de una resolución por lesión de los derechos de defensa si dicha lesión encaja en la letra del art. 27.2?; ¿constituye el art. 27.2 una disposición exclusiva y excluyente en la materia? No existen dudas de que el Convenio contiene en la materia una laguna a la que se debía buscar una solución. Para ello, era necesario estudiar el sentido que tiene en el Convenio de Bruselas, el motivo de denegación basado en la contrariedad del reconocimiento de la resolución con el orden público del Estado requerido (art. 27.1, art. 34.1 del Reglamento).

19. La presencia de dicha cláusula en un Convenio con un espíritu integrador como el de Bruselas ha suscitado y suscita polémicas. Si desde los primeros comentarios al Convenio las voces de rechazo y crítica tuvieron su origen en la doctrina, recientemente dicha repulsa ha sido activada en el seno de los trabajos de reforma del Convenio donde, en más de una ocasión, se propuso su eliminación (propuesta con la que no estamos en absoluto de acuerdo, como hemos intentado demostrar).

Pero ni en 1968 ni hoy día (una vez concluido el proceso de revisión del Convenio) se ha podido suprimir su existencia como motivo de denegación puesto que su función es proteger los valores esenciales del Derecho del Estado requerido. Los Estados, a pesar del proceso de integración en el que están inmersos, no están dispuestos a renunciar a una cláusula que se configura como defensora y protectora de su identidad y que les permite apartarse de las obligaciones que el Convenio les impone cuando del reconocimiento de una resolución se pueden derivar resultados que contravienen sus principios esenciales.

Por ello, y a nuestro juicio, el orden público del art. 27.1 se sustrae a una interpretación autónoma por parte del TJCE ya que corresponde a cada Estado determinar qué valores y principios, nacionales e internacionales, configuran e integran, en un momento determinado, su orden público. Lo que el Tribunal de Justicia podría y debería realizar es interpretar el alcance y sentido del art. 27.1 como norma convencional que es. Interpretación confirmada, a nuestro juicio, por el Tribunal de Justicia en las sentencias Krombach y Renault.

20. Si es cierto que tanto la estructura del Convenio como la materia patrimonial al que está circunscrito tienden a paliar la operatividad del orden público, también lo es que la regulación del Convenio no es del todo completa y que se pueden suscitar conflictos a los que no da solución.

Desde el primer momento los negociadores quisieron dejar claro que en determinadas materias el orden público del Estado requerido no podía intervenir, y para excluirlo de su ámbito de aplicación se siguió una doble técnica. En algunos supuestos, excluyéndolo expresamente (es el caso del art. 28.3 en materia de las reglas relativas a la competencia judicial), y en otros, configurando específicos motivos de denegación del reconocimiento que se sustraen al ámbito del orden público y con el que siempre han estado en íntima conexión (por ejemplo, la inconciliabilidad de resoluciones, la lesión de los derechos de defensa...).

El Convenio parte, pues, de la premisa, y así lo ha confirmado el Tribunal de Justicia, de que si existe un motivo específico de denegación del reconocimiento no está autorizado recurrir al orden público para denegar eficacia a una resolución.

21. Ahora bien, las afirmaciones hasta ahora realizadas no suscitarían ninguna objeción si la regulación del Convenio fuese completa y diese solución a los diferentes problemas que pueden plantearse, pero esto no es así porque aún existiendo un específico motivo de denegación o una exclusión, la práctica ha demostrado que, en ocasiones, el recurso al orden público se configura como la única vía para evitar la eficacia extraterritorial de una resolución que conculca la coherencia del sistema del foro. A través de diversos ejemplos hemos intentado corroborar esta tesis (resolución obtenida fraudulentamente, la denegación del reconocimiento de una resolución dictada en base a un foro exorbitante...).

22. Y una de las materias que, a nuestro juicio, está insuficientemente regulada es la de la lesión de los derechos de defensa del demandado.

La estructura del Convenio parte de un doble orden de consideraciones:

— De una parte, si el demandado compareció en el procedimiento de origen no puede denegarse el reconocimiento por lesión de sus derechos de la defensa, porque dicho supuesto no encaja en la letra del art. 27.2. Parece como si en dicho caso no se pudiera producir lesión de los derechos de defensa del demandado.

— De otra parte, que en el supuesto de resolución dictada en rebeldía las únicas infracciones posibles de los derechos de la defensa son la notificación irregular de la cédula de emplazamiento y/o la ausencia de tiempo para que el demandado pueda defenderse.

23. El Convenio configura como motivo de denegación un aspecto importante de la lesión de los derechos de defensa del demandado porque si éste no tuvo conocimiento del procedimiento entablado contra él o no disfrutó de tiempo suficiente, no pudo defenderse en el procedimiento de origen. La solución del Convenio garantiza la protección de los derechos de la defensa en la fase inicial del procedimiento y en el supuesto de que el demandado no compareciera en el procedimiento de origen.

Ahora bien, los derechos de la defensa tienen un contenido más amplio que el contemplado en la normativa de Bruselas (piénsese, por ejemplo, en el art. 6 CEDH que contiene una noción extensiva del derecho a un proceso equitativo), articulándose tanto a nivel nacional como convencional vías para dar solución a infracciones distintas a las contempladas en el Convenio de Bruselas.

La regulación del Convenio es, pues, más reducida porque sólo contempla un aspecto limitado de la lesión de los derechos de la defensa. A nuestro juicio, en dicha disposición no se agotan las posibilidades de denegación del reconocimiento por lesión de los derechos de la defensa.

24. No tiene sentido que determinadas infracciones de los derechos de defensa sancionadas tanto a nivel supranacional como nacional estén excluidas del Convenio de Bruselas. La cláusula de orden público del Estado requerido se opone a un tal reconocimiento. Actuando de otra manera, el juez requerido estaría desconociendo los valores que nutren e inspiran su orden público.

Este sería el caso del derecho español ya que en virtud del orden público, cuyo contenido está impregnado por las exigencias que impone la Constitución, es condición de eficacia de la resolución extranjera que haya sido dictada en el marco del respeto de los derechos de defensa y garantías procesales. Si el juez requerido español concediese eficacia a una resolución dictada en lesión de los derechos de la defensa porque el Convenio no contiene un motivo de denegación específico, estaría, de una parte, incumpliendo su propia Constitución originándose un conflicto entre ésta y el Convenio, y de otra parte, estaría ignorando los compromisos internacionales asumidos por España.

De hecho, la jurisprudencia nacional dictada en el ámbito de Bruselas ha recurrido a la noción de orden público del art. 27.1 para denegar el reconocimiento/exequátur de una resolución dictada en lesión de los derechos de la defensa. Dicha jurisprudencia es una muestra clara de que se pueden producir lesiones de los derechos de la defensa fuera del supuesto expresamente previsto por la normativa convencional y que sólo se debe conceder eficacia a las resoluciones que hayan sido el resultado de un procedimiento en el que se hayan respetado los derechos de la defensa.

25. Resultaría paradójico conceder eficacia a resoluciones dictadas en lesión de los derechos de la defensa porque la letra del Convenio no ofrece una solución específica y denegar el reconocimiento a resoluciones en las que el demandado no sufrió tal lesión (piénsese, por ejemplo, los supuestos que hemos estudiado en que, a pesar de la irregularidad de la notificación, el demandado no resultó perjudicado).

Recientemente, y en el transcurso de la publicación de esta obra, el Tribunal de Justicia ha reconocido que el artículo 27.2 no es una disposición exclusiva en materia de denegación de eficacia por lesión de los derechos de defensa siendo legítimo acudir al art. 27.1 para rechazar la eficacia de una resolución dictada en lesión de un derecho de defensa distinto de los contemplados en aquella norma (sentencia Krombach).

Si el respeto de los derechos de la defensa constituye un principio fundamental del Convenio su operatividad no debe quedar limitada a la fase inicial del procedimiento.

BIBLIOGRAFÍA

P. ABARCA JUNCO, «El artículo 27.2 del Convenio de Bruselas y su interpretación por el Tribunal de Justicia de las Comunidades Europeas», B.F.D.UNED, segunda época, verano-otoño 1993, núm. 4, pp. 9 ss.

P. ABARCA JUNCO, «La excepción de orden público en el Convenio de Bruselas de 1968», B.F.D.UNED, segunda época, verano-otoño 1994, núm. 6, pp. 13 ss.

P. ABARCA JUNCO, «Sentencia del Tribunal de Justicia de las Comunidades Europeas de 20 de enero de 1994 (Asunso Owens Bank LTD/Fulvio Bracco y Bracco Industria Chimica SpA)», G.Jca, abril de 1994, pp. 15 ss.

ACTES ET DOCUMENTS de la Conférence de La Haye de Droit International Privé, Dixième Session, 1964, t. 3, Notification (Rap. M.V. Taborda Ferreira, pp. 363 ss).

ACTES ET DOCUMENTS de la Conférence de La Haye de Droit International Privé, Session Extraordinaire, 1966, Exécution des décisions (Rap. Ch. N. Fragistas, pp. 340 ss).

Mª.D. ADAM MUÑOZ, *El proceso civil con elemento extranjero y la cooperación judicial internacional*, 2ª ed., Aranzadi, Pamplona, 1997.

M. AGUILAR BENITEZ DE LUGO, «La cooperación internacional en Derecho internacional privado», *La cooperación internacional, XIV Jornadas de profesores de Derecho internacional y relaciones internacionales, Vitoria- Gasteiz, 1991,* Servicio editorial Universidad del País Vasco, Bilbao, 1993, pp. 221 ss.

M. AGUILAR BENITEZ DE LUGO, «La notificación de documentos en el extranjero», B.I.M.J., 15 de septiembre de 1998, núm., 1829, pp. 2201 ss.

M. AGUILAR BENITEZ DE LUGO y A. RODRIGUEZ BENOT, «La revisión de los Convenios de Bruselas de 1968 y de Lugano de 1988 sobre competencia judicial y ejecución de resoluciones judiciales en materia civil y mercantil: una primera lectura», R.E.D.I., 1998, núm. 2, pp. 35 ss.

D. ALEXANDRE, *Les pouvoirs du juge de l'exequatur,* L.G.D.J., Paris, 1970.

J. ALMAGRO NOSETE, *Derecho procesal, T. I, Parte general,* ed. Trivium, Madrid, 1995.

M. ALMEIDA CRUZ, M. DESANTES REAL, y P. JENARD, Informe relativo a la adhesión del Reino de España y de la República Portuguesa al Convenio relativo a la competencia judicial y a la ejecución de resoluciones judiciales en materia civil y mercantil, así como al Protocolo relativo a su interpretación por el Tribunal de Justicia, con las adaptaciones introducidas por el Convenio relativo a la adhesión del Reino de Dinamarca, de Irlanda y del Reino Unido de Gran Bretaña e Irlanda del Norte y las adaptaciones introducidas por el Convenio relativo a la adhesión de la República Helénica, hecho en San Sebastián el 26 de mayo de 1989, D.O.C.E, núm. C 189, de 28 de julio de 1990, pp. 35 ss.

M. AMORES CONRADI, *Eficacia de resoluciones extranjeras en España. Aspectos estructurales.* Escrito que presenta al segundo ejercicio del concurso de provisión de la Cátedra de Derecho internacional privado de la Universidad de Cádiz, diciembre de 1993.

M. AMORES CONRADI, «Los efectos de las resoluciones extranjeras en España», *Europäischer Binnenmarkt IPR und Rechtsangleichung,* Heilderberg, 1994, pp. 141 ss.

M. AMORES CONRADI, «Eficacia de resoluciones extranjeras en España: pluralidad de regímenes y unidad de soluciones», *Cursos de Derecho internacional y relaciones internacionales de Vitoria-Gasteiz,* Tecnos, 1995, pp. 267 ss.

R. ARENAS GARCIA, *El control de oficio de la competencia judicial internacional,* Eurolex, Madrid, 1996.

R. ARENAS GARCIA y P. JIMENEZ BLANCO, «Nota a la propuesta de la Comisión europea para una reforma de los Convenios de Bruselas y Lugano», La Ley/U.E, 30 de marzo de 1998, núm. 4510, pp. 3 ss.

B. AUDIT, *Droit international privé,* Economica, Paris, 1997.

C.E. BALBI, «Il procedimento per ingiunzione dopo la Vereinfachugsnovelle della ZPO federele del 3 dicembre 1976», Riv.dir.civ., 1978, núm. 3, pp. 348 ss.

L.S. BARTLETT, «Full Faith and Credit comes to the Common Market: an Analysis of the Provisions of the Convention on Jurisdiction and Enforcement of Judgments in Civil and Commercial Matters», I.C.L.Q., 1975, pp. 445 ss.

R. BASIR y I. LEBBE, «L'Europe judiciaire entre l'efficacité et le droit de la défense», J. des T., núm. 5762, 1995, pp. 417 ss.

J. BASEDOW, «The communitarization of the conflict of laws under the Treaty of Amsterdam», C.M.L.R., 2000, núm. 3, pp. 687 ss.

H. BATIFFOL et P. LAGARDE, *Droit international privé*, 7ª ed., Tome II, L.G.D.J., Paris, 1983.

P. BLANCO MORALES, «Comentario al artículo 25 del Convenio de Bruselas», *Comentario al Convenio de Bruselas relativo a la competencia judicial y a la ejecución de resoluciones judiciales en materia civil y mercantil*, ed. de A.L. Calvo Caravaca, Universidad Carlos III/BOE, Madrid, 1996, pp. 461 ss.

A. di BLASE, «Provvedimenti cautelari e Convenzione di Bruxelles», Riv.dir.int., 1987, núm. 1, pp. 5 ss.

A. di BLASE, *Connessione e litispendenza nella Convenzione di Bruxelles*, Cedam, Padova, 1993.

P. BELLET, «Reconnaissance et exécution des décisions en vertu de la Convention du 27 septembre 1968», Rev.trim.dr. eur., 1975, núm. 1, pp. 32 ss.

J.P. BERAUDO, «Convention de Bruxelles du 27 de septembre 1968», J.-Cl.dr.int., 1988, fasc. 633-634.

J.P. BERAUDO, «Convention de Lugano du 16 septembre 1988», J.-Cl.dr.int., 1991, fasc. 635.

P. BIAVATI, «La funzione unificatrice della Corte di Giustizia delle Comunità Europee», Riv.trim.dr.proc.civ., 1995, núm. 2, pp. 273 ss.

A. BOGGIANO, «Perspectivas de una nueva Convención de La Haya sobre reconocimiento y ejecución de sentencias extranjeras (universalidad o regionalidad del Convenio de Bruselas)», *La Escuela de Salamanca y el Derecho internacional en América: del pasado al futuro. Jornadas iberoamericanas de la Asociación española de profesores de Derecho internacional y relaciones internacionales*. Salamanca, 1993, pp. 273 ss.

A. BORRAS RODRIGUEZ, «La sentencia dictada en rebeldía: notificación y exequatur en el Convenio de Bruselas», R.I.E., 1991, núm. 1, pp. 39 ss.

A. BORRAS RODRIGUEZ, «El papel de la Autoridad Central: los Convenios de La Haya y España», R.E.D.I., 1993, núm. 1, pp. 63 ss.

A. BORRAS RODRIGUEZ, «La XVIII Sesión de la Conferencia de La Haya de Derecho Internacional privado (30 septiembre a 17 de octubre de 1996), R.E.D.I., 1996, núm. 1, pp. 357 ss.

A. BORRAS RODRIGUEZ, «El nuevo Convenio relativo a la notificación o traslado en los Estados miembros de la Unión Europea de documentos judiciales y extrajudiciales en materia civil o mercantil, hecho en Bruselas el 26 de mayo de 1997», R.E.D.I., 1997, núm. 1, pp. 346 ss.

A. BORRAS RODRIGUEZ (ed), *La revisión de los Convenios de Bruselas de 1968 y Lugano de 1988 sobre competencia judicial y ejecución de resoluciones judiciales: una reflexión preliminar española. Semina-*

rio celebrado en Tarragona, 30-31 de mayo de 1997, Marcial Pons, Madrid, 1998.

A. BORRAS RODRIGUEZ, Informe explicativo del Convenio celebrado con arreglo al artículo K.3 del Tratado de la Unión Europea sobre la competencia, el reconocimiento y la ejecución de resoluciones judiciales en materia matrimonial, DOCE núm. C 221, de 16 de julio de 1998, pp. 27 ss.

A. BORRAS RODRIGUEZ, «Derecho Internacional Privado y Tratado de Amsterdam», R.E.D.I., 1999, núm. 2, pp. 383 ss.

J. BOULOIS, *Droit institutionnel de l'Union Européenne,* 6ª ed., Montchrestien, Paris, 1997.

S. BRAUN, *Der Beklagtenschutz nach art. 27.2 EuGVÜ,* Duncker and Humblot, Berlin, 1992.

J. BREDIN, «Le contrôle du juge de l'exequatur au lendemain de l'arrêt Munzer», Trav.Com.fr.dr.int.pr., 1964-1966, pp. 19 ss.

A. BRIGGS, «Foreign judgments, fraud and the Brussels Convention», L.Q.Rev., 1991, pp. 531 ss.

N. BÜCHEL, «Probleme des neuregelten Mahnervafh», N.J.W., 1979, pp. 945 ss.

P. BYRNE, *The EEC Convention on Jurisdiction and the Enforcement of Judgments,* The Round Hall Press, Dublín, 1990.

P. BYRNE, «Recent cases on the EEC Convention on Jurisdiction and the Enforcement of Judgments» Irish Law T., 1991, pp. 64 ss.

R. CAFARI PANICO, «Traduzione di atti stranieri notificati in Italia e prospettive di riforma», *La Convenzione giudiziria di Bruxelles del 1968 e la riforma del proceso civile italiano,* Angeli, Milán, 1985, pp. 105 ss.

A.L. CALVO CARAVACA, *La sentencia extranjera en España y la competencia del juez de origen,* Tecnos, Madrid, 1986.

A.L. CALVO CARAVACA (ed), *Comentario al Convenio de Bruselas relativo a la competencia judicial y a la ejecución de resoluciones judiciales en materia civil y mercantil,* Universidad Carlos III/BOE, Madrid, 1996.

A.L. CALVO CARAVACA y J. CARRASCOSA GONZALEZ, *Introducción al Derecho internacional privado,* Comares, Granada, 1997.

A.L. CALVO CARAVACA y J. CARRASCOSA GONZALEZ, *Derecho internacional privado, vol. I,* Comares, Granada, 1999.

E. CANO BAZAGA, *La litispendencia comunitaria,* Eurolex, Madrid, 1997.

F. CAPOTORTI (y otros), *La giurisprudenza italiana di diritto internazionale privato e processuale. Repertorio 1967-1990,* Giuffré, Milán, 1991.

E. CAPUTO, «Giudizio di delibazione e congruità del termine a comparire», Giust. civ. 1983, I, pp. 1969 ss.

S. CARBONE, «Giudizio di riesame del merito e delibazione di sentenze straniera», Riv.dir.int.pr.proc., 1972, núm. 2, pp. 509 ss.

S. CARBONE, *Lo spazio giudiziario europeo,* Torino, 1995.

B.M. CARL, «The Common Market judgments Convention- Its threat and challenge to Americans?, Int.L., 1974, pp. 446 ss.

J. CARRASCOSA GONZALEZ, «Notificación irregular de la demanda y el reconocimiento de resoluciones judiciales en la Comunidad Europea (Comentario a la sentencia TJCE 3 de julio de 1990)», La Ley/C.E, 31 de julio de 1991, núm. 30, pp. 3 ss.

J. CARRASCOSA GONZALEZ, «Comentario al artículo 27 del Convenio de Bruselas», *Comentario al Convenio de Bruselas relativo a la competencia judicial y a la ejecución de resoluciones judiciales en materia civil y mercantil,* ed. A.L. Calvo Caravaca, Universidad Carlos III/BOE, Madrid, 1996, pp. 478 ss.

J. CARRASCOSA GONZALEZ, «Comentario al artículo 20 del Convenio de Bruselas», *Comentario al Convenio de Bruselas relativo a la competencia judicial y a la ejecución de resoluciones judiciales en materia civil y mercantil,* ed. A.L. Calvo Caravaca, Universidad Carlos III/BOE, Madrid, 1996, pp. 381 ss.

L. F. CARRILLO POZO, «Comentario al artículo 24 del Convenio de Bruselas», *Comentario al Convenio de Bruselas relativo a la competencia judicial y a la ejecución de resoluciones judiciales en materia civil y mercantil,* ed. A. L. Calvo Caravaca, Universidad Carlos III/BOE, Madrid, 1996, pp. 428 ss.

T. CATHALA, «La Convention communautaire de Bruxelles du 27 septembre 1968 sur la compétence judiciaire et l'exécution des décisions en matière civile et commerciale», Rec. D.S. 1969 (doct), pp. 251 ss.

D. COHEN, «La Convention européenne des droits de l'homme et le droit internationale privé français», Rev.crit. dr.int.pr., 1989, núm. 3, pp. 454 ss.

L. COLLINS, «Provisional measures. The conflict of law and the Brussels Convention», Y.E.L., 1981, pp. 249 ss.

L. COLLINS, *The Civil jurisdiction and judgments Act 1982,* Butterworths, Londres, 1983.

L. COLLINS, *Provisional and protective measures in International litigation,* Rec. des C., 1992-II, tomo 232, pp. 1 ss.

CONFERENCE DE LA HAYE DE DROIT INTERNATIONAL PRIVE, *Manuel pratique sur le fonctionnement de la Convention de La Haye du 15 novembre 1965 relative à la signification et la notification à l'étranger des actes judiciaires et extrajudiciaires en matière civile et commerciale,* 2ª ed., Maklu Apeldoorn Vitgeners, Amberes, 1992.

C. CONSOLO, «La tutela sommaria e la Convenzione di Bruxelles: la "circolazione" comunitaria dei provvedimenti cautelari e dei decreti ingiuntivi», Riv.dir.int.pr.proc., 1991, núm. 3, pp. 593 ss.

V. CORTES DOMINGUEZ, *Derecho procesal civil internacional,* Ed. Revista de Derecho Privado, Madrid, 1981.

V. CORTES DOMINGUEZ, V. GIMENEZ SENDRA y V. MORENO CATENA, *Derecho procesal civil,* 3ª ed., ed. Colex, 2000.

B. COSTANTINO y A. SARAVELLE, «Il regime della notificazione all'estero secondo la Convenzione dell'Aja del 15 novembre 1965», Riv.dir.int.pr.proc., 1984, núm. 3, pp. 451 ss.

D. CREVECOEUR, «Das Mahnverfahren nach der Vereinfachungsnovelle», N.J.W., 1977, pp. 1320 ss.

R. CHAMORRO BERNAL, *La tutela judicial efectiva,* Bosch, Barcelona, 1994.

L. DANIELE, «La notificazione della domanda giudiziale come presupposto per il riconoscimento delle decisioni nella Convenzione di Bruxelles del 1968», Riv.dir.int.pr.proc., 1983, núm. 3, pp. 484 ss.

A. DASHOWOOD, R. HACON y R. WHITE, *A guide to the civil jurisdiction and judgments Convention,* Kluwer, Deventer, 1987.

O. DELGRANGE, «Les formalités prévues par la Convention de La Haye 15 novembre 1965 pour la signification et la notification à l'étranger des actes judiciaires (ou extra) en matière civile et commerciale», Gaz. Pal., 28 de enero de 1983, pp. 73 ss.

O. DELGRANGE, «Le défaut de l'étranger», Gaz. Pal., 30 de abril de 1992, pp. 314 ss.

M. DESANTES REAL, *La competencia judicial en la Comunidad Europea,* Bosch, Barcelona, 1986.

M. DESANTES REAL, «El Convenio de Bruselas (competencia judicial y reconocimiento y ejecución de resoluciones judiciales) y el Tribunal de Justicia de las Comunidades Europeas: criterios de interpretación y orientaciones metodológicas», La Ley/C.E, 29 de abril de 1988, núm. 34, pp. 1 ss.

M. DESANTES REAL, «Reflexiones con vistas a la modificación de los Convenios de Bruselas y de Lugano. Los arts. 19 a 24», *La revisión de los Convenios de Bruselas de 1968 y Lugano de 1988 sobre competencia judicial y ejecución de resoluciones judiciales: una reflexión preliminar española, Seminario celebrado en Tarragona, 30-31 mayo 1997,* Marcial Pons, Madrid, 1998, pp. 137 ss.

Y. DONZALLAZ, *La Convention de Lugano du 16 septembre 1988 concernant la compétence judiciaire et l'exécution des décisions en matière civile et commerciale,* vol. I y II, Staempfli, Berna, 1992.

G.A.L. DROZ, «Mémoire sur la notification des actes judiciaires et extrajudiciaires à l'étranger», Actes et documents de la Dixième Session de la Conférence de La Haye de Droit international privé, 1964, Tome III, pp. 11 ss.

G.A.L. DROZ, *Compétence judiciaire et effets des jugements dans le Marché Commun (Étude de la Convention de Bruxelles du 27 septembre 1968),* Dalloz, Paris, 1972.

G.A.L. DROZ, «Informe de síntesis a las Ponencias del coloquio relativo a la interpretación del Convenio de Bruselas por el Tribunal Europeo de Justicia en la perspectiva del espacio judicial europeo», *Competencia judicial y ejecución de sentencias en Europa, Ponencias del coloquio relativo a la interpretación del Convenio de Bruselas por el Tribunal Europeo de Justicia en la perspectiva del Espacio judicial europeo, Luxemburgo 11 y 12 de marzo de 1991,* Aranzadi, Pamplona, 1994, pp. 265 ss.

G.A.L. DROZ, «Les droits de la demande dans les relations privées internationales», Trav.Com.fr.dr.int.pr., 1993-1994, pp. 95 ss.

G.A.L. DROZ, «La mise en oeuvre de la Convention de Bruxelles par les jurisdictions nationales», *La revisión de los Convenios de Bruselas de 1968 y Lugano de 1988 sobre competencia judicial y ejecución de resoluciones judiciales: una reflexión preliminar española, Seminario celebrado en Tarragona, 30-31 de mayo 1997,* Marcial Pons, Madrid, 1998, pp. 31 ss.

H. DUINTJER TEBBENS, «Possible revision of the Brussels and Lugano Convention in the light of the Case Law of the Court of Justice of the European Communities», *La revisión de los Convenios de Bruselas de 1968 y Lugano de 1988 sobre competencia judicial y ejecución de resoluciones judiciales: una reflexión preliminar española, Seminario celebrado en Tarragona, 30-31 de mayo 1997,* Marcial Pons, Madrid, pp. 41 ss.

A. DUJARDIN, «Les modes de signification dans la CEE en dehors des Conventions de La Haye», *Les Conventions de Bruxelles et de La Haye en matière civile et commerciale,* Union internationale des huissiers de justice et officiers judiciaires, G. de Leval (coord), ed. La Charte, 1996, pp. 12 ss.

Mª T. ECHEZARRETA FERRER, «El Convenio de Bruselas de 1968 ante un supuesto práctico. Un problema de aplicación temporal del Convenio y de incomparecencia del demandado ante un tribunal extranjero «aparentemente» incompetente», Not. U.E, núm. 154, noviembre 1997, pp. 23 ss.

J. Mª ESPINAR VICENTE, «Competencia judicial y reconocimiento y ejecución de resoluciones judiciales en materia civil y mercantil en el ámbito de la Comunidad Europea», *Hacia un nuevo orden internacional y europeo. Estudios en homenaje al profesor D. Manuel Díez de Velasco,* Tecnos, Madrid, 1993, pp. 865 ss.

E. ESTRADA DE MIGUEL, «Competencia judicial internacional, reconocimiento y ejecución de decisiones judiciales extranjeras en la Comunidad Europea. Incidencia de su régimen en Derecho español», *Liber Amicorum. Colección de estudios jurídicos en homenaje al profesor José Pérez Montero,* Universidad de Oviedo, 1988, pp. 401 ss.

D. EVRIGENIS y K.D. KERAMEUS, Informe sobre la adhesión de la República Helénica al Convenio relativo a la competencia judicial y a

189

la ejecución de resoluciones judiciales en materia civil y mercantil, hecho en Luxemburgo el 25 de octubre de 1982, D.O.C.E., núm. C 189, de 28 de julio de 1990, pp. 257 ss.

M. FABRE, «Le droit à un procès équitable. Etude de la jurisprudence sur l'application de l'article 6.1 de la Convention EDH», Sem.Jur., núm. 31-35, 29 de julio de 1998, pp. 1425 ss.

V. FAIREN GUILLEN, «El proceso cautelar en la Convención de Bruselas de 27 de septiembre de 1968», La Ley/ U.E, 6 de mayo de 1996, núm. 4029, pp. 1 ss.

J.C. FERNANDEZ ROZAS, «La cooperación judicial en los Convenios de la Conferencia de La Haya de Derecho internacional privado», R.E.D.I., 1993, núm. 1, pp. 81 ss.

J.C. FERNANDEZ ROZAS y V. CUARTERO RUBIO, «Texto consolidado del Convenio de Bruselas de 1968 sobre competencia judicial y ejecución de decisiones en materia civil y mercantil», La Ley/C.E., 8 de marzo de 1991, núm. 62, pp. 1 ss.

J.C. FERNANDEZ ROZAS y S. SANCHEZ LORENZO, *Curso de Derecho internacional privado,* 3ª ed., Civitas, Madrid, 1996.

J.C. FERNANDEZ ROZAS y S. SANCHEZ LORENZO, *Derecho Internacional Privado,* Civitas, Madrid, 2000.

L. FOCSANEANU, «Convention de Bruxelles du 27 septembre 1968 concernant la compétence judiciaire et l'exécution des décisions en matière civile et commerciale», R.M.C., núm. 281 (noviembre 1984, pp. 487 ss); núm. 282 (diciembre 1984, pp. 550 ss) y núm. 284 (febrero 1985, pp. 109 ss).

M. FORDE, «The ordre public exception and adjudicative jurisdiction conventions», I.C.L.Q., 1980, núm. 2-3, pp. 259 ss.

J.J. FORNER, *Hacia un Convenio mundial de exequátur. Algunos aspectos del Derecho estadounidense de interés para España,* Barcelona, 1999.

G. FRANCHI, «Convenzione internazionali sulla delibazione e riesame del merito», Giur.it., 1982, II, pp. 914 ss.

G. FRANCHI, «Sulla riforma della Convenzione di Bruxelles 27 settembre 1968 per una disciplina più completa, penetrante e autonoma», Riv.dir.proc., 1984, núm. 2, pp. 224 ss.

V. FUENTES CAMACHO, *Las medidas provisionales y cautelares en el espacio judicial europeo,* Eurolex, Madrid, 1996.

R. GARCIA GALLARDO y J. HERNANDEZ OBELART, «Notificación y traslado de documentos judiciales y extrajudiciales en la Unión Europea», La Ley/U.E., 27 de mayo de 1997, núm. 4296, pp. 1 ss.

F.J. GARCIMARTIN ALFEREZ, «La adhesión española al Convenio de Bruselas de 27 de septiembre de 1968», G.Jca. CEE, Enero 1992, Serie B, núm. 70, pp. 13 ss.

F.J. GARCIMARTIN ALFEREZ, *El régimen de las medidas cautelares en el comercio internacional,* McGraw-Hill, 1996.

F.J. GARCIMARTIN ALFEREZ, «Effets of the Brussels Convention upon the Spanish system: Provisional and Protective Measures», *Europäischer Binnenmarkt IPR und Rechttsaglichung*, Heilderberg, 1994, pp. 129 ss.

F. GASCON INCHAUSTI, *Medidas cautelares del proceso civil extranjero*, Comares, Granada, 1998.

H. GAUDEMET-TALLON, *Les Conventions de Bruxelles et de Lugano. Compétence internationale, reconnaissance et exécution des jugements en Europe*, 2ª ed., L.G.D.J. Paris, 1996.

H. GAUDEMET-TALLON, «Les frontières extérieures de l'Espace judiciaire européen: quelques repères», *Liber Amicorum G.A.L. DROZ. Sur l'unification progressive du Droit international privé*, Martinus Nijhoff Publishers, 1996, pp. 85 ss.

M.C. GIORGETTI, «Il riconoscimento comunitario del decreto ingiuntivo», Riv.dir.proc., 1996, núm. 2, pp. 592 ss.

— *La giustizia civile nei paesi comunitari. A cura di E. Fazzalari*, Cedam, Padova, 1994.

B. GOLDMAN, «Un traité fédérateur: la Convention entre les Etats membres de la C.E.E sur la reconnaissance et l'exécution des décisions en matière civile et commerciale», Rev.trim.dr.eur., 1971, núm. 1, pp. 1 ss.

J.D. GONZALEZ CAMPOS y R. RECONDO PORRUA, *Lecciones de Derecho procesal civil internacional*, 2ª ed. Publicaciones de la Universidad de Deusto, Bilbao, 1981.

J.D. GONZALEZ CAMPOS, J.C. FERNANDEZ ROZAS y R. RECONDO PORRUA, *Derecho internacional privado, vol. I, Parte especial*, Oviedo, 1984.

J.D. GONZALEZ CAMPOS y J.C. FERNANDEZ ROZAS, *Derecho internacional privado español. Textos y materiales. Vol.I. Derecho judicial internacional*, 2ª ed., Universidad Complutense, Madrid, 1992.

P. GOTHOT y D. HOLLEAUX, *La Convención de Bruselas de 27 septiembre 1968* (Traducción de I. Pan Montojo), La Ley, 1986.

P. GOTTWALD, «Recognition and Enforcement of Foreign Judgments under the Brussels Convention», *The option of Litigating in Europe*, ed. by A.L. Carey Miller and P.R. Beaumont, United Kingdom comparative Law, 1993, pp. 31 ss.

R. H. GRAVESON, «The tenth session of the Hague Conference on Private International Law», I.C.L.Q., 1965, pp. 539 ss.

I. GUARDANS CAMBO, «Comentario al artículo 4 del Convenio de Bruselas», *Comentario al Convenio de Bruselas relativo a la competencia judicial y a la ejecución de resoluciones judiciales en materia civil y mercantil*, ed. A.L. Calvo Caravaca, Universidad Carlos III/BOE, Madrid, 1996, pp. 74 ss.

— *Guía práctica de los Convenios de La Haya de los que España es parte*, Ministerio de Justicia, Secretaría General Técnica, Madrid, 1996.

N. GUIMEZANES, «Les droits de la défense liés à l' information dans le procès civil international», *L' information en Droit privé,* L.G.D.J., Paris, 1978, pp. 89 ss.

P. HAMMJE, *La contribution des principes généraux du Droit à la formation du Droit international privé,* Thèse pour le Doctorat de l'Université Paris I, Paris, 1994.

P. HAMMJE, «Droits fondamentaux et ordre public», Rev. crit.dr.int.pr., 1997, núm. 1, pp. 1 ss.

T. HARTLEY, *Civil Jurisdiction and Judgments,* Sweet & Maxwell, Londres, 1984.

D. HOLLEAUX, «Les conséquences de la prohibition de la révision», Trav.Com.fr.dr.int.pr., 1980-1981, pp. 53 ss.

J.L. IGLESIAS BUHIGUES y M. DESANTES REAL, «La quinta libertad comunitaria: competencia judicial, reconocimiento y ejecución de resoluciones judiciales en la Comunidad europea» *Tratado de Derecho Comunitario Europeo, Estudio sistemático del Derecho español,* III, Civitas, Madrid, 1986, pp. 711 ss.

J.L. IGLESIAS BUHIGUES y M. DESANTES REAL, «Competencia judicial y ejecución de sentencias en Europa (Convenio de Bruselas 27-9-68 y Convenio de Lugano 16-9-88)», *El Derecho comunitario europeo y su aplicación judicial,* Civitas, Madrid, 1993, pp. 1047 ss.

J.L. IGLESIAS BUHIGUES, «La cooperación judicial en materia civil (CJC) antes y después del Tratado de Amsterdam (I)», R.G.D., núm. 644, mayo 1998, pp. 5847 ss.

M. ISAAD, *Le jugement étranger devant le juge de l' exequatur, de la révision au contrôle,* L.G.D.J., Paris, 1970.

F. JEANTET, «Un droit européen des conflits de compétence judiciaire et de l'exécution des décisions en matière civile et commerciale», C.D.E., 1972, núm. 4-5, pp. 375 ss.

P. JENARD, Informe sobre el Convenio relativo a la competencia judicial y a la ejecución de resoluciones judiciales en materia civil y mercantil, hecho en Bruselas el 27 de septiembre de 1968, J.O.C.E., núm. C 59, 5 de marzo de 1979, pp. 1 ss.

P. JENARD, Informe relativo a la interpretación por parte del Tribunal de Justicia del Convenio de Bruselas de 27 de septiembre de 1968 relativo a la competencia judicial y a la ejecución de resoluciones judiciales en materia civil y mercantil, J.O.C.E., núm. C 59, de 5 de marzo de 1979, pp. 66 ss.

P. JENARD y G. MÖLLER, Informe sobre el Convenio relativo a la competencia judicial y a la ejecución de resoluciones judiciales en materia civil y mercantil, celebrado en Lugano el 16 de septiembre de 1988, D.O.C.E., C 189, de 28 de julio de 1990, pp. 57 ss.

P. JENARD, «Le cas de refus d'exécution le plus souvent retenu: l'article 27.2», *Les Conventions de Bruxelles et de La Haye en matière civile et commerciale,* Union internationale des huissiers de justice et officiers judiciaires, G. de Leval (coord), ed. La Charte, pp. 77 ss.

F. JUENGER, «La Convention de Bruxelles du 27 septembre 1968 et la courtoisie internationale. Réflexions d' un américain», Rev.crit.dr.int.pr., 1983, núm. 1, pp. 37 ss.

P. KAYE, *Civil Jurisdiction and Enforcement of Foreign Judgments,* Professional Books Ltd., Abingdon, 1987.

P. KAYE, *Methods of Execution of Orders and Judgments in Europe,* Wiley, 1996.

P. KAYE (ed), *European Case Law on the judgments Convention,* Wiley, 1998.

W. KENNETT, «Service of documents in Europe», Civ.J.Q., 1998, núm. 3, pp. 284 ss.

C. KESSEDJIAN, «Vers une Convention à vocation mondiale en matière de compétence jurisdictionnelle internationale et d'effet des jugements étrangers», Rev.dr. unif., 1997, núm. 4, pp. 675 ss.

C. KESSEDJIAN, *Jurisdiction and Foreign Judgments in civil and commercial matters: the draft Convention proposed by the Hague Conference of Private International Law,* 2000.

A. KOHL, «Des conditions de la reconnaissance d'une décision intervenue contre un défendeur défaillant. Remarques au sujet de l'article 27 point 2, de la Convention CEE du 27 septembre 1968», Act.Dr., 1992, núm. 2, pp. 819 ss.

C. KÖHLER, «La Cour de Justice des Communautés Européennes et le Droit International Privé», Trav.Com.fr.dr. int.pr., 1993-1995, pp. 71 ss.

C. KÖHLER, «Interrogations sur les sources du Droit international privé européen après le Traité d'Amsterdam», Rev.crit.dr.int.pr., 1999, núm. 1, pp. 1 ss.

J. KROPHOLLER, *Europäisches ZivilprozeBrecht Komentar zu EuGVÜ und Lugano-Übereinkommen,* 4ª ed., Heilderberg, 1993.

P. LAGARDE, *Recherches sur l'ordre public en Droit international privé,* L.G.D.J., Paris, 1959.

P. LAGARDE, *Le principe de proximité dans le droit international privé contemporain, Cours général de Droit international privé,* Rec. des C., 1986, I, tomo 196, pp. 13 ss.

V. LATERZA, «Primi orientamenti giurisprudenziali circa l'applicazione in Italia della Convenzione di Bruxelles de 27 settembre 1968», Riv.dir.int.pr.proc., 1977, núm. 4, pp. 790 ss.

H. LAUFER, *La libre circulation des jugements dans une union judiciaire. Une idée géniale de T.M.C. Asser, visionnaire de la Convention de Bruxelles,* Université de Lausanne, Peter Lang, 1992.

P. LELEUX, «Jurisprudence relative à l'application de la Convention du 27 septembre 1968 sur la compétence judiciaire et l'exécution des décisions en matière civile et commerciale», C.D.E., 1977, núm. 2-3, pp. 144 ss.

G. de LEVAL, «Reconnaissance et exécution dans la Convention de Bruxelles du 27 septembre 1968», Act.Dr., 1994, núm. 1, pp. 73 ss.

G. de LEVAL (coord), *Les Conventions de Bruxelles et de La Haye en matière civile et commerciale,* Union internationale des huissiers de justice et officiers judiciaires, ed. La Charte, 1996.

G. de LEVAL, «La prevention grâce au mode de signification à personne ou à domicile, des difficultés suscitées par l'article 27.2. Le rôle de l'huissier instrumentant dans la Convention de Bruxelles», *Les Conventions de Bruxelles et de La Haye en matière civile et commerciale,* Union internationale des huissiers de justice et officiers judiciaires, G. de Leval (coord), ed. La Charte, 1996, pp. 79 ss.

G. de LEVAL, «Les significations à l'étranger. A la recherche d'une solution efficace et respectueuse de tous les interets en presence», *Les Conventions de Bruxelles et de La Haye en matière civile et commerciale,* Union internationale des huissiers de justice et officiers judiciaires, G. de Leval (coord), ed. La Charte, 1996, pp. 31 ss.

H. LINKE, «Algunas cuestiones relativas a la litispendencia y al reconocimiento de sentencias», *Competencia judicial y ejecución de sentencias en Europa, Ponencias del coloquio relativo a la interpretación del Convenio de Bruselas por el Tribunal Europeo de Justicia en la perspectiva del Espacio judicial europeo, Luxemburgo 11 y 12 de marzo de 1991,* Aranzadi, Pamplona, 1994, pp. 181 ss.

Y. LOUSSOUARN, «La dixième session de la Conférence de La Haye de droit international privé», Journ.dr.int., 1965, núm. 1, pp. 5 ss.

— *Lugano Convention, Travaux préparatoires,* Institut Suisse de droit comparé, Schulthess Polygraphischer, Zürich, 1991.

N. MARCHAL ESCALONA, «Calificación autónoma y derechos de defensa (Comentario a la sentencia TJCE de 10 de octubre de 1996)», La Ley/U.E, 5 de febrero de 1997, pp. 5 ss.

N. MARCHAL ESCALONA, «La fecha y el idioma de la notificación internacional: perspectiva de futuro», Anuario Especial de Derecho Internacional Privado, 2000, pp. 299 ss.

M. MARESCA, «Prime note sui poteri di controllo della sentenza straniera del giudice del riconoscimento nella riforma del Diritto internazionale privato», Dir.com.int., luglio-dicembre 1995, pp. 829 ss.

L. MARI, «Autorizzazione e riconoscimento di provvedimenti cautelari in base alla Convenzione di Bruxelles del 1968», Dir.com.degli scambi int., 1981, pp. 237 ss.

A. MARIN LOPEZ, «La X Sesión de la Conferencia de La Haya de Derecho internacional privado», R.E.D.I., 1966, núm. 1, pp. 21 ss.

A. MARIN LOPEZ, «El reconocimiento y la ejecución de las resoluciones judiciales en materia civil y mercantil en los Convenios de Bruselas de 1968 y Lugano 1988», R.G.D., núm. 633, 1997, pp. 6955 ss.

194

A. MARKIEWICZ, «Portée spécifique de l'exigénce de conformité à l'ordre public en matière d'exequatur», Act.Dr., 1991, núm. 1, pp. 194 ss.

F. de la MATA VIADER, «Seminario sobre la modificación de los Convenios de Bruselas y Lugano (Tarragona, 30-31 de mayo de 1997)», R.E.D.I., 1997, núm. 1, pp. 368 ss.

F. MATSCHER, «Congruità del termine di comparizione davanti al giudice straniero», Riv.dir.int.pr.proc., 1978, núm. 2, pp. 328 ss.

A.T. von MEHREN, *Recognition and Enforcement of foreign judgments. General theory and the role of jurisdictional requirements,* Rec.des C., 1980, II, tomo 167, pp. 12 ss.

A.T. von MEHREN, «Recognition of United States judgments abroad and foreign judgments in the United States: Would an International Convention be useful?», RabelsZ, 1993, pp. 445 ss.

O. MERKT, *Les mesures provisoires en Droit international privé,* Études suisses de droit international, vol. 86, Zürich, 1993.

P.A. de MIGUEL ASENSIO, *Eficacia de las resoluciones extranjeras de jurisdicción voluntaria,* Eurolex, Madrid, 1997.

P.A. de MIGUEL ASENSIO, «Integración europea y Derecho internacional privado», Rev.dr.com.eur., 1997, núm. 2, pp. 413 ss.

P.A. de MIGUEL ASENSIO, «El Tratado de Amsterdam y el Derecho internacional privado», La Ley/U.E, 30 marzo de 1998, núm. 4510, pp. 1 ss.

P.A. de MIGUEL ASENSIO, «Derechos humanos, diversidad cultural y Derecho internacional privado», R.D.P., julio-agosto 1998, pp. 541 ss.

P.A. de MIGUEL ASENSIO, «La evolución del Derecho internacional privado comunitario en el Tratado de Amsterdam», R.E.D.I., 1998, núm. 1, pp. 373 ss.

J. de MIGUEL ZARAGOZA y A. BLANCO de CASTRO, «El Título VI del Tratado de la Unión Europea: cooperación en asuntos de justicia e interior», G.J. de la CEE y de la competencia, núm. GJ 115, Serie D, núm. 18, septiembre 1992. pp. 173 ss.

A. MIGLIAZZA, «Riesame dei requisiti e riesame del merito in sede di delibazione», Riv.dir.int.pr.proc., 1969, núm. 1, pp. 103 ss.

J. MONTERO AROCA, *Derecho jurisdiccional, Proceso civil,* 9.ª ed., Tirant lo Blanch, Valencia, 2000.

C.J. MOREIRO GONZALEZ, «Consideraciones críticas sobre la propuesta de Directiva relativa a la notificación de documentos judiciales y extrajudiciales en materia civil o mercantil», GJca UE, núm. 203, 1999, pp. 9 ss.

F. MOSCONI, «Qualche riflessione in tema di ordine pubblico nel progetto di riforma e nella Convenzione di Bruxelles del 1968», Riv.dir.int.pr.proc., 1992, núm. 1, pp. 5 ss.

K. NADELMANN, «The Common Market Judgments Convention and a

Hague Conference Recommendation: What Stepts Wet?», Harv.Law.Rev., 1969, pp. 1282 ss.

P.M.NORTH & J.J. FAWCETT, *Cheshire and North's Private International Law,* 12ª ed., Butterworths, Londres, 1992.

A. de la OLIVA y M.A. FERNANDEZ, *Derecho procesal civil,* vol. III, 4ª ed., Centro de Estudios Ramón Areces, Madrid, 1995.

A. de la OLIVA y M. DIEZ PICAZO GIMENEZ, *Derecho procesal civil,* Centro de Estudios Ramón Areces, Madrid, 2000.

S. O'MALLEY & A. LAYTON, *European Civil Practice,* Sweet & Maxwell, Londres, 1992.

A. ORTIZ DE LA FUENTE y J. GARCIA LOPEZ, «La cooperación en los ámbitos de la justicia y de los asuntos de interior (El Título VI del Tratado de la Unión Europea): entre la lógica de la integración comunitaria y las pretensiones de los Estados miembros», *El Tratado de la Unión Europea. Análisis jurídico,* Secretaría General Técnica del Ministerio de Justicia e Interior, Madrid, 1995, pp. 103 ss.

N. PARISI, «Spunti in tema di ordine pubblico e Convenzione giudiziaria di Bruxelles», Riv.dir.int.pr.proc., 1991, núm. 1, pp. 13 ss.

P.M. PATOCCHI, «La reconnaissance et l'exécution des jugements étrangers selon la Convention de Lugano du 16 septembre 1988», *L'espace judiciaire européen,* Cedidac, Lausanne, 1992, pp. 91 ss.

E. PEREZ VERA, «El concepto de orden público en el Derecho internacional», Anuario IHLADI, vol. 7, 1984, pp. 273 ss.

E. PEREZ VERA (dir), *Derecho internacional privado,* vol. I, 2ª ed, UNED, 2000.

A. PHILIP, «Global Convention of Foreign Judgments», *Liber Amicorum G.A.L. DROZ sur l'unification progressive du Droit international privé,* Martinus Nijhoff Publishers, 1996, pp. 337 ss.

S. PIERI, «The 1968 Brussels Convention on Jurisdiction and Enforcement of Judgments in Civil and Commercial Matters: four years' case law of the European Court of Justice (1982-1986)», C.M.L.R., 1987, núm. 4, pp. 635 ss.

S. PIERI, «The 1968 Brussels Convention on Jurisdiction and Enforcement of Judgments in Civil and Commercial Matters: the evolution of the text and the case law of the Court of Justice over the last four years (1987-1991)», C.M.L.R., 1992, núm. 4, pp. 537 ss.

S. PIERI, «The 1968 Convention on Jurisdiction and the enforcement of judgments in civil and commercial matters: the evolution of the Court of Justice 1992-1996», C.M.L.R., 1997, núm. 4, pp. 867 ss.

P. PISANI, «Il procedimento d'ingiunzione» Riv.trim. dir.proc.civ., 1987, núm. 1, pp. 291 ss.

G. PLUYETTE, «La Convention de Bruxelles et les droits de la défense (Propos sur la libre circulation des jugements dans l'Europe Communautaire)», *Études offertes à P. Bellet,* Litec, Paris, 1991, pp. 427 ss.

G. PLUYETTE, «L'exécution des décisions de justice de la Communauté en application du Titre III de la Convention de Bruxelles du 27 septembre 1968 (bilan de 15 ans d'application au Tribunal de Grande Instance de Paris)», L'exequatur en Europe, Gaz.Pal., núm. 2-3 (especial), 2-3 enero 1991,pp. 5 ss.

F. POCAR, *Codice delle Convenzioni sulla giurisdizione e l'esecuzione delle sentenze straniere nella CEE,* Giuffrè, Milán, 1980.

F. POCAR, *La Convenzione di Bruxelles sulla giurisdizione e l'esecuzione delle sentenze,* 3ª ed., Giuffrè, Milán, 1995.

A. QUIÑONES ESCAMEZ, *El foro de la pluralidad de demandados en los litigios internacionales,* Eurolex, Madrid, 1996.

F. RAMOS MENDEZ, «¿Traducción al castellano de los documentos que acompañan a un emplazamiento ante un tribunal extranjero?», Justicia 1986, núm. 2, pp. 577 ss.

F. RAMOS MENDEZ, «Adiós a la rebeldía táctica», Justicia, 1987, núm. 1, pp. 103 ss.

F. RAMOS MENDEZ, *Código procesal civil internacional,* Bosch, Barcelona, 1992.

F. RAMOS MENDEZ, *Derecho procesal civil,* Bosch, Barcelona, 1992.

N. REDONDO MELCHOR, «Procedimientos de notificación en el extranjero de documentos judiciales en los Convenios de Bruselas y Lugano», *La revisión de los Convenios de Bruselas de 1968 y Lugano de 1988 sobre competencia judicial y ejecución de resoluciones judiciales: una reflexión preliminar española. Seminario celebrado en Tarragona, 30-31 de mayo de 1997,* Marcial Pons, Madrid, 1998, pp. 407 ss.

A. REMIRO BROTONS, *Ejecución de sentencias extranjeras en España,* Tecnos, Madrid, 1974.

F. RIGAUX, «La signification des actes à l'étranger», Rev.crit.dr.int.pr., 1963, núm. 3, pp. 447 ss.

E. RODRIGUEZ PINEAU, *Public policy in the EC; The Community ordre public. A proposal with integrative effects,* Tesis doctoral, Florencia, 1996.

E. RODRIGUEZ PINEAU, «European Union International Ordre Public», S.Y.I.L., 1993-1994, pp. 43 ss.

R. van ROOIJ & M. van POLAK, *Private International Law in the Netherlands,* Kluwer, Netherlands, 1987.

A. ROTTOLA, «La «congruità» del termine a comparire dinanzi al giudice straniero ai sensi dell'art. 27.2 della Convenzione di Bruxelles del 27 settembre 1968», Riv.dir.int., 1980, núm. 2-4, pp. 424 ss.

F. RUBIO LLORENTE, *Derechos fundamentales y principios constitucionales (Doctrina jurisprudencial),* Ariel, Barcelona, 1995.

E. du RUSQUEC, «Les décisions judiciaires soumises à la Convention de Bruxelles du 27 septembre 1968», Gaz.Pal., 8 septiembre 1990, pp. 446 ss.

F. SALERNO, *La Convenzione di Bruxelles e la sua reforma,* Cedam, Padova, 2000.

V. SALVATORE, «Circolazione dei decreti ingiuntivi: traffico rallentato notificate con prudenza!» Foro It., 1996, settembre, pp. 395 ss.

Mª A. SANCHEZ JIMENEZ, «Comentario al artículo 29 del Convenio de Bruselas», *Comentario al Convenio de Bruselas relativo a la competencia judicial y a la ejecución de resoluciones judiciales en materia civil y mercantil,* ed. de A. L. Calvo Caravaca, Universidad Carlos III/BOE, Madrid, 1996, pp. 506 ss.

Mª A. SANCHEZ JIMENEZ, «Comentario al artículo 48 del Convenio de Bruselas», *Comentario al Convenio de Bruselas relativo a la competencia judicial y a la ejecución de resoluciones judiciales en materia civil y mercantil,* ed. de A. L. Calvo Caravaca, Universidad Carlos III/BOE, Madrid, 1996, pp. 644 ss.

S. SANCHEZ LORENZO, «Orden público internacional (Derecho internacional privado)», E.J.B., vol.III, Civitas, 1995, pág. 4637.

G. SCARSELLI, «Il decreto ingiuntivo avverso la parte residente all'estero, Foro It., núm. 10, 1998, pp. 2691 ss.

P. SCHLOSSER, Informe relativo a la adhesión del Reino de Dinamarca, de Irlanda y del Reino Unido de Gran Bretaña e Irlanda del Norte al Convenio relativo a la competencia judicial y la ejecución de resoluciones judiciales en materia civil y mercantil, así como al Protocolo relativo a su interpretación por el Tribunal de Justicia, hecho en Luxemburgo el 9 de octubre de 1978, J.O.C.E., núm. C 59, 5 de marzo de 1979, pp. 71 ss.

P. SCHLOSSER, «Jurisdiction in International Litigation The Issue of Human Rights in Relation to National Law and to Brussels Convention», Riv.dir.int., 1991, núm. 1, pp. 5 ss.

F. SCHOECKWEILER, «Motivos para denegar el reconocimiento y la ejecución», *Competencia judicial y ejecución de sentencias en Europa. Ponencias del coloquio relativo a la interpretación del Tribunal Europeo de Justicia en la perspectiva del Espacio Judicial Europeo, Luxemburgo, 11 y 12 de marzo 1991,* Aranzadi, Pamplona, 1994, pp. 173 ss.

C. SILVESTRI, «La disapplicazione dell'art. 633, ultimo comma C.P.C. a fronte del diritto comunitario», Foro It., núm. 10, 1998, pp. 2703 ss.

J.C. SOYER et M. SALVA, «Commentaire à l'article 6 CEDH», *La Convention Européenne des droits de l'homme,* L.E. Pettiti, E. Decaux y P.H. Imbert (dir), Economica, Paris, 1995, pp. 239 ss.

S. SPADATORA, «Les principes fondamentaux de l'ordre juridique communautaire et la notion d'ordre public au sens de la Convention de Bruxelles concernant la compétence judiciaire et l'exécution des décisions en matière civile et commerciale», Ass.Eur., 1984, pp. 59 ss.

M. STORME (ed), *Rapprochement du Droit Judiciaire de l'Union Européenne,* Kluwer, Belgique, 1994.

J.M. SUAREZ ROBLEDANO, «Incidencia del art. 24 de la Constitución en el reconocimiento y ejecución de decisiones extranjeras: régimen común y convencional», *Problemas actuales de aplicación del Derecho internacional privado por los jueces españoles,* Consejo General del Poder Judicial, Madrid, 1997, pp. 231 ss.

G. TARZIA, «Prospettive di armonizzazione delle norme sull'esecuzione forzata nella Comunità Economica Europea», Riv.dir.proc., 1994, núm. 1, pp. 205 ss.

G. TARZIA, «Les titres exécutoires et le recouvrement des créances dans l'Union Européenne», Act.Dr., 1995, núm. 2, pp. 381 ss.

— *El Tercer Pilar de la Unión Europea (La cooperación en asuntos de justicia e interior),* Ministerio del Interior, Madrid, 1997.

P.D. TROOBOFF, «Proposed Hague Conference General Convention on Jurisdiction and the Recognition and Enforcement of Judgments-Some thoughts of finding solutions to tough issues», *Liber Amicorum G.A.L. DROZ sur l'unification progressive du droit international privé,* Martinus Nijhoff, Publishers, 1996, pp. 461 ss.

G. UBERTAZZI, «L'esecuzione all'estero di provvedimenti cautelari secondo la Convenzione di Bruxelles», Riv.dir.ind., 1981, núm. 1, pp. 185 ss.

A. VANDENCASTEELE, «La reconnaissance et l'exécution des mesures provisoires et conservatoires dans la Convention sur la compétence judiciaire et l'exécution des décisions en matière civile et commerciale du 27 septembre 1968», J. des T., núm. 5149, 1980, pp. 737 ss.

J. VELU et R. ERGEC, *La Convention européenne des droits de l'homme,* Bruylant, Bruxelles, 1990.

J. VERGE GRAU, *La rebeldía en el proceso civil,* Bosch, Barcelona, 1989.

M. VIRGOS SORIANO, «Reconocimiento y ejecución de decisiones judiciales extranjeras», *Derecho internacional privado,* E. Pérez Vera (dir), vol. I, 2ª ed., UNED, 2000, pp. 409 ss.

M. VIRGOS SORIANO y F. GARCIMARTIN ALFEREZ, «El Convenio de Bruselas y las propuestas para su reforma: una crítica radical. Arts. 5.1.I, 21, 24 y 27.2», *La revisión de los Convenios de Bruselas de 1968 y Lugano de 1988 sobre competencia judicial y ejecución de resoluciones judiciales: una reflexión preliminar española. Seminario celebrado en Tarragona, 30-31 de mayo de 1997,* Marcial Pons, Madrid, 1998, pp. 77 ss.

M. VIRGOS SORIANO y F. GARCIMARTIN ALFEREZ, *Derecho procesao civil internacional,* Civitas, Madrid, 2000.

P. VLAS, «The principle of Fair Trial in International Civil Litigation», *Law and reality. Essays on National and International Procedural Law in Honour C.C. Voskuil,* T.M.C. Asser Institut, 1992, pp. 391 ss.

J. VOYAME, G. BROGGINI, J.F. POUDRET, P.M. PATOCCHI y P. VOL-

KEN, *L'espace judiciaire européen. La Convention de Lugano 16 septembre 1988,* Cedidac, Lausanne, 1992.

M. WESER, «La libre circulation des jugements dans le Marché Commun», Trav.Com.fr.dr.int.pr., 1966-1969, pp. 353 ss.

M. WESER, *Convention communautaire sur la compétence judiciaire et l'exécution des décisions,* A. Pedone, Paris, 1975.

M. WESER et P. JENARD, *Droit internaional privé belge et droit conventionnel international. T.II, Conflits de jurisdictions,* Bruylant, Bruxelles, 1985.

F. ZICCARDI, «Il problema del termine di comparazione nella Convenzione di Bruxelles» Foro Pad., 1987, núm. 4, pp. 183 ss.

RELACION DE DECISIONES JUDICIALES CITADAS

DECISIONES NACIONALES

ALEMANIA

— Oberlandesgericht de München 24 de octubre de 1975, citada por F. POCAR, *Codice delle Convenzione sulla giurisdizione e l'esecuzione delle sentenze straniere nella CEE,* Giuffrè, Milán, 1980, pág. 289.

— Oberlandesgericht de Sttutgart 16 de agosto de 1977, Rép. Série D, I-27.2-B 4.

— Landgericht de Hamburgo 27 de diciembre de 1977, Rép. Série D, I-27.1-B 2.

— Oberlandesgericht de Düsseldorf 4 de abril de 1978, Rép. Série D, I-27.2-B 8.

— Oberlandesgericht de Hamm 7 de marzo de 1979, Rép. Série D, I-27.2-B 11.

— Bundesgerichtshof 16 de mayo de 1979, Rép. Série D, I-34-B 3.

— Oberlandesgericht de Hamm 10 de septiembre de 1979, Rép. Série D, I-27.2-B 14.

— Bundesgerichtshof 26 de septiembre de 1979, Rép. Série D, I-27.3-B 2.

— Gerechtshof de Bois-le-Duc 4 de marzo de 1982, Rép. Série D, I-27.2-B 18.

— Landgericht de Münster 5 de abril de 1982, Rép. Série D, I-27.2-B 19.

— Oberlandesgericht de Stuttgart 17 de septiembre de 1984, Rép. Série D, I-27.2-B 23.

— Oberlandesgericht de Düsseldorf 19 de octubre de 1984, Rép. Série D, I-27.2-B 24.

— Oberlandesgericht de Düsseldorf 13 de diciembre de 1984, Rép. Série D, I-27.2-B 26.

— Kammergericht Berlín 9 de julio de 1985, Rép. Série D, I-27.2-B 27.
— Bundesgerichtshof 10 de julio de 1986, Rép. Série D, I-27.1-B 15.
— Oberlandesgercht de Sarrebruck 3 de agosto de 1987, Rép. Série D, I-31-B 12.
— Oberlandesgericht de Cologne 8 de diciembre de 1989, Rép. Série D, I-27.2-B 29.
— Bundesgerichtshof 21 de marzo de 1990, IPRax, 1992, pp. 33 ss, comentario de R. GEIMER.
— Oberlandesgericht de Düsseldorf 11 de septiembre de 1991, citado por E. RODRIGUEZ PINEAU, *Public Policy in the EEC...*, ob. cit., pág. 210.
— Bundesgerichtshof 4 de junio de 1992, I.L.Pr., 1994, pp. 602 ss.
— Bundesgerichtshof 18 de febrero de 1993, I.L.Pr., 1995, pp. 523 ss.
— Bundesgerichtshof 4 de marzo de 1993, I.L.Pr., 1994, pág. 68.
— Bundesgerichtshof 16 de septiembre de 1993, IPRax 1994, pp. 85 ss, nota de J. BASEDOW.
— Oberlandesgericht Köln 6 de octubre de 1994, EuZW, 1995, pp. 381 ss.
— Oberlandesgericht Düsseldorf 13 de noviembre de 1996, E.C.L., 1997, núm. 11, pág. 140.

BELGICA

— Tribunal civil Verviers 26 de noviembre de 1979 y 10 de diciembre de 1979, citadas por M. WESER y P. JENARD, *Droit International privé...*, pág. 301.
— Tribunal civil de Charleroi 10 de octubre de 1979, citada por A. HUET en el comentario a la Sentencia TJCE de 10 de octubre de 1996, Journ.dr.int., 1997, pág. 622.
— Trib. Commercial de Liège 31 de marzo de 1983, J. des T., 7 de enero de 1984, núm. 5277, pág. 21, nota M. FALLON.
— Trib. Commercial de Liège 8 de marzo de 1984, Rép. Série D, I-26-B 5.
— Tribunal de première instance de Liège 9 de octubre de 1995, Act.Dr., 1996, pp. 80 ss.

DINAMARCA

— Eastern Court of Appeal Denmark 15 de abril de 1993, I.L.Pr., 1995, pp. 771 ss.
— Supreme Court of Denmark 5 de agosto de 1999, E.C.L., 2000, pág. 103.

ESPAÑA

Tribunal Constitucional.

— STC 42/1983, de 18 de noviembre, B.O.E., 14 de diciembre.

— STC 98/1984, de 24 de octubre, B.O.E., 28 de noviembre, comentario de A.L. CALVO CARAVACA y F. CASTILLO RIGABERT, R.E.D.I., 1986, núm. 1, pp. 272 ss; nota de F. RAMOS MENDEZ, «¿Traducción al castellano de los documentos que acompañan a un emplazamiento ante un tribunal extranjero», Justicia, 1986, núm. 1, pp. 57 ss.
— STC 43/1986 de 15 de abril, B.O.E., 29 de abril, comentario de M. AMORES CONRADI, R.E.D.I., 1987, núm. 1, pp. 190 ss.
— STC 22/1987, de 20 de febrero, B.O.E., 4 de marzo.
— STC 47/1987, de 22 de abril, B.O.E., 5 de mayo.
— STC 115/1988, de 10 de junio, B.O.E., 25 de junio.
— STC 54/1989, de 23 de febrero, B.O.E., 14 de marzo, comentario de M. DESANTES REAL, R.E.D.I., 1989, núm. 2, pp. 625 ss.
— STC 174/1990, de 12 de noviembre, B.O.E., 3 de diciembre.
— STC 132/1991, de 17 de junio, B.O.E., 8 de julio.
— STC 242/1991, de 16 de diciembre, B.O.E., 15 de enero.
— STC 275/1993, de 20 de septiembre, B.O.E., 26 de octubre.
— STC 334/1993, de 15 de noviembre, B.O.E., 10 de diciembre.
— STC 199/1994, de 4 de julio, B.O.E., 4 de agosto, comentario de F. GARCIMARTIN ALFEREZ, R.E.D.I., 1994, núm. 2, pp. 824 ss.
— STC 25/1996, de 13 de febrero, B.O.E., 18 de marzo.
— STC 64/1996, de 13 de abril, B.O.E., 21 de mayo.
— STC 210/1996, de 17 de diciembre, B.O.E., 22 de enero de 1997.

Tribunal Supremo

— Auto TS 1 de julio de 1933, citado por J.D. GONZALEZ CAMPOS, *Lecciones de Derecho procesal...*, ob. cit., pág. 187.
— Auto TS 23 de marzo de 1935, citado por A. REMIRO BROTONS, *Ejecución de sentencias...*, ob. cit., pág. 216.
— Auto TS 26 marzo de 1969, citado por A. REMIRO BROTONS, *Ejecución de sentencias...*, ob. cit., pp. 216 ss.
— Auto TS 24 de octubre 1979, B.I.M.J., núm. 1185, 1979, pp. 20 ss, comentario de J.D. GONZALEZ CAMPOS, R.E.D.I., 1980, pp. 208 ss.
— Auto TS 7 de marzo de 1981, R.E.D.I., 1985, pp. 656 ss, nota de N. BOUZA VIDAL.
— Auto TS 8 de marzo de 1982, Col.Leg.Jurisp.Civ., marzo-abril, 1982, núm. 101, nota de A.L. CALVO CARAVACA, R.C.E.A., 1985, pp. 175 ss.
— Auto TS 17 junio de 1983, R.A.J., 1983, núm. 6736.
— Auto TS de 25 de febrero de 1985, R.E.D.I., 1986, pág. 268, comentario de R. VIÑAS FARRE.
— Auto TS 19 de marzo de 1986, La Ley 1986-2, núm. 6369, comentario de M. GUZMAN ZAPATER, R.E.D.I., 1987, pp. 196 ss.
— Auto TS 7 de enero de 1992, R.E.D.I., 1992, pág. 199.

— Auto TS 7 de febrero de 1992, R.E.D.I., 1992, pp. 200 ss.
— Auto TS de 22 de diciembre de 1993, La Ley 18 de abril 1994, núm. 13673, comentario de J. MASEDA RODRIGUEZ, R.E.D.I., 1994, pp. 322 ss.
— Sentencia TS de 12 de noviembre de 1999, A.C. febrero de 2000.
— Sentencia TS de 31 de diciembre de 1999, R.G.D., núm. 668, mayo de 2000, pp. 5852 ss.
— Sentencia T.S. 21 de julio de 2000, La Ley, 27 de octubre de 2000.

Otros Tribunales

— Auto de la Audiencia Provincial de Vizcaya 19 de junio de 1996, R.E.D.I., 1996, pp. 281 ss, comentario de G. ESTEBAN DE LA ROSA.
— Auto de la Audiencia Provincial de Toledo (Sección 1) 21 de noviembre de 1994, R.G.D., mayo de 1996, pp. 6269 ss.
— Sentencia de la Audiencia Provincial de Lugo de 31 de octubre de 1994, R.E.D.I., 1995, pp. 412 ss.
— Audiencia Provincial de Málaga 12 de enero de 1995, citado por Mª T. ECHEZARRETA FERRER, «El Convenio de Bruselas ante un supuesto práctico. Un problema de aplicación temporal del Convenio y de incomparecencia del demandado ante un tribunal extranjero «aparentemente» incompetente», Not. U.E. núm. 154, noviembre 1997, pp. 23 ss.
— Sentencia de la Audiencia Provincial de Huesca de 31 de julio de 1996, R.G.D., núm. 631, 1997, pp. 4852 ss, nota de Mª A. RODRIGUEZ VAZQUEZ, R.E.D.I., 1997, pp. 233 ss.
— Sentencia de la Audiencia Provincial de Madrid de 20 de enero de 1998 (facilitada por el Iltmo. Magistrado Sr. D. J.M. Suárez Robledano).
— Sentencia de la Audiencia Provincial de Alicante de 8 de octubre de 1997, A.C. (Audiencias), núm. 8, ref., 76.
— Auto de la Audiencia Provincial de Alicante de 23 de abril de 1999, Aranzadi Civill, núm. 7, 1999, 799.
— Auto de la Audiencia Provincial de Girona de 7 de julio de 1999 (facilitada por el prof.Dr. F. Ramos Méndez).
— Auto de la Audiencia Provincial de Málaga, de 28 de junio de 1999, Aranzadi Civil, 1999, 1599.

FRANCIA

— Cour de Cassation 7 de enero de 1964, Rev.crit.dr.int. pr., 1964, pp. 344 ss, comentario de H. BATIFFOL; Journ.dr. int., 1964, pp. 302 ss, nota de B. GOLDMAN.
— Cour de Cassation 3 de noviembre de 1977, Rev.crit. dr.int.pr., 1978, pág. 773.
— Cour d'appel de Reims 24 de noviembre de 1977, Journ. dr.int., 1979, pág. 380, nota de D. HOLLEAUX.

— Cour d'appel de Paris 24 de noviembre de 1977, Journ.dr.int., 1978, pp. 623 ss, nota de J. FOYER.

— Cour d'appel de Paris 28 de febrero de 1978, Rép. Série D, I-27-2-B 10.

— Cour de Cassation 7 de marzo de 1978, Journ.dr.int., 1979, pp. 609 ss, nota de J. FOYER.

— Cour d'appel de Lyon 18 de abril de 1978, Journ.dr. int., 1979, pp. 380 ss, nota de D. HOLLEAUX.

— Cour de Cassation 17 de mayo de 1978, Journ.dr.int., 1979, pp. 380 ss, nota de D. HOLLEAUX.

— Cour d'appel de Douai 12 de julio de 1978 y 29 de noviembre de 1978, Gaz.Pal., 22 de abril de 1980, pág. 16.

— Tribunal de Grande Instance de Troyes 4 de octubre de 1978, Journ.dr.int., 1979, pp. 623 ss, nota de A. HUET y R. KOVAR.

— Cour de appel de Lyon 5 de octubre de 1978, Rép. Série D, I-27.2-B 6.

— Cour d'appel de Paris 16 de marzo de 1979, Rev.crit. dr.int.pr., 1980, pp. 121 ss, comentario de E. MEZGER.

— Cour d'appel de Paris 18 de enero de 1980, Rev.crit. dr.int.pr., 1981, pp. 113 ss, comentario de D. HOLLEAUX.

— Cour de Cassation 4 de marzo de 1980, Journ.dr.int., 1981, pp. 854 ss, nota de D. HOLLEAUX.

— Cour d'appel de Versailles 26 de noviembre de 1980, Journ.dr.int., 1981, pp. 852 ss, nota de D. HOLLEAUX.

— Cour de Cassation 16 de diciembre 1980, Rev.crit. dr.int.pr., 1981, pp. 708 ss, comentario de G.A.L. DROZ.

— Cour de Cassation 10 de marzo de 1981, Rev.crit.dr. int.pr., 1981, pp. 553 ss, comentario de E. MEZGER.

— Tribunal de Grande instance de Paris 6 de enero de 1982, Rev.crit.dr.int.pr., 1984, pág. 134, comentario de G.A. L. DROZ.

— Cour d'appel de Douai 7 de octubre de 1982, Rev.crit. dr.int.pr., 1985, pp. 131 ss, comentario de E. MEZGER.

— Cour d'appel de Paris 4 de enero de 1983, Rev.crit.dr. int.pr., 1984, pág. 134, comentario de G.A.L. DROZ.

— Cour de Cassation 28 de febrero de 1984, Rev.crit.dr. int.pr., 1985, pp. 131 ss, comentario de E. MEZGER.

— Cour d'appel de Paris 30 de marzo de 1984, citada por G. PLUYETTE, «La Convention de Bruxelles et les droits...», ob. cit., pág. 450.

— Tribunal de Grande instance de Paris 2 de noviembre de 1984, Gaz.Pal., 1985, I, pág. 61, nota de J. MAURO.

— Cour d'appel de Paris 13 de noviembre de 1987, Journ. dr.int., 1989, pp. 100 ss, nota de A. HUET.

— Cour d'appel de Paris 15 de diciembre de 1987, Journ. dr.int., 1989, pp. 102 ss, nota de A. HUET.

— Cour de Cassation 19 de julio de 1989, Rev.crit.dr. int.pr. 1990, pág. 820.

— Cour d'appel de Paris 23 de febrero de 1990, Rev.crit. dr.int.pr., 1991, pp. 853 ss.

— Cour d'appel de Lyon 13 de diciembre de 1990, Gaz. Pal., 1992, II, pág. 522.

— Cour de Cassation 11 de junio de 1991, Rev.crit.dr. int.pr., 1992, pp. 809.

— Cour d'appel de Versailles 26 de septiembre de 1991, Rev.crit.dr.int.pr., pp. 510 ss, comentario de C. KESSEDJIAN.

— Cour de Cassation de 9 de octubre de 1991, Journ.dr. int., 1993, pp. 157 ss, nota de A. HUET.

— Cour de Cassation 7 de abril de 1992, Sem.Jurid., 1992, IV, 1810.

— Cour de Cassation 2 de diciembre de 1992, Gaz.Pal., 25-26 de junio de 1993, pág. 18.

— Cour d'appel de Paris 28 de enero de 1994, Rec. D.S., 1994, pág. 66.

— Cour de Cassation 18 de mayo de 1994, Rev.crit.dr.int.pr., 1994, pp. 688 ss, comentario de B. ANCEL.

— Cour d'appel de Poitiers 1 de junio de 1994, I.L.Pr., 1996, pp. 104 ss.

— Cour d'appel de Paris 8 de junio de 1995, Jour.dr.int., 1996, pp. 145 ss.

— Cour d'appel de Paris 21 de noviembre de 1995, Journ.dr.int., 1997, pp. 176 ss.

— Cour de Cassation 6 de marzo de 1996, I.L.Pr., 1997, pp. 522 ss.

— Cour de Cassation 10 de julio de 1996, Rev.crit.dr.int.pr., 1997, pp. 85 ss, comentario de H. MUIR WATT.

— Cour de Cassation 11 de marzo de 1997, Rev.crit.dr.int.pr., 1998, pág. 721.

— Cour d'appel de Paris 1 de abril de 1997, Rec. D.S, 1997, núm. 20, pp. 116 ss.

— Cour d'appel de Chambéry 3 de marzo de 1998, Sem.Jur., 9 de septiembre de 1998, núm. 2819.

— Cour de Cassation 16 de marzo de 1999, Rev.crit.dr.int.pr., 2000, pp. 222 ss., comentario G.A.L. DROZ.

ITALIA

— Corte d'appello de Trieste 18 de enero de 1971, Riv. dir.int.pr.proc., 1972, pág. 117.

— Corte d' appello de Bari 5 de mayo de 1972, Riv.dir. int.pr.proc. 1973, pág. 126.

— Corte di Cassazione 30 de octubre de 1974, Riv.dir. int. pr.proc., 1976, pág. 537.

— Corte d'appello de Milán 16 de junio de 1975, Riv.dir.int.pr.proc., 1975, pp. 801 ss; Riv.dir.int., 1977, pp. 197 ss.

— Corte d'appello de Milán 29 de diciembre de 1975, Riv. dir.int.pr.proc., 1976, pág. 552.

— Corte d'appello de Turin 11 de marzo de 1977, Riv. dir.int.pr.proc., 1979, pág. 84.
— Corte d'appello de Florencia de 1 de septiembre de 1977, Rép. Série D, I-27.2-B 5.
— Corte d'appello de Milán 27 de septiembre de 1977, Rép. Série D, I-27.2-B 6.
— Corte d'appello d'Ancône 17 de julio de 1978, Rép. Série D, I-27.2-B 9.
— Corte d'appello de Milán 28 de septiembre de 1978, Journ.dr.int., 1983, pág. 199, nota de T. TREVES.
— Corte d'appello de Milán 29 de septiembre de 1978, Riv.dir.int.pr.proc., 1980, pág. 53.
— Corte di Cassazione 23 de noviembre de 1979, Foro It., 1980, I, pág. 2249.
— Corte d'appello de Milán 4 de diciembre de 1979, Riv. dir.int.pr.proc., 1981, pág. 758.
— Corte d'appello de Milán 25 de junio de 1980, Riv. dir.int.pr.proc., 1980, pág. 644.
— Corte d'appello de Milán 27 de marzo de 1981, Riv.dir. int.pr.proc., 1981, pág. 951.
— Corte d'appello de Nápoles de 20 de febrero de 1982, Riv.dir.int.pr.proc., 1983, pp. 128 ss.
— Corte di Cassazione 11 de abril de 1983, Riv.dir.int. pr.proc., 1984, pág. 366.
— Corte di Cassazione 12 de marzo de 1984, Rép. Série D, I-54-B 6.
— Corte di Cassazione 25 de octubre de 1984, Riv.dir. int.pr.proc., 1985, pág. 157.
— Corte di Cassazione 26 de junio de 1986, Riv.dir.int. pr.proc., 1987, pp. 767 ss.
— Corte di Cassazione 28 de abril de 1990, Riv.dir.int. pr.proc., 1992, pp. 297 ss.
— Corte d'appello di Milán 5 de junio de 1990, Riv.dir.int.pr.proc., 1992, pp. 1001 ss.
— Corte d'appello de Milán 11 de abril de 1995, Riv.dr. int.pr.proc., 1996, pp. 299-302.
— Pretore di Torino, decreto 12 de febrero de 1996, Riv.dir.int.pr.proc., 1997, pp. 747 ss.
— Corte d'appello de Milán 9 de julio de 1996, Riv.dir. int.pr.proc., 1997, pp. 460 ss.

LUXEMBURGO

— Cour Supérieure de Luxemburgo 5 de marzo de 1974, citada por P. LELEUX, «Jurisprudence relative...», ob. cit., pág. 164.

— Cour Supérieure de Luxemburgo 11 noviembre de 1975, Rép. Série D, I-28-B 1.
— Cour Supérieure de Luxemburgo 21 de enero de 1981, Rev.crit.dr.int.pr., 1981, pp. 708 ss, comentario de G.A.L. DROZ.
— Tribunal de Luxemburgo 17 de junio de 1981, C.D.E., 1985, pp. 477 ss.

PAISES BAJOS

— Tribunal d'Arhem de 3 de julio de 1975, N.I.L.R., 1976, pp. 361 ss.
— Arrondissementesrechtbank d'Utrecht 8 de diciembre de 1976, Rép. Série D, I-27-2-B 1.
— Arrondissementesrechtbank de Almelo 25 de noviembre de 1977, Rép. Série D, I-27.2-B 7.
— Arrondissementsrechtbank de Breda 21 de septiembre de 1979, Rép. Série D, I-47-B 4.
— Président de l'Arrondissementsrechtbank Rotterdam 15 de enero de 1982, Rép. Série D, I-28-B 4.
— Gerechtshof de Bois-le-Duc 4 de marzo de 1982, Rép. Série D, I-27.2-B 18.
— Arrondissementsrechtbank de Rotterdam 7 de mayo de 1982, Rép. Série D, I-27.2-B 20.
— Hoge Raad 2 de mayo de 1986, Rép. Série D, I-27.1-B 14.
— Arrondissementsrechtbank de Roermond 25 de febrero de 1988, Rép. Série D, I-27.2-B 28.
— Arrondissementsrechtbank Zwolle 22 de noviembre de 1995, citada por M. GIORGETTI, «Il riconoscimento comunitario...», ob. cit., pág. 607.
— Gerechtshof La Haya 18 de julio de 1996, I.L.Pr., 1998, pp. 782 ss.

REINO UNIDO

— High Court of Justice (Inglaterra) 1 de mayo de 1991, E.C.L., 1994, núm. 61.
— Court of Appeal Inglaterra 15 de julio de 1993, I.L. Pr., 1994, pp. 55 ss.

DECISIONES DEL TRIBUNAL DE JUSTICIA

— Sentencia de 6 de octubre de 1976, Tessili/Dunlop, asunto 12/76, Rec. 1976, pp. 1473 ss.
— Sentencia de 30 de noviembre de 1976, Wolf/Cox, asunto 42/76, Rec. 1976, pp. 1759 ss.
— Sentencia de 22 de noviembre de 1977, Industrial Diamond Sipplies/Luigi Riva, asunto 43/77, Rec. 1977, pp. 2175 ss.
— Sentencia de 27 de marzo de 1979, De Cavel (I), asunto 143/78, Rec. 1979, pp. 1055 ss.

— Sentencia de 6 de marzo de 1980, De Cavel (II), asunto 120/79, Rec. 1980, pp. 731 ss.

— Sentencia de 21 de mayo de 1980, Denilauler/Couchet, asunto 125/79. Rec. 1980, pp. 1553 ss. Comentarios de T. HARTLEY, E.L.Rev., 1981, pp. 59 ss; R. HAUSMAN, IPRax 1981, pp. 79 ss; A. HUET, Journ.dr.int., 1980, núm. 4, pp. 939 ss; L. MARI, «Autorizzazione e riconoscimento di provvedimenti cautelari in base alla Convenzione di Bruxelles del 1968», Dir.com.degli scambi int., 1981, pp. 237 ss; N. MARCH HUNNINGS, Jour.Bus.Law,.., 1981, pp. 243 ss; J. MAURO, Gaz.Pal., 4 noviembre 1980, pp. 657 ss; E. MEZGER, Rev.crit. dr.int.pr., 1980, núm. 4, pp. 787 ss; A. PESCE, Foro Pad., 1980, IV, pp. 25 ss; A. VANDENCASTEELE, «La reconnaissance et l'exécution des mesures provisoires et conservatoires dans la Convention sur la compétence judiciaire et l'exécution des décisions en matière civile et commerciale du 27 septembre 1968», J. des T., num. 5149, 1980, pp. 737 ss; H. VERHEUL, N.I.L.R., 1981, pp. 84 ss.

— Sentencia de 16 de junio de 1981, Peter Klomps/Karl Michel, asunto 166/80, Rec. 1981, pp. 1593 ss. Comentarios de J. AMPHOUX, C.D.E., 1981, pp. 673 ss; A. ANTON, Scots L.T., 1985, part. 7, p. 2; T. HARTLEY, E.L.Rev.,1982, pp. 419 ss; A. HUET, Journ.dr.int., 1982, núm. 4, pp. 893 ss; E. MEZGER, Rev.crit.dr.int.pr., 1981, núm. 4, pp. 734 ss; H. NAGEL, IPRax, 1982, pp. 5 ss.

— Sentencia de 24 de junio de 1981, Elefanten Schuh /Jacqmain, asunto 150/80, Rec. 1981, pp. 1671 ss.

— Sentencia de 22 de octubre de 1981, Rohr/Ossberger, asunto 27/81, Rec. 1981, pp. 2431 ss.

— Sentencia de 31 de marzo de 1982, W/H, asunto 25/81, Rec. 1982, pp. 1189 ss.

— Sentencia de 15 de julio de 1982, Pendy Plastic Products BV/Pluspunkt Handelsgesellschaft mbH, asunto 228/81, Rec. 1982, pp. 2723 ss. Comentarios de G.A.L. DROZ, Rev.crit. dr.int.pr., 1983, núm. 3, pp. 521 ss; A. HUET, Journ.dr.int., 1982, núm. 2, pp. 960 ss; H. VERHEUL, N.I.L.R., 1987, pp. 111 ss; R. GEIMER, IPRax, 1985, pp. 6 ss.

— Sentencia de 7 de junio de 1984, Zelger/Salinitri, asunto 129/83, Rec. 1984, pp. 2397 ss.

— Sentencia de 11 de junio de 1985, Carlos Debaecker/Bouwman, asunto 49/84, Rec. 1985, pp. 1779 ss. Comentarios de J. BISCHOFF, Journ.dr.int., 1986, pp. 461 ss; M. EKELMANS, J. des T., 8 de marzo de 1986, núm. 5371, pp. 158 ss; T. HARTLEY, E.L.Rev., 1987, pp. 220 ss; S. PIERI, «The 1968 Brussels Convention on Jurisdiction and Enforcement of Judgments in Civil and Commercial Matters: four years' case law of the European Court of Justice (1982-1986)», C.M. L.R., 1987, pp. 635 ss; Foro It., 1986, IV, pp. 242 ss.

— Sentencia de 8 de diciembre de 1987, Gubish Maschinenfabrik/Palumbo, asunto 144/86, Rec. 1987, pp. 4861 ss.

— Sentencia de 4 de febrero de 1988, Hoffman/Krieg, asunto 145/86, Rec. 1988, pp. 645 ss.

— Sentencia de 11 de enero de 1990, Dumez Franco y Tracoba/Hessische Landesbank y otros, asunto 220/88, Rec. 1990, pp. 49 ss.

— Sentencia de 3 de julio de 1990, Isabelle Lancray SA/ Perters und Sickert KG, asunto 305/88, Rec. 1990, pp. 2725 ss. Comentarios de A. BORRAS RODRIGUEZ, «La sentencia dictada en rebeldía: notificación y exequátur en el Convenio de Bruselas», R.I.E., 1991, núm. 1, pp. 39 ss; íd., R.J.C., 1991, núm. 2, pp. 279 ss; P. BYRNE, «Recent cases on the EEC Convention on Jurisdiction and the Enforcement of Judgments», Irish Law.T., 1991, pp. 64 ss; J. CARRASCOSA GONZALEZ, «Notificación irregular de la demanda y el reconocimiento de resoluciones en la Comunidad Europea», La Ley/CE, 31 de julio de 1991, núm. 30, pp. 3 ss; O. DELGRANGE, «Le défaut de l'étranger», Gaz.Pal., 30 de abril de 1992, pp. 314 ss; G.A.L. DROZ, Rev.crit.dr.int.pr., 1991, núm. 1, pp. 167 ss; R. GEIMER, EuZW, 1990, pp. 354 ss; A. HUET, Journ.dr.int., 1991, núm. 2, pp. 503 ss; A. KOHL, «Des conditions de la reconnaissance d'une décision intervenue contre un défendeur défaillant. Remarques au sujet de l'article 27.2. de la Convention CEE du 27 septembre 1968», A.Dr., 1992, pp. 819 ss; T. RAUSCHER, IPRax, 1991, pp. 155 ss; H. TAGARAS, C.D.E., 1990, núm. 3-4, pp. 709 ss; P. VLAS, N.I.L.R., 1992, pp. 407 ss; P. VOLKEN, R.S.D.I.E., 1991, pp. 131 ss.

— Sentencia de 27 de junio de 1991, Overseas Union Insurance Ltd y otros/New Hamsphire Insurance Company, asunto 351/89, Rec. 1991, pp. 3317 ss.

— Sentencia de 12 de noviembre de 1992, Minalmet GmbH/ Brandeis Ltd, asunto 123/91, Rec. 1992, pp. 5661 ss. Comentarios de A. BORRAS RODRIGUEZ, R.J.C., 1993, núm. 3, pp. 283 ss; G.A.L. DROZ, Rev.crit.dr.int.pr., 1993, núm. 1, pp. 81 ss; A. HUET, Journ.dr.int.,1993, núm. 2, pp. 468 ss; T. HARTLEY, E.L.Rev., 1994, pp. 535 ss; H. TAGARAS, C.D.E., 1995, núm. 1-2, pp. 160 ss; T. VASALLI di DACHENHAUSEN, Foro It., luglio-agosto 1995, pp. 238 ss; P. VLAS, N.I.L.R., 1993, pp. 512 ss.

— Sentencia de 21 de abril de 1993, Volker Sonntag/Waidman, asunto 172/91, Rec. 1993, pp. 1963. Comentarios de J.M. BISCHOFF, Journ.dr.int., 1994, núm. 2, pp. 528 ss; A. BORRAS RODRIGUEZ, R.J.C., 1994, núm. 1, pp. 244 ss; H. GAUDEMET-TALLON, Rev.crit.dr.int.pr., 1994, núm. 1, pp. 96 ss; T. HARTLEY, E.L.Rev., 1994, pp. 539 ss; H. TAGARAS, C.D.E., 1995, núm. 1-2, pp. 174 ss; P. VLAS, N.I.L.R., 1994, pp. 333 ss; Rev.dr.int.dr.comp., 1995, pp. 159 ss; Foro It., 1994, IV, pp. 233 ss.

— Sentencia de 20 de enero de 1994, Owens Bank Ltd/ Fulvio Bracco y Bracco Industria Chimica SpA, asunto 129/92, Rec. 1994, pp. 1 ss.

— Sentencia de 10 de febrero de 1994, Firma Mund & Fester/Firma Hatrex International Transport, asunto 398/92, Rec. 1994, pp. 467 ss.

— Sentencia de 2 de junio de 1994, Solo Kleinmotoron/Emilio Boch, asunto 414/92 Rec. 1994, pp. 2237 ss.

— Sentencia de 13 de julio de 1995, Hengst Import/Ana Mª Campese, asunto 474/93, Rec. 1995, pp. 2113 ss. Comentarios de A. BORRAS RODRIGUEZ, R.J.C., 1996, núm. 2, pp. 608 ss; H. GAUDEMET-TALLON, Rev.crit.dr.int.pr., 1996, núm. 1, pp. 152 ss; M. C. GIOR-GETTI, «Il riconoscimento comunitario del decreto ingiuntivo», Riv.dir.proc., 1996, núm. 2, pp. 592 ss; A. HUET, Journ.dr.int., 1996, núm. 2, pp. 608 ss; P. MAESTRE CASAS, R.E.D.I., 1996, núm. 1, pp. 336 ss; S. PIERI, «The 1968 Convention on Jurisdiction and the Enfor-cement of judgments in civil and commercial matters: the evolution of the Court of Justice 1992-1996», C.M.L.R., 1997, pp. 889 ss; V. SAL-VATORE, «Circolazione dei decreti ingiuntivi: traffico rallentato noti-ficate con prudenza!», Foro It., 1996, settembre, pp. 395 ss; H. TAGA-RAS, C.D.E., 1997, núm. 1-2, pp. 199 ss.

— Sentencia de 10 de octubre de 1996, Bernardus Hendrikman y Maria Feyen/Magenta Druck & Verlag GmbH, asunto 78/95, Rec. 1996, pp. 4945 ss. Comentarios de A. BORRAS RODRIGUEZ, R.J.C., 1997, núm. 3, pp. 886 ss; G.A.L. DROZ, Rev.crit.dr.int.pr., 1997, núm. 3, pp. 555 ss; T. HARTLEY, E.L.Rev., 1997, pp. 364 ss; A. HUET, Journ.dr.int., 1997, núm. 2, pp. 621 ss; N. MARCHAL ESCALONA, «Calificación autónoma y derechos de defensa», La Ley/U.E., 5 de febrero de 1997, pp. 5 ss; G. PALAO MORENO, R.E.D.I., 1997, núm. 1, pp. 229 ss; S. PIERI, «The 1968 Convention on Jurisdiction and the Enforcement of the Court of Justice 1992-1996», C.M.L.R., 1997, pp. 890 ss; T. RAUSCHER, «Neue Frage zu art. 27 Nr 2 EuGVÜ? (Zu EuGH 10-10-96)», IPRax 1997, pp. 314 ss; H. TAGARAS, C.D.E., 1999, núm. 1-2, pp. 166 ss.

— Sentencia 22 de junio de 1999, Ed Srl/Italo Fenocchio, asunto 412/97, Rec. 1999, p. 3845 ss.

— Sentencia de 28 de marzo de 2000, Dieter Krombach/André Bamberski, asunto 7198, Rec. 2000, pp. 1935 ss. Comentarios de H. MUIR WATT, Rev.crit.dr.int.pr., 2000, núm. 3, pp. 489 ss.; L. CARBALLO PIÑEIRO, «Orden jurídico comunitario, derechos fundamentales e interpretación del artículo 27.1 del Convenio de Bruselas», La Ley/U.E., 28 de abril de 2000, pp. 4 ss.; Mª. A. RODRIGUEZ VAZQUEZ, «Los derechos de la defensa y el orden público en el Convenio de Bruselas», La Ley/U.E., 28 de abril de 2000, pp. 1 ss.

— Sentencia de 11 de mayo de 2000, Régie nationale des usires Renault SA/Maxicar SpA y Orazio Formento, asunto 38/98, Rec. 2000, pp. 2973 ss. Comentarios de H. GAUDEMET-TALLON, Rev.crit.dr.int.pr., 2000, núm. 3, pp. 504 ss.; S. ALVAREZ GONZALEZ, «Orden público y reconocimiento de resoluciones extranjeras: límites a la valoración del juez nacional y orden público comunitario, La Ley/U.E., 31 de julio de 2000, pp. 1 ss.; Mª. A. RODRIGUEZ VAZQUEZ, «La interpretación del Derecho comunitario y el orden público del Convenio de Bruselas», Comunidad Europea Aranzadi, núm. 11, 2000, pp. 36 ss.

INDICE

ABREVIATURAS 9

PROLOGO 13

INTRODUCCION 17

CAPITULO I
JUSTIFICACION Y PRESUPUESTO DE APLICACION DEL MOTIVO DE DENEGACION DEL RECONOCIMIENTO DEL ART. 27.2 DEL CONVENIO DE BRUSELAS (ART. 34.2 DEL REGLAMENTO)

I. Principio inspirador del Convenio de Bruselas: la protección de los derechos de defensa del demandado 27

II. Justificación de la norma 34

   1. Descoordinación del ámbito de aplicación de los artículos 20 y 27.2 (artículos 26 y 34.2 del Reglamento) 34

   2. Diferencias en la naturaleza del control exigido en ambas normas 37

   3. Autonomía del control realizado por el juez requerido 40

III. Presupuesto de aplicación del art. 27.2: resolución dictada en rebeldía del demandado. La noción autónoma de rebeldía 41

   1. La exclusión de la interpretación *legeforista*. Justificación 41

   2. La noción autónoma de rebeldía: imposibilidad de defensa ante el tribunal de origen 46

CAPITULO II

GARANTIAS PREVISTAS EN EL ARTICULO 27.2 (ART. 34.2 REGLAMENTO) (I): LA CONTROVERTIDA EXIGENCIA DE LA REGULARIDAD DE LA NOTIFICACION DE LA CEDULA DE EMPLAZAMIENTO O DOCUMENTO EQUIVALENTE

I. La noción autónoma de cédula de emplazamiento o documento equivalente 53

1. Las peculiaridades del Derecho procesal de algunos Estados miembros: procedimientos inicialmente unilaterales que se convierten en contradictorios 55

1.1. El proceso conminatorio de pago del Derecho alemán 55

. 1.2. El «decreto ingiuntivo» del Derecho italiano 56

2. La interpretación autónoma del concepto cédula de emplazamiento o documento equivalente 57

2.1. El *íter* argumentativo del Tribunal de Justicia en las Sentencias Klomps/Michel y Hengst Import BV/Anna Maria Campese... 57

2.2. La noción autónoma de cédula de emplazamiento o documento equivalente: rasgos característicos 61

II. Regularidad de la entrega o notificación de la cédula de emplazamiento o documento equivalente 63

1. Remisión al ordenamiento jurídico del juez del Estado de origen 63

1.1. La aplicabilidad del Convenio de La Haya de 15 de noviembre de 1965 en el marco del Convenio de Bruselas 67

1.2. La sustitución del Convenio de La Haya por la normativa del Reglamento 1348/2000, del Consejo de 29 de mayo.. 72

2. La polémica interpretación de la garantía por parte del TJCE: Exigencia de la regularidad de la notificación con independencia de la diligencia observada por el demandado en el desarrollo del procedimiento de origen 75

2.1. El conocimiento de la cédula de emplazamiento no subsana la irregularidad de la notificación. La Sentencia Lancray/Peters 75

2.1.1. La opción por una interpretación literal y extensiva del artículo 27.2 por parte del Tribunal de Justicia

2.1.2. Análisis crítico de la Sentencia Lancray/ Peters 77

a) Las posibles interpretaciones del artículo 27.2: interpretación restrictiva *versus* interpretación extensiva 79

b) El problema de la traducción de la cédula de emplazamiento o documento equivalente........... 84

c) La subsanación de los vicios de la notificación..   88

2.2. La notificación regular de la resolución no subsana la irregularidad de la notificación de la cédula de emplazamiento. La jurisprudencia comunitaria en el asunto Minalmet/Brandeis   89

2.3. La reforma de la disposición. Flexibilidad *versus* rigidez   94

CAPITULO III

GARANTIAS PREVISTAS EN EL ARTICULO 27.2 (ART. 34.2 REGLAMENTO) (II): NOTIFICACION CON TIEMPO SUFICIENTE PARA QUE EL DEMANDADO PUEDA DEFENDERSE

I. Garantía independiente de la regularidad de la notificación   99

II. Análisis de la garantía   100

  1. La noción autónoma de suficiencia del plazo   100

  2. Punto de partida del plazo   105

    2.1. Regla general: el plazo comienza a correr tras la notificación regular   105

    2.2. El punto de partida del plazo cuando concurren circunstancias excepcionales...   112

    2.2.1 Alcance de la excepción   112

    2.2.2 Apreciación por el juez requerido de las circunstancias excepcionales. La jurisprudencia comunitaria en el asunto Debaecker/Bouwman   114

      a) Crítica de la sentencia Debaecker: la imprevisión del reconocimiento de una resolución y la ampliación de facultades del juez requerido   116

      b) Propuesta de solución   121

III. *Modus operandi* del juez requerido. ¿Del control a la revisión?   122

  1. Alcance de la prohibición de revisión de fondo de la resolución extranjera   122

  2. La teoría del doble control. La jurisprudencia comunitaria en el asunto Pendy Plastic/Pluspunkt   126

CAPITULO IV

LOS DERECHOS DE LA DEFENSA Y EL ORDEN PUBLICO

I. Planteamiento del problema..   135

II. El orden público en el Convenio de Bruselas..............................   136

  1. El párrafo 1 del artículo 27 (artículo 34.1 Reglamento): sentido y justificación de la disposición.......................................   136

    1.1. La contrariedad del reconocimiento de la resolución al orden público del Estado requerido   136

1.2. Materias excluidas de la intervención del orden público. La cláusula de orden público como integradora de las lagunas de la regulación convencional 142

III. El orden público y los derechos de defensa: La denegación del reconocimiento de una resolución dictada en lesión de los derechos de la defensa 155

1. La normativa de Bruselas sólo contempla un aspecto limitado de la lesión de los derechos de la defensa 155

2. El recurso al artículo 27.1 del Convenio de Bruselas por parte de las jurisdicciones nacionales para denegar el reconocimiento de una resolución dictada en lesión de los derechos de defensa 162

3. La dimensión procesal del orden público del artículo 27.1 del Convenio de Bruselas (artículo 34.1 del Reglamento) 166

CONCLUSIONES 171

BIBLIOGRAFIA 183

JURISPRUDENCIA 201

J. M. BOSCH EDITOR

BIBLIOTECA DE DERECHO PROCESAL

Colección dirigida por

D. FRANCISCO RAMOS MÉNDEZ

1. RAMOS MÉNDEZ, Francisco. *Derecho Procesal. Guía para el estudio y el trabajo científico y profesional.* 1978.
2. BONET NAVARRO, Ángel. *La prueba de confesión en juicio.* 1979.
3. GARRETA SOLÉ, Manuel. *El arresto del quebrado.* 1979.
4. GÓMEZ DEL CASTILLO, Manuel. *El comportamiento procesal del imputado.* 1979.
5. DOVAL DE MATEO, Juan de Dios. *La revisión civil.* 1979.
6. ROBLES GARZÓN, Juan Antonio. *La quiebra de la herencia.* 1979.
7. RAMOS MÉNDEZ, Francisco. *Derecho y proceso.* 1979.
8. MONTERO AROCA, Juan. *El proceso laboral.* Tomo I, 1982. Tomo II, 1981. (Agotado).
9. RAMOS MÉNDEZ, Francisco. *La anotación preventiva de la demanda.* 1980. (Agotado).
10. MONTERO AROCA, Juan. *Estudios de Derecho Procesal.* 1981.
11. RAMOS MÉNDEZ, Francisco. *Enjuiciamiento Civil.* 1997, 2 tomos. (Agotado).
12. MUÑOZ SABATÉ, Lluís. *El proceso matrimonial.* 1981. (Agotado).
13. GÓMEZ COLOMER, Juan Luis. *El beneficio de pobreza.* 1982.
14. VERGÉ GRAU, Juan. *El incidente de nulidad de actuaciones.* 1982. (Agotado).
15. PÉREZ GORDO, Alfonso. *La prejudicialidad penal y constitucional en el proceso civil.* 1982.
16. PÉREZ GORDO, Alfonso. *Los juicios matrimoniales.* 1982.
17. ALMAGRO NOSETE, José. *Constitución y proceso.* 1984.
18. ORTELLS RAMOS, Manuel. *El embargo preventivo.* 1984. (Agotado).
19. MENA Y SAN MILLÁN, José María. *Calificación registral de documentos judiciales.* 1985.
20. ALCALÁ ZAMORA Y CASTILLO, Niceto. *Estudios diversos de Derecho Procesal.* 1987.

21. RAMOS MÉNDEZ, Francisco. *Código Procesal Civil Internacional.* 1997. 3.ª edición.

22. PRAT RUBÍ, Juan. *Intervención de la persona jurídica en el juicio de quiebra.* 1985.

23. FRANCO ARIAS, Just. *El procedimiento de apremio.* 1987. (Agotado).

24. RAMOS MÉNDEZ, Francisco. *Arbitraje y proceso internacional.* 1987.

25. MONTERO, J.; ORTELLS, M.; GÓMEZ COLOMER, J. L.; MONTÓN, A. *Derecho jurisdiccional.* 1996, 3 vols. (Agotado).

26. MONTERO AROCA, Juan. *Trabajos de Derecho procesal.* 1988.

27. VERGÉ GRAU, Juan. *La nulidad de actuaciones.* 1987. (Agotado).

28. MUÑOZ SABATÉ, Lluís. *Estudios de práctica procesal.* 1987.

29. PÉREZ GORDO, A. *Los actos defectuosos y su subsanación en el proceso constitucional.* 1990.

30. ALMAGRO NOSETE, J. *Consideraciones de Derecho Procesal.* 1988.

31. BONET NAVARRO, A. *La nueva comparecencia en el juicio de menor cuantía.* 1988. (Agotado).

32. BARONA VILAR, S. *Prisión provisional y medidas alternativas.* 1988.

33. RAMOS MÉNDEZ, F. *El proceso penal.* 6.ª edición. 2000.

34. FAIRÉN GUILLÉN, V. *Doctrina general del Derecho Procesal.* 1990.

35. MUÑOZ SABATÉ, Ll. *Las cláusulas procesales en la contratación privada.* 1988. (Agotado).

36. GÓMEZ COLOMER, J. L. *La exclusión del abogado defensor en el proceso penal.* 1988.

37. VERGÉ GRAU, J. *La rebeldía en el proceso civil.* 1989.

38. CACHÓN CADENAS, M. *El embargo.* 1991. Reimpresión 1995.

39. ESPINOSA LOZANO, J. *Problemas procesales en Derecho de familia.* 1991. (Agotado).

40. RAMOS MÉNDEZ, F. *Tirocinio procesal.* 1991.

41. RAMOS MÉNDEZ, E. *Cómo estudiar Derecho.* 1991.

42. ARANGÜENA FANEGO, C. *Teoría general de las medidas cautelares reales en el proceso penal español.* 1991.

43. GONZÁLEZ GRANDA, P. *Extensión y límites de la jurisdicción española. Análisis sistemático del arr. 22 de la Ley Orgánica del Poder Judicial.* 1992.

44. ALONSO-CUEVILLAS Y SAYROL, J. *La comparecencia preparatoria del juicio de menor cuantía.* 1992. (Agotado).

45. MUÑOZ SABATÉ, Ll. *Tratado de probática judicial.* Tomo I: *La prueba del hecho psíquico.* Tomo II: *La prueba de la titularidad.* Tomo III: *La prueba de la prestación.* Tomo IV: *La prueba de la culpa y el daño.* Tomo V: *Apéndice e índices.* 1992-1996.

46. RAMOS MÉNDEZ, F. *Sistema procesal español* 5.ª edición, 2000.

47. ROCA MARTÍNEZ, J. M. *Arbitraje e instituciones arbitrales.* 1992.

48. CABALLOL ANGELATS, Ll. *La ejecución provisional en el proceso civil.* 1993.

49. SOLÉ RIERA, J. *Recurso de apelación civil*. 2.ª edición. 1998.

50. GUTIÉRREZ SANZ, M. R. *La reconvención en el proceso civil español*. 1993.

51. SAMANES ARA, C. *La tutela del rebelde en el proceso civil*. 1993.

52. MARTÍN OSTOS, J. de los S. *Jurisdicción de menores*. 1993.

53. ESPLUGUES MOTA, C. *La quiebra internacional*. 1993.

54. MUÑOZ SABATÉ, Ll. *Jurisprudencia arbitral comentada (Sentencias del Tribunal Supremo, 1891-1991)*. 1994.

55. MONTERO AROCA, J. *Introducción al proceso laboral*. 1994; 4.ª edición, 1997.

56. VERGÉ GRAU, J. *La defensa del imputado y el principio acusatorio*. 1994.

57. CACHÓN CADENAS, M. *Dinámica procesal del sobreseimiento penal*. (En prensa).

58. SUAU MOREY, J. *Tutela constitucional de los recursos en el proceso penal*. 1995.

59. HERRERO PEREZAGUA, J. *La condena en costas. Procesos declarativos civiles*. 1994.

60. BLASCO SOTO, M. C. *La sentencia en la cuestión de inconstitucionalidad*. 1995.

61. BUJOSA VADELL, L. *La protección jurisdiccional de los intereses de grupo*. 1995.

62. ESPARZA LEIBAR, I. *El principio del proceso debido*. 1995.

63. JOVE, M. A. *Medidas cautelares innominadas en el proceso civil*. 1995.

64. PICÓ I JUNOY, J. *El derecho a la prueba en el proceso civil*. 1995.

65. PÉREZ DAUDÍ, V. *Las medidas cautelares en el proceso de propiedad industrial*. 1995.

66. ALONSO-CUEVILLAS, J. *Procesos arrendaticios urbanos y comunes*. 1996.

67. JIMENO BULNES, M. *La cuestión prejudicial del artículo 177 TCE*. 1996.

68. RODRÍGUEZ GARCÍA, N. *El consenso en el proceso penal español*. 1997.

69. SÁEZ GONZÁLEZ, J. *El acta del juicio oral en el proceso penal. La figura del secretario judicial*. 1996.

70. ÁLVAREZ ALARCÓN, A. *Las diligencias preliminares del proceso civil*. 1997.

71. RIBA TREPAT, C. *La eficacia temporal del proceso. El juicio sin dilaciones indebidas*. 1997.

72. CABALLOL ANGELATS, Ll. *El tratamiento procesal de la excepción de arbitraje*. 1997.

73. SALIDO VALLE, C. *La detención policial*. 1997.

74. OCHOA MONZÓ, V. *La localización de bienes en el embargo*. 1997.

75. MIRANDA ESTRAMPES, M. *La mínima actividad probatoria en el proceso penal*. 1997.

76. CAROCCA PÉREZ, A. *Garantía constitucional de la defensa procesal* 1998.

77. CORREA DELCASSO, J. P. *El proceso monitorio*. 1998.

78. GUASCH FERNÁNDEZ, S. *El hecho y el derecho en la casación civil*. 1997.

79. NIEVA FENOLL, J. *El recurso de casación ante el Tribunal de Justicia de las Comunidades Europeas*. 1998.

80. PICÓ I JUNOY, J. *Las garantías constitucionales del proceso*. Reimpresión 2001.

81. CIENFUEGOS MATEO, M. *Los efectos de las sentencias*. 1998.

82. Solé Riera, J. *La tutela de la víctima en el proceso penal.* 1997.

83. Ríos Molina, C. *La prueba de la confesión en el proceso laboral.* 1998.

84. Fons Rodríguez, C. *La acumulación objetiva de acciones en el proceso civil.* 1998.

85. Català Gómez, Ch. *Ejecución de condenas de hacer y no hacer.* 1998.

86. Huertas Martín, M. L. *El sujeto pasivo del proceso penal como objeto de la prueba.* 1999.

87. Miranda Estrampes, M. *El concepto de prueba ilícita y su tratamiento en el proceso penal.* 1999.

88. Picó i Junoy, J. *La imparcialidad judicial y sus garantías: La abstención y la recusación.* 1998.

89. Pico i Junoy, J. *Presente y futuro del Proceso Civil.* 1998.

90. Chocrón Giráldez, A. H. *Los principios procesales en el arbitraje.* 2000.

91. Málaga Diéguez, F. *La Litispendencia.* 2000.

92. Pérez Daudí, V. *El allanamiento en el proceso civil.* 2000.

93. Ramos Méndez, F. *Jurisprudencia al Código Procesal Civil Internacional.* (En prensa).

94. Moral Moro, M. J. *Las subastas judiciales de bienes inmuebles.* 2000.

95. Mora Capitán, B. *El embargo preventivo de buques.* 2000.

96. Carballo Piñeiro, L. *Ejecución de condenas de dar.* 2001.

97. Serra Domínguez, M. *La Ley 1/2000 sobre Enjuiciamiento Civil.* 2000.

98. Nieva Fenoll, J. *El hecho y el derecho en la casación penal.* 2000.

99. Rodríguez Vázquez, M. A. *Denegación de la eficacia de sentencias europeas por indefensión.* 2001.

101. Rodríguez Tirado, A. M. *Las funciones procesales del secretario judicial.* (En prensa).

102. Delgado Martín, J. *El juicio de faltas.* 2000.

103. Ramos Méndez, F. *Guía para una transición ordenada de la Ley de Enjuiciamiento Civil.* 2000.

104. Picó i Junoy, J. (Director). *Problemas actuales de la Justicia Penal.* (En prensa.)

105. Cachón Cadenas, H. *De la antigua a la nueva Ley de Enjuiciamiento: Régimen transitorio de los juicios civiles.* 2001.

106. Pérez Marín, M.ª Á. *El desistimiento en el proceso civil.* (En prensa.)